O IMPÉRIO
BRAZILEIRO

1822 - 1889

OLIVEIRA LIMA
do Instituto Histórico Brasileiro

O IMPÉRIO BRAZILEIRO

1822 - 1889

COPYRIGHT © *O IMPÉRIO BRAZILEIRO* BY OLIVEIRA LIMA
COPYRIGHT © BY OLIVEIRA LIMA
COPYRIGHT © FARO EDITORIAL, 2021

Todos os direitos reservados.
Nenhuma parte deste livro pode ser reproduzida sob quaisquer meios existentes sem autorização por escrito do editor.
Avis Rara é um selo da Faro Editorial.

Diretor editorial **PEDRO ALMEIDA**
Coordenação editorial **CARLA SACRATO**
Preparação **VALQUIRIA DELLA POZZA**
Revisão **ADRIANA BAIRRADA**
Capa e projeto gráfico **VANESSA S. MARINE**

Dados Internacionais de Catalogação na Publicação (CIP)
Angélica Ilacqua CRB-8/7057

Lima, Oliveira
   O império brasileiro : 1822-1889 / Oliveira Lima. -- São Paulo : Faro Editorial, 2021.
   288 p.

   ISBN 978-65-5957-065-2

   1. Brasil – História – Império, 1822-1889 I. Título
21-3507

Índices para catálogo sistemático:

1. Brasil – História – Império, 1822-1889

1ª edição brasileira: 2021
Direitos de edição em língua portuguesa, para o Brasil, adquiridos por FARO EDITORIAL
Avenida Andrômeda, 885 - Sala 310
Alphaville — Barueri — SP — Brasil
CEP: 06473-000
www.faroeditorial.com.br

Se ha acabado la única República que existía en América: el Império del Brasil.

(Palavras de Rojas Paul, presidente da Venezuela, ao ter notícia da queda da monarquia brasileira.)

*A três dos bons e dedicados amigos que conto no Brasil
e cuja afeição me tem servido de consolo e animação
em horas ingratas:*

Joaquim de Souza Leão,
*cultor da tradição no passado e da
estética da arte;*

Affonso Bandeira de Mello,
*entusiasta da grandeza nacional e do
progresso social;*

Antonio Carneiro Leão,
*propagandista da instrução popular
e da solidariedade continental
americana.*

Washington, D.C. Março de 1927.

Este livro não é o fruto da investigação direta e própria da documentação de um período histórico, baseado antes na exposição dividida pelas diversas categorias do desenvolvimento social, sobre memórias, estados e papéis alheios, de caráter político. Tão pouco na justificação de uma época ou governo, que dela não carece, porque consigo carregar seu fulgor moral. É a simples condensação de uma fase essencialmente progressiva da nossa nacionalidade, a qual não foi dado ultimar sua evolução, interrompida pelo mesmo espírito revolucionário que presidira ao seu alvorecer e de que parecia haver-se libertado pela continuação. Dentro desse tempo verificou-se, porém, em plena ordem o desenlace de uma das questões fundamentais da nossa economia, a questão complexa e intricada do elemento servil, através de uma ação legislativa que honra sobremodo a nossa cultura e constitui um nobre exemplo humano.

Organizaram-se partidos; floresceu o regime parlamentar; triunfou a ordem civil sobre a desordem militar: remodelou-se a economia; seguiu-se uma política exterior com fixidez de princípios, embora com erros de aplicação. O Império foi, assim, deveras representativo e deveras notável.

O. L.

Índice

Introdução — 13

O Império e o espírito revolucionário — 21

O Império e os partidos políticos — 51

O Império e o sistema parlamentar — 81

O Império e a ordem civil — 108

O Império e a escravidão — 134

O Império e o Exército — 165

O Império e a Igreja — 183

O Império e as finanças — 204

O Império e o desenvolvimento econômico — 222

O Império e a política exterior — 234

O Império e as ideias — 266

O Império e a Sociedade — 278

A História viva nos bastidores do poder

Conhecer a História do Brasil pelos olhos de pesquisadores e livros didáticos é uma prática de rotina, um caminho até seguro e confortável para o entendimento, baliza a atividade de professores e historiadores que orientam ou deveriam orientar estudantes e público em geral sobre como resgatar um passado tão rico em experiências políticas, nuances sociais, filosóficas, lances de aventura, ousadia e estratégia. Essa introdução começa justamente pelo inverso, o plano da ação, o final da corrente que deveria ter em seu início um plano de expressão que revelasse a perspectiva de fonte confiável e trilho seguro para a Verdade, despojada do tempo cronológico que norteia todos os livros de História do pós-guerra. Este é um livro diferente.

Trata-se de uma obra que simultaneamente atende às necessidades de pesquisa séria e explica as estruturas políticas e jurídicas diferentes das atuais. Estilisticamente, ao obedecer ao movimento real, do dia a dia no Senado e dos bastidores das principais decisões políticas do Brasil pré e pós-República, Manoel de Oliveira Lima e a presente edição se firmam como fonte primária. Esgotadas e consideradas raras, as edições anteriores apenas se ocuparam em inserir o texto como reportagem e objeto de coleção enciclopédica – a exemplo de *Os Sertões*, que, como obra de correspondente de guerra, infelizmente passou pelo crivo polêmico de todos os tempos literários. Tal não ocorreu com *O Império Brasileiro (1821-1889)*.

O lugar histórico que ocupa Oliveira Lima já lhe garante o *status* de fonte primária em se tratando de pesquisa sobre Ciência Política e História do Brasil. Nasceu em Recife, em 1867, foi escritor, crítico literário, diplomata, historiador e jornalista brasileiro, mas acima de tudo participou intimamente da convivência com figuras como D. Pedro II, José Martiniano de Alencar, Rui Barbosa e Afonso Celso, além de ter acompanhado em seu trabalho de reportagem todas as instâncias da vida privada e pública entre o final do Regime Monárquico e a nascente República.

Considerado internacionalmente como autoridade em divulgação científica – de acordo com os parâmetros da sua época –, representou o Brasil em diversos países e foi professor-visitante na Universidade Harvard e membro-fundador da Academia Brasileira de Letras. Apaixonado por livros, colecionou-os ao longo de sua vida e montou o terceiro maior acervo sobre o Brasil, perdendo somente para a Biblioteca Nacional do Brasil e para a Biblioteca da Universidade de São Paulo. A Biblioteca Oliveira Lima, situada na Universidade Católica de Washington, Estados Unidos, tem 58 mil livros além de correspondência trocada com intelectuais, mais de seiscentos quadros e incontáveis álbuns de recortes com notícias de jornais.

Um pouco mais sobre o autor

Manuel de Oliveira Lima começou a atuar como jornalista aos catorze anos de idade no *Correio do Brazil*, jornal fundado por ele em Lisboa. Formou-se no Curso Superior de Letras de Lisboa, e em 1890 começou a trabalhar para o Ministério das Relações Exteriores do Brasil. Atuou como diplomata em Portugal, Bélgica, Alemanha, Japão, Venezuela, Inglaterra e Estados Unidos. Chegou a ser mencionado para a embaixada brasileira em Londres, mas o Senado não aprovou sua indicação. Oliveira Lima era malvisto pelo governo britânico por defender o ideal de que o Brasil permanecesse neutro na Primeira Guerra Mundial e por sua proximidade intelectual com a Alemanha. Também fez inimigos dentro do país, em parte por não aprovar a atitude expansionista da República em situações como a anexação do Acre realizada pelo Barão do Rio Branco.

Homem de opinião e influente nas relações de poder, Oliveira Lima era crítico literário e parte de sua fama de germanófilo vem dos elogios que dedicou a obras alemãs de filosofia. A biografia que escreveu sobre o rei D. João VI é considerada uma das principais obras de referência. Também foi amigo de escritores como Gilberto Freyre e Machado de Assis.

Em 1916, Oliveira Lima doou sua biblioteca à Universidade Católica da América, em Washington, e para lá se mudou em 1920. Impôs a condição de que ele próprio fosse o primeiro bibliotecário e organizador do acervo, função que desempenhou até sua morte, quando foi sucedido pela esposa, Flora. Ainda em 1924, tornou-se professor de Direito Internacional na Universidade Católica da América. No mesmo ano, foi apontado professor honorário da Faculdade de Direito do Recife. Morreu em 1928 e foi enterrado no cemitério Mont Olivet, em Washington. Seu epitáfio não poderia ser mais significativo: "Aqui jaz um amigo dos livros".

Sobre esta obra

O Império Brasileiro (1821-1889) é o livro mais completo, factual, verdadeiro e testemunhal do período. Nenhum pesquisador deveria sequer ter uma inquietação intelectual sem antes lê-lo. O historiador que pesquise o século XIX deve tê-lo como livro de cabeceira. Estudantes de todas as idades devem ler e questionar qualquer professor que contradiga os relatos de Manoel de Oliveira Lima nesta obra.

Reeditar a obra com o movimento sincrônico e simultâneo das decisões em espaços públicos e privados da época, inserindo a vida política e os rumos que o Brasil tomou em todas as áreas – da política à religião, da família às relações jurídicas –, foi uma decisão editorial inteligente, honesta e oferece à sociedade e à comunidade científica a real possibilidade de recuperar o passado e os fatos como eles ocorrem, ontem e hoje, de forma dinâmica e orgânica.

A fidelidade ao texto acompanha a inserção do leitor nesse universo também por meio de ilustrações que não são mero cenário, mas revelam na pormenorização de traços, figuras e detalhes fotográficos e icônicos uma sociedade em confronto consigo mesma e seus valores estáveis em um mundo em transformação, representado por grupos de interesse, nem sempre legítimos, mas sempre compreensíveis. Ao longo de sua narra-

Oliveira Lima, com sua esposa, Flora, em sua residência nos Estados Unidos.

tiva, Oliveira Lima revela os pontos de decisão que tomamos e que se tornaram os caminhos da estabilidade ou da instabilidade que estamos vivendo até hoje no Brasil. Senão obrigatório, ler *O Império Brasileiro (1821-1889)* é fatalmente uma experiência de profundo conhecimento do Brasil da Independência, sobretudo no contexto do Bicentenário, em 2022, quando estudos críticos vão ter que se debruçar sobre si mesmos para se justificarem.

Vera Helena Pancotte Amatti é jornalista, professora de Língua Portuguesa, divulgadora de pesquisa científica, orientadora de leitura e editora.

O Império e o espírito revolucionário

CAPÍTULO I

Sob este ponto de vista o Império oferece um vivo contraste entre o primeiro e os dois imediatos quartos de século da sua duração, que foi de 67 anos. Às lutas civis, preeminentes desde 1824 até 1848, sucedeu um período de paz e de ordem domésticas. Logo no início do regime autônomo surgia uma dupla corrente de opinião perturbadora do sossego público, não somente excitante das imaginações, e que se deixava, entretanto, acalmar e canalizar para não desmanchar a integridade nacional, a qual a independência sob a forma monárquica conseguira garantir. Essa dupla corrente era produzida pelo rancor contra o elemento português, representativo da metrópole, e pelo ideal republicano, expressão do espírito revolucionário do mundo, abalado pela Revolução Francesa.

Portugal não se resignava facilmente à perda de sua melhor colônia, de onde os belos dias do século XVIII lhe traziam diamantes e ouro em profusão. Obstinava-se a julgar possível o prolongamento de uma situação que tudo, pelo contrário, conspirava para fazer cessar, permitindo florescência da nossa nacionalidade que a presença de dom João VI, de 1808 a 1821, modelara, dando-lhe todos os atributos de soberania. Apenas faltava a Portugal a força para impor sua tutela.

Sem a menor dificuldade, pode-se dizer, compeliu o príncipe regente dom Pedro a guarnição do Rio de Janeiro, na parte composta de tropas do reino europeu, a ir acampar do outro lado da baía, em Niterói, antes de embarcar para Lisboa. Em Montevidéu, que então fazia parte do Brasil por laço federativo, sob o nome de Província Cisplatina, as coisas tinham-se passado de modo parecido; e a única resistência, que o general Madeira apresentava na Bahia às tropas nacionais, não podia durar muito, menos ainda radicar-se, desde que os auxílios da mãe pátria rareavam e eram tão tardios quanto insuficientes. Um bloqueio marítimo fora aliás estabelecido pela esquadra que o governo imperial organizara e mesmo improvisara as ordens de lorde Cochrane, oficial britânico de grande valentia e real valor profissional, que tanto por temperamento e muito pela força das circunstâncias, devido a um processo resultante de especulações desastrosas na Bolsa, se pusera a correr a aventuras e figurar entre os heróis libertadores dos dois mundos.

Uma vez interrompidas as comunicações entre o exército de terra, sitiado e cada dia mais desmoralizado pelas repulsas e pela impotência, e a esquadra portuguesa, derradeiro esforço da mãe pátria, presa dentro dos seus limites de uma agitação política, estimulada pela miséria gerada numa fase não curta de invasões estrangeiras e de contendas doutrinárias e econômicas, apagava-se a última esperança de restaurar-se o antigo domínio e mesmo a forma dualista. O núcleo da Marinha brasileira tinha livre o campo para desempenhar o seu papel essencial de *deus ex machina* e obrigar à união com o Brasil o Estado setentrional do Pará-Maranhão, cuja lealdade às Cortes de Lisboa exageravam no seu conceito e que, antes de continuar ligado a Portugal, se teria declarado autônomo e realizado sonho de uma Amazônia livre na sua pujança equatorial.

Assegurada a separação e salvaguardada a unidade brasileira, restava em suspensão o problema dos portugueses domiciliados no Brasil. Muitos, o maior número, tinham aderido de coração à nova ordem de coisas: suas mulheres, seus filhos, seus íntimos eram brasileiros. Outros, porém, alguns pelo menos, guardavam vivazes o ressentimento e o desprezo pelos nacionais. Do lado contrário era natural que houvesse reação. Os Andradas personificavam no poder o espírito patriótico e até nativista, corolário lógico daquele conflito de sentimentos. Dom Pedro I nesse tempo viria a dar ares de sua sinceridade nacionalista.

O antagonismo entre os dois elementos não podia deixar de estalar no seio da Assembleia Constituinte, aberta em 3 de maio de 1823. Foi o que sucedeu com a proposta de Muniz Tavares, autorizando o governo a expulsar do Império, no prazo de três meses, os portugueses suspeitos de hostilidade à independência. Não havia na Constituinte partido propriamente português, mas havia gente inclinada a processos conciliatórios, de preferência a métodos violentos, e recrutava-os ela naturalmente entre os desafetos dos Andradas, cuja importância junto ao imperador incitava muitas invejas e cuja ambição, por vezes grosseira, suscetibilizava muitos melindres e feria muitas vaidades. Duros para com os adversários, os Andradas tinham suscitado fartura de inimigos no prestígio conquistado pela sua superioridade intelectual e pela sua honestidade. Os descontentes uniram-se para derrubá-los, e na aliança se confundiram moderados com exaltados. Venceram, substituindo dom Pedro I aqueles seus ministros de confiança, que o tinham acompanhado nas emergências de 1822, por homens, uns de competência, outros de habilidade, que já formavam o seu conselho jurídico e que no futuro foram os marqueses da nobreza imperial. Os Andradas lançados na oposição e levados por suas naturezas autoritárias converteram-se – o que era fácil de prever, apesar das suas predileções dinásticas – em quase demagogos. Dos três, Antônio Carlos fora o único a manifestar invariavelmente sentimentos democráticos, se bem que monárquicos.

A dissolução da Constituinte, ocorrida em 12 de novembro, tem sua origem remota no projeto de expulsão dos portugueses hostis, malgrado a rejeição em primeira discussão dessa lei de exceção. O novo gabinete, organizado em julho, quisera demonstrar suas ideias de apaziguamento entre os dois países, conquanto Portugal não houvesse ainda reconhecido a Independência do Brasil, ordenando a incorporação, nos efetivos nacionais, dos prisioneiros de guerra portugueses feitos na Bahia. A oposição legislativa censurou fortemente tal resolução, assim como a outorga a lorde Cochrane do título de marquês do Maranhão antes que a Constituição tivesse estabelecido a hierarquia nobiliárquica. Era, de fato, possível que a Assembleia Constituinte abolisse toda tentativa de organização aristocrática; e sua atitude nesta matéria não pode certamente ser incluída entre as sucessivas invasões da esfera executiva de que o manifesto imperial faria menção para oportunamente justificar o ato de dissolução. O conflito de poderes estava na raiz desse rompimento entre um governo até ali privado de todo freio e uma Assembleia ambiciosa de operar como peça principal do maquinismo do Estado.

O Exército cuja oficialidade era ainda em grande parte portuguesa de nascimento participou essencialmente no desfecho pela razão seguinte, e sem a sua participação a desavença não teria assumido proporções tão graves nem revestido caráter tão irreconciliável. Apareceu na Assembleia representação de um boticário brasileiro, jornalista nas suas horas vagas segundo constava, contra dois oficiais portugueses que o agrediram e espancaram sem piedade, atribuindo-lhe, erroneamente ao que parece, a autoria de um artigo injurioso. A comissão de legislação remeteu o requerimento ao juízo ordinário, mas alguns deputados, entre os quais Antônio Carlos e Montezuma, deram-se pressa em qualificar o fato do assalto particular como uma ofensa à nacionalidade brasileira, o que levou ao auge a irritação do imperador e do pessoal que já entrava a ser intitulado reacionário, antes de existir uma camarilha, a qual melhor assentaria essa denominação. Um pronunciamento militar reclamou a expulsão dos Andradas e a punição da Assembleia, tachada de patrioteira. Esta, sempre dócil às reminiscências francesas, declara-se, como a Convenção em algumas ocasiões, em sessão permanente: intima o ministro do Império a fornecer-lhe explicações sobre os movimentos das tropas que o governo concentrava em atitude belicosa nas cercanias do Paço de São Cristóvão, e, embora se abstendo de discutir a pessoa e os atos do soberano, de quem justamente desconfiava, jura sucumbir, se preciso, pela pátria. A madrugada "da noite de agonia" não iluminou, todavia, martírio algum. Os deputados que se tinham declarado prontos a cair varados pelas baionetas imperiais voltaram tranquilamente para suas habitações, sem que os soldados os incomodassem. Seis tão somente foram deportados para a França; entre eles os três Andradas. José Bonifácio, estabelecido em Bordeaux até 1829, deu livre curso à nostalgia da pátria, compondo versos líricos e de chama cívica, e redigiu cartas com um travo forte e por vezes picante.

O espírito liberal ganhou mais do que perdeu com essa medida violenta da dissolução. O momento histórico era de liberdades, e estava na moda a filantropia, no seu sentido literal de amor da humanidade. Qualquer ato de autoridade – e este fora além da meta – tomava facilmente o aspecto de uma ameaça de tirania, sobretudo depois que em Portugal a reação absolutista triunfara e varrera o espantalho das Cortes. Os erros da Constituinte – sua limitada experiência do sistema parlamentar, suas suscetibilidades políticas, seu rigorismo democrático, indo ocasionalmente até a fatuidade – desapareceram com o receio dos tempos, e a simpatia que ela inspirava cresceu com a injustiça dos ataques de que a fizeram alvo os interesses da Corte.

O efeito produzido no país pela dissolução da Constituinte foi contraditório, provocando uma explosão do republicanismo que voluntariamente se imolara à Independência. Os *ultras* da roda imperial tinham, porém, o julgado sepultado sob os escombros da Assembleia, mas ele ressurgiu, mais vigoroso e ressoante do que anteriormente.

A lua romântica que banhava de uma claridade pálida a paisagem constitucional ocultou-se entre nuvens e o sol revolucionário mostrou-se mais rubro no horizonte caliginoso. No Norte, sobretudo, a impressão foi detestável. Na Bahia, o povo em massa exigiu a reunião da Câmara Municipal e fez endereçar ao imperador um protesto contra o seu ato, reclamando simultaneamente a liberdade dos deputados presos e deportados. Em Pernambuco, as coisas assumiram logo uma feição mais séria. O Senado da Câmara de Olinda e os eleitores de paróquias das comarcas de Olinda e Recife, antes mesmo de convocados para a posse do presidente Paes Barreto (futuro marquês do Recife) e a escolha de novos deputados ao Congresso Constituinte e Legislativo que devia substituir a Assembleia dissolvida, elegeram o presidente da província, de encontro à nomeação imperial, Manoel de Carvalho Paes de Andrade e secretário do governo o poeta Natividade Saldanha, recusando-se a proceder a outra seleção de representantes populares antes de os primeiros terem cumprido seus mandatos, por não ser lícito nem direito anular os poderes dos procuradores, "uma vez senhores o negócio, senão por prevaricação ou suspeição", o que não era o caso. O panfletário da revolução foi um monge carmelita, frei Caneca, que no *Typhis Pernambucano* discutira com elevação e ardor a questão constitucional. Foi arcabuzado por não se encontrar um carrasco que quisesse enforcá-lo, nem mesmo um negro criminoso. No Rio de Janeiro balouçaram-se na corda os corpos de Loureiro (português), Radcliffe (filho de ingleses) e Metrowich (polonês), que quiseram servir à causa revolucionária no mar e foram aprisionados pela esquadra imperial em operações.

Os anos que se seguiram à malograda Confederação do Equador foram de calma relativa. A repressão fora tão dura como grande, fora o perigo da associação republicana das províncias do Nordeste contra a solidez ainda não cimentada da era monárquica. A presença de elementos de outras nacionalidades ao movimento brasileiro mostra bem que as ideias subversivas dos tronos eram espalhadas pelas sociedades secretas, quer dizer, pelas lojas maçônicas, e passavam de um país a outro, de um continente a outro, com celeridade e eficácia. Não se tentou, contudo, imediatamente, renovar a experiência de uma revolução.

Teófilo Ottoni na sua afamada *Circular* de 1860, aos eleitores de senadores e de deputados da província de Minas Gerais, circular que é histórico da evolução constitucional do Brasil do ponto de vista ultraliberal e que assinalou a estrondosa vitória daquele homem político e das suas ideias, derrubando a situação conservadora que gerara o esmagamento da revolução de 1848, escrevia que em 1824 "se supusera definidamente não existir mais antídoto contra o despotismo. Esta terrível suposição e o cansaço produzido pela luta infrutífera deram origem à apática indiferença política que grassou como uma epidemia por todo o Brasil em 1825 e 1826 e mesmo em 1827".

A instituição parlamentar tonificou, porém, a atmosfera social nos anos imediatos de 1828, 1829 e 1830, estimulando a rivalidade entre o Executivo, sustentado pelo soberano, e o Legislativo, sustentado pelo eleitorado, e determinando a progressiva separação dos poderes que, juntos, formavam a soberania nacional, mas com esferas de atividades diversas. A Coroa nacional passou a ser mais ameaçada pelos seus possíveis excessos de autoridade e repúdios da vontade popular do que por quaisquer conluios locais, com revolucionários de fora em prol da integridade republicana do continente. Teófilo Ottoni foi um dos que sacrificaram seu ideal democrático a dois temores – o temor da anarquia demagógica e o temor do despotismo militar, entre um e outro baixio soçobrando a América Espanhola. Não renunciavam eles às suas crenças políticas, mas em um espírito de oportunismo falavam de republicanizar a Constituição imperial, conservando, muito embora, a forma de governo. O Brasil se converteria naquilo em que de fato veio a se transformar – numa democracia coroada.

O espírito revolucionário tomou em todo o caso uma desforra ruidosa do espírito de autoridade quando levou dom Pedro I a abdicar, em 7 de abril de 1831, assim resgatando suas faltas, tanto as políticas como as privadas, todas filhas do seu caráter impetuoso. O trono brasileiro, pelo próprio fato de sua singularidade na América, repousava sobre uma base precária e teria certamente desmoronado sob o peso do seu novo ocupador se não fosse este uma criança de 5 para 6 anos e não representasse, portanto, um fardo levíssimo. A compaixão, mola poderosa em um povo sentimental, tomou o lugar das amizades e dedicações dinásticas que faltavam, e o receio de ver despedaçar-se a bela unidade nacional, alcançada não sem esforço, agiu como se houvesse um partido organizado e disciplinado para manter as instituições monárquicas ou uma classe verdadeiramente interessada em defendê-las. Foi a imprensa, a qual florescia desde a independência, ou antes desde a sua emancipação, ano e meio antes, que desempenhou o principal papel nesse episódio histórico; o papel do herói numa novela de capa e espada. Ela já perturbava os espíritos e ali passou realmente a guiar a opinião.

Viera ao mundo enfezado e disforme como uma larva. Os jornalecos de tuim papel e títulos extravagantes, escritos ao correr da pena, sem cuidado literário, povoados de interjeições e saturados de insultos soezes, os desaforos emprestando um sabor acre às declarações empáticas sobre a liberdade e a Constituição, tinham, porém, despido essa crisálida e entraram pelo fim do primeiro reinado a adejar as folhas doutrinárias, cautelosas nas ideias e nas palavras, discutindo com um desembaraço não isento de elevação, quando mesmo o faziam com a viva paixão, os interesses públicos em vez de, como os órgãos predecessores, patinarem na lama das intrigas partidárias. A *Aurora Fluminense* foi o modelo dessa nova imprensa, grave, justiceira e honrada. Seu diretor era o livreiro Evaristo da Veiga, que a vocação tornou publicista, cujas virtudes explicam o prestígio, e a quem um poder quase místico, uma crença messiânica permitiu salvar a monarquia em perigo de morte.

Um despacho do encarregado de negócios de França, Pontois, narra, melhor do que qualquer livro de história ou panfleto contemporâneo, o que foi o 7 de abril. A revolução estava no ar: respirava-se com dificuldade numa atmosfera carregada de eletricidade e opressiva pelo calor, escreve o senhor Escragnolle Doria, que publicou aquele despacho. O Brasil estava descontente: descontente de tudo do imperador e dos seus ministros, da guerra do Sul, do Erário vazio, do espírito de indisciplina que grassava por todo o país. "Todos desobedeciam no tablado político como embarcações manobradas por inexperientes comparsas, passando aos trancos e barrancos no fundo do palco, puxadas por cordas que muitas mãos moviam. As autoridades mostravam-se impotentes. Não se podia contar com as tropas. A polícia, cega, operava a torto e a direito. O povo buscava atrair as forças da guarnição, provocando seu amor-próprio, estimulando suas antipatias; noite e dia, sob os olhos do governo, bandos sinistros de negros... e mulatos passavam e tornavam a passar, armados de pistolas e facas, prolongando a anarquia sob pretexto de guardarem a ordem. Ódios de nacionalidades silvavam como serpentes enfurecidas."

Durante o concerto no Paço de São Cristóvan, para festejar o aniversário da princesa Maria da Glória, rainha de Portugal, o imperador recebeu da cidade notícias alarmantes e censurou com vivacidade aos ministros da Justiça e da Guerra sua incapacidade para preservarem o sossego público. No dia seguinte, o soberano despediu o gabinete e formou outro, chamado dos *marqueses*, nos quais o povo enxergava cortesões. Continuavam a faltar medidas enérgicas que imprimissem uma direção definida. Ao mesmo tempo estendia-se a desordem e subia a maré revolucionária. Boatos malévolos circulavam; as ruas e as praças estavam cheias de gente; esperava-se alguma coisa, e tudo era de esperar. O corpo diplomático reuniu-se na casa do ministro da Rússia e os comandantes das divisões navais estrangeiras foram avisados pelos seus respectivos ministros de se acharem prontos a defender seus nacionais, cuja proteção lhes incumbia.

No dia 6, à meia-noite e meia, Pontois foi convidado por um desconhecido para ir ao Paço; para lá se dirigiu, seguido de perto pelo encarregado de negócios da Grã-Bretanha, Aston. Os dois não ousaram ir juntos, com receio de serem detidos pelos rebeldes, que tinham todo o interesse em privar dom Pedro dos seus conselhos e do seu apoio. Antes de chegar, Pontois encontrou o regimento da artilharia que se dirigia para a cidade a fim de juntar-se às outras unidades revoltadas.

A noite estava escura, mas o diplomata pôde ouvir distintamente o rodar das viaturas, o passo dos cavalos e o tilintar das espadas. A família imperial achava-se reunida, cercada pelo ministério. O imperador com muita calma expôs a situação.

Um juiz de paz, deputado pelo povo, reclamava a reintegração do gabinete despedido: o soberano recusava, porém, assim ferir a prerrogativa real, que lhe dava a plena escolha dos seus

Jean-Baptiste Debret, A volta de D. João para Lisboa, *retrato pitoresco*.

ministros. Seria, no seu dizer, trair, sob intimação tumultuária, o dever e a honra. Quando muito se mostrava disposto, por bondade, a mudar ainda uma vez de gabinete, fazendo apelo ao senador Vergueiro, cujo liberalismo era notório. Outras negociações foram realizadas, mas dos dois lados havia obstinação. O próprio general Lima e Silva não conseguira vencer a resolução imperial e fazê-lo ceder. Regressando à cidade, o general, que, segundo Pontois, a voz pública designara como chefe do movimento, trouxera consigo o regimento de honra que um dos seus irmãos comandava. Vendo-se só, abandonado por todos os elementos de força e resistência, dom Pedro entendia que a única coisa que lhe restava era abdicar. A imperatriz e os ministros combatiam essa decisão extrema. O imperador respondeu-lhes com estas palavras sábias e memoráveis que nos foram conservadas por Pontois na sua correspondência diplomática:

"Prefiro descer do trono com honra a reinar desonrado e aviltado. Não nos façamos ilusões. O conflito tornou-se nacional.

Os nascidos no Brasil congregaram-se contra mim no Campo da Aclamação. Não querem mais saber de mim porque sou português. Estão dispostos a desfazer-se de mim não importa por qual meio. Havia muito esperava isso, e o anunciei após minha viagem a Minas. Meu filho tem sobre mim a vantagem de ser brasileiro. Os brasileiros prezam-no. Governará sem dificuldade, e a Constituição garante-lhe seus direitos. Renuncio à coroa com a glória de acabar conforme comecei, constitucionalmente".

Pontois não pôde senão aprovar o gesto imperial: segundo ele, a dinastia certamente lucraria e porventura o próprio dom Pedro, pois que a abdicação poderia bem ser anulada a instâncias dos seus súditos. O imperador, todavia, não se enganava a tal respeito: sabia que não mais o toleravam e, por sua vez, ele não mais estimava um povo que, nas suas expressões, o haviam *desertado e atraiçoado*. "O que desejo é cobrir o rosto com um véu para não ver mais o Rio de Janeiro" – foi o grito da sua alma ulcerada, onde as injúrias abriram largas feridas que, aliás, depressa se cicatrizaram porque a sua natureza era essencialmente generosa.

Logo depois do ato de abdicação redigido e firmado, o que ele fez sozinho no seu escritório, dom Pedro quis partir, embarcar na nau inglesa, surdo a todos os rogos de retardar esse momento definitivo. A muito custo consentiu em aguardar o voto do Parlamento, tomar conhecimento, ainda em território nacional, prestes, portanto, a toda emergência, se o advento de seu filho se efetivara. Pontois fez apelo ao seu espírito cavalheiro: "Vossa abdicação, Senhor, foi livre e espontânea. Para dar disso a prova mais evidente, não deveis partir precipitadamente, como um fugitivo". "O imperador", escrevia em seguida o encarregado de negócios da França a seu chefe, o conde Sebastiani, ministro dos negócios estrangeiros do rei Luiz Felippe, "soube melhor abdicar do que reinar. No decorrer dessa noite inolvidável para quantos a testemunharam, o soberano elevou-se acima de si próprio e revelou constantemente uma presença de espírito, uma firmeza e uma dignidade notáveis, de modo a patentear o que esse infeliz príncipe teria podido ser com uma melhor educação e se exemplos mais nobres tivessem caído sob seus olhos".

Tendo cessado as novas e ficando o Paço a cada instante mais deserto, pois que os cortesãos e os lacaios se agrupavam ao redor dos vencedores do dia, a diminuta corte partiu para o cais de embarque. Conta Pontois que as negras do serviço acompanhavam as carruagens gritando de desespero. Uma vez a bordo da *Warspite*, dom Pedro recobrou o bom humor. Seu temperamento era antes volúvel e o seu senso de majestade tinha alguma coisa de convencional ou de teatral. Sua alma romântica exaltava-se com a ideia do sacrifício, gozava mesmo dele com volúpia, mas as suas maneiras, por vezes vulgares, os seus costumes facilmente desregrados, a estreiteza ocasional das suas vistas – defeitos de educação mais do que de caráter e que lhe tinham constituído uma segunda natureza, menos brilhante e menos altaneira do que a outra – cedo vinha à tona. Recuperou em todo o caso facilmente o seu orgulho para dizer ao enviado da Regência, que vinha oferecer-lhe um navio de guerra brasileiro para transportá-lo para a Europa, que os reis da Grã-Bretanha e da França estavam mais em condições de fazer essa despesa do que o governo do Brasil. Este tinha diante de si uma tarefa bastante dura, a de domar a insurreição e dissolver os magotes armados que acampavam no Campo da Honra – o antigo Campo da Aclamação – ao lado da tropa de linha e que protestavam ali permanecer de atalaia até que a *Warspite* desaparecesse no horizonte...

Escreveu com acerto Joaquim Nabuco[1] que a revolução de 7 de abril de 1831 foi, afinal, como se disse da independência, uma

---

1. *Um Estadista do Império*, vol. 1.

separação amigável entre o soberano e a nação, isto é, a maioria que a si avocou representá-la, e agir no seu nome. A separação, contudo, não se efetuou sem rompimento; uma tempestade preliminar em que os relâmpagos e os trovões foram mais do que os raios. O que o publicista quis dizer é que entre as duas partes havia se chegado a uma perfeita incapacidade de compreensão, a um desacordo que somente se poderia resolver pelo despotismo ou pela abdicação, o despotismo repugnando, no entanto, ao fundo do espírito liberal do soberano e ao proceder que ele se traçara e que se tornou seu destino histórico. Dom Pedro I estava havia algum tempo decidido a partir para a Europa. Melhor do que ninguém, sentia quanto crescia sua incompatibilidade pessoal com o povo brasileiro, e percebera que para a sua dinastia a melhor política a seguir era a de jogar tudo numa cartada e fazer do imperador menino o pupilo da nação. Deve ter mesmo pensado em José Bonifácio para regente quando o chamou para tutor da sua prole, e a circunstância do Patriarca da Independência, esquecendo velhos agravos, abraçar o credo *Caramuru*, isto é, a fé dos que desejavam o regresso de dom Pedro I, depois de este haver cruzado o oceano, leva a pensar que José Bonifácio não desdenharia completar seu papel histórico, restaurando a união de 1821 e 1822 entre o príncipe e o ministro que tinha sido o alicerce da grandeza brasileira.

A crise portuguesa contava, porém, com um motivo determinativo essencial. Seu irmão dom Miguel, que dom Pedro consentiu em reconhecer como regente de Portugal, ao que, aliás, lhe assistia pleno direito, e que devia mais tarde consumar seu casamento com a sobrinha, a rainha dona Maria da Glória, deixara-se proclamar rei absoluto, encarnando todos os sentimentos portugueses fiéis ao trono e ao altar e hostis à antiga colônia e a quantos tinham favorecido sua emancipação.

A situação política da Europa em 1829, governada por Wellington, por Metternich e por Polignac, não permitia que se pensasse em Portugal numa reação liberal, mas a revolução de julho de 1830 na França mudara o aspecto das coisas e reanimara as esperanças dos constitucionais. Dom Pedro experimentou novo ímpeto de jogar a partida final, sustentando os direitos da filha e da Carta que outorgara, e apareceu-lhe um breve ensejo de, com sua audácia costumeira, confirmar a razão dos que o acusavam de haver desviado o melhor da sua atenção para os negócios da antiga mãe pátria. O 7 de abril apenas apressou o seguimento notável dos acontecimentos e se a consequência lógica da abdicação não foi, como parecia dever ser, a república, dado o caráter revolucionário do movimento, a razão da generosidade nacional é fornecida pela perspectiva diante de sua efervescência demagógica de um período de transição de natureza já francamente democrática, e em outros pelo desejo de dominar a confusão do ambiente político por meio do livre jogo de uma instituição superior aos partidos de origem genuinamente patriótica.

Observa Joaquim Nabuco que a Regência foi uma época de abalos políticos que ameaçaram derrubar todo o edifício nacional, que a reação era uma necessidade por tal forma arraigada no espírito de quantos tinham responsabilidades de governo, que o que fez a grande reputação dos homens do Estado desse período não foi o que eles realizaram em favor do liberalismo, mas a resistência que opuseram à anarquia. Os anos imediatos à abdicação foram de luta entre os três ideais – o ideal tradicional, cada dia mais esvaecido; o ideal revolucionário, cada dia mais desacreditado; e o ideal de autoridade combinado com o espírito liberal, que foi o vencedor no Império porque se fundiu com o primeiro. "Foi o tempo, escrevia Theophillo Ottoni[2], das sociedades patrióticas de todos os matizes. No Rio de Janeiro, os conservadores conspiravam na Sociedade Militar e mesmo em um dos Grandes Orientes maçônicos, transformado em alavanca política. A Sociedade Defensora era, com suas filiais, o instrumento de Evaristo e o *Espírito Santo* do governo. A Socieda-

---

2. Circular cit. ao eleitorado de Minas.

de Federal, cujo presidente era o monge Custódio Alves Serrão, simbolizava o progresso pacífico. Como em Paris, durante a revolução, essas Sociedades – Os nossos Feuillants e os nossos Jacobins – exerciam uma influência excepcional e dirigiam toda a contenda, a qual foi ardente e mais de uma vez sangrenta. Faz, contudo, grande honra ao pessoal político do tempo que ela não impediu, ou antes, que não conseguiu eclipsar a sua feição puramente parlamentar, continuando a representação nacional a ser o principal teatro de ação, se bem que disputado por deputados que queriam converter a Câmara numa Assembleia Nacional e senadores que buscavam cimentar sua oligarquia nascente à sombra da vitaliciedade.

A lei orgânica da nação foi modificada pelo Ato Adicional subsequente à abdicação, pode mesmo dizer-se ultraliberalizada, mas por processos em suma pacíficos, pois que eram alheios, impunham-se mesmo à balbúrdia das ruas da capital e às matanças nas províncias. Não foi sem razão que Theófilo Ottoni denominou o padre Feijó regente único de 1835 a 1837, o Cavaignac de batina. A descentralização – paliativo contra a federação – afirmou-se por meio das assembleias locais, e a supressão do conselho de Estado inamovível vibrou tal golpe no poder moderador, consagrado pela Constituição, que o seu restabelecimento foi o primeiro cuidado da reação conservadora que se seguiu à declaração da maioridade de dom Pedro II meses antes de completar os 15 anos. A maioridade foi igualmente um golpe parlamentar, mas sustentado, senão impelido, pelo sentimento público. Pode-se dizer que a folha do instrumento era de fino aço político, e o punho de forte madeira popular. O movimento era o legítimo complemento da reação conservadora de 1837, quando Araújo Lima (marquês de Olinda) foi eleito para a regência a que Feijó renunciara.

A glória de Evaristo da Veiga foi ter salvado o princípio monárquico; a de Feijó foi haver assegurado a supremacia do poder civil; e de Bernardo de Vasconcellos foi ter reconstituído a autoridade. "Foi graças à possibilidade distante que o trono apresentava que o governo de uma Câmara única – o Senado se ofuscara politicamente –, verdadeira Convenção da qual emanava tudo e a qual tudo retornava, não se fragmentava em frações ingovernáveis. À proporção que a distância da maioridade se tornava mais curta, os temores diminuíam, a confiança renascia, a vida suspensa recomeçava, o coração dilatava-se como em um navio desgarrado à medida que o porto se aproxima."[3]

O movimento revolucionário mais grave que o Império teve que combater e suprimir foi o do Rio Grande do Sul, conhecido como *Guerra dos Farrapos*, que durou dez anos, de 1835 a 1845. Começou durante a regência de Feijó e teve por causa meras rivalidades políticas, todas locais. O partido denominado Exaltado, que era afinal o Liberal, estava no poder; o outro partido, denominado Moderado, que era afinal o Conservador, estava na oposição. A eleição da Assembleia Legislativa, criada pelo Ato Adicional, deu a vitória aos moderados: a facção contrária, contando com a proteção do poder central, isto é, da Regência, não quis se sujeitar ao resultado do sufrágio e pegou em armas, com os elementos à paisana secundados por certos elementos militares. Se as paixões reinavam na política, é sabido que a disciplina não reinava no Exército. O vice-presidente em exercício teve de deixar Porto Alegre, a capital da província, e se instalar em Rio Grande, enquanto o presidente rebelde, aclamado, tomava seu lugar e iniciava suas funções, apoiado por uma Assembleia Legislativa composta da minoria eleita e de suplentes convocados para preencher o número legal.

---

3. Joaquim Nabuco, op. cit.

Um novo presidente despachado do Rio de Janeiro, Araújo Ribeiro (visconde do Rio Grande), que mais tarde se tornou ilustre cientista e diplomata, escrevendo um tratado de geologia – *O fim da criação* – e negociando em Londres os limites com a Guiana Britânica, procurou apaziguar os espíritos, prometendo justiça e uma anistia. Quase conseguiu ver coroados seus esforços, e a defecção de um dos dois chefes rebeldes, nomeado comandante das forças do governo, determinou a reocupação de Porto Alegre e a captura do outro chefe, Bento Gonçalves, o qual foi transportado como prisioneiro de guerra para a Bahia. Uma mudança de política no Rio, provocada pelos exaltados, e que se manifestou pela substituição de Araújo Ribeiro e pela destituição do comandante militar, fez recomeçar a luta, mais cruel e desumana do que anteriormente, caracterizada dessa vez por fuzilamentos de prisioneiros, devastações de propriedades e pilhagem das povoações, e rematada pela proclamação, em novembro de 1836, da república do Piratinim.

A situação geográfica do Rio Grande do Sul, limítrofe das repúblicas do Uruguai e da Argentina, favorecia singularmente essa tentativa ousada de separação. Os insurgentes perseguidos podiam facilmente refugiar-se em território estrangeiro, onde não eram incomodados: daí, outrossim, lhes vinham armas e dinheiro, pois que aquelas repúblicas estavam teoricamente interessadas na propaganda do seu ideal revolucionário e, praticamente, não só no enfraquecimento do Império, cujas dimensões colossais as aterrorizavam, como nos seus lucros, hauridos nos fornecimentos dessa luta armada de que era teatro o território vizinho. O governo local entrou a ser batido e esta circunstância contribuiu não pouco para desgostar o regente Feijó e levá-lo a deixar o seu posto em 19 de setembro de 1837. Por sua vez os conservadores tentaram restabelecer a legalidade na província anarquizada, ora aumentando os efetivos militares e urgindo as operações, era oferecendo a anistia, em troca do reconhecimento da autoridade central, a saber a reincorporação da unidade rio-grandense no Império. A fortuna das armas sorria alternadamente às duas facções, mas as vitórias do governo não foram bastante assinaladas – a mais importante foi em 1840, no passo de Taquary –, acrescendo que novas revoluções, na Bahia, Pará e Maranhão, desviavam forçosamente um pouco do extremo Sul a atenção do regente Araújo Lima, o qual, contudo, fez para ali embarcar, como autoridade ao mesmo tempo civil e militar, o general Andrea (barão de Caçapava), vencedor da rebelião do Pará e que em Santa Catarina tivera a boa sorte de desalojar de Lages e de Laguna os revoltosos do Rio Grande sob as ordens do general Canavarro, do *condottiere* Garibaldi, tão célebre depois na história da unidade italiana.

O governo da maioria, leal à união, compreendendo que pela força exclusivamente não se chegaria a desmoralizar e submeter uma revolução que já atingira tão notáveis proporções, buscou entrar em acordo com o governo da nova república, suspendendo as operações em curso e propondo condições que o general Andréa não consentiu em formular quando lhe foram apresentadas para isso. Essas condições abrangiam a alforria, sem indenização para os senhores, dos escravos fugidos e alistados nas fileiras adversas e a admissão dos oficiais intrusos no Exército imperial, conservando os postos que lhes tinham sido facultados, ou, mais bem-dito, que eles se tinham outorgado nas tropas rebeldes. Essa nova política era antes a política pessoal de Antônio Carlos Ribeiro de Andrada, o qual se deixava embalar pelas ilusões do prestígio do seu nome, caro ao sentimento nacional, e, desconfiando assaz do entusiasmo do delegado oficial pela conciliação, contida nos termos do seu projeto, entregou a negociação a um emissário secreto, o deputado Álvares Machado, pouco depois nomeado presidente do Rio Grande do Sul, com o general Santos Barreto como comandante militar, ao mesmo tempo que Andréa era chamado. Todos esses conchavos falharam. O coronel Bento Gonçalves, presidente da república de Piratinim, exigia mais ainda do que lhe ofereciam para não dizer que não, de fato para prolongar as coisas e se preparar melhor, persuadido como estava de que o governo imperial estava cedendo e nutria fundados receios da solução final. Uma vez posto de lado o ensaio de pacificação, a luta recomeçara em condições mais desfavoráveis para a legalidade. As negociações haviam amortecido a tensão da guerra: tinha revelado um desejo demasiado intenso de concórdia, toda em vantagem dos rebeldes; os defensores da dependência sentiam-se rebaixados, e mesmo às vésperas de serem expostas as piores vinganças dos seus inimigos. O cúmulo disso tudo era que o novo comandante militar seguia uma tática diversa, de concentrar todas as suas forças na fronteira para impedir as comunicações com o estrangeiro, em vez de perseguir os contrários por meio de colunas separadas, e se negava a toda peleja formal e definitiva sob pretexto de insuficiência de recursos, deixando abater a moral pelas constantes surpresas e assaltos da guerrilha rebelde. A partida parecia a princípio perdida para a causa da unidade nacional. A situação era insustentável, como se notava apenas para conduzir as mais sérias consequências políticas, na Corte para o ministro, que pelo menos tentara a experiência do que os jornais da época chamavam o Programa do Vinho e Marmelada. Na crise ministerial de 21 de março de 1841, o imperador, com sua precoce flexão e gravidade, tendo decidido a questão em favor de Aureliano Coutinho (visconde de Sepetiba), que, contra todos os seus colegas e gabinete – não existia ainda a presidência do conselho, criada em 1847 –, queria substituir as autoridades imperiais no Rio Grande do Sul, aceitando a demissão solicitada por Álvares Machado.

O novo ministro da Guerra, um veterano das lutas incruentas da Independência, José Clemente Pereira, desenvolveu grande atividade no seu lugar, expedindo abundantes socorros sob a forma de tropas e munições de guerra. Esses recrutas vinham principalmente do Norte, como mais tarde, por ocasião da Guerra do Paraguai, e recebiam no Rio de Janeiro a instrução profissional e a disciplina militar. O novo comandante, conde do Rio Pardo, não correspondeu infelizmente ao impulso dado e, gabando-se de um plano estratégico que concebera, permaneceu inativo em Porto Alegre, cuja defesa eventual parecia ser seu objetivo único, permitindo aos rebeldes saquearem livremente vilas e campos, à moda gaúcha, igual dos dois lados da fronteira pela semelhança da região, do nomadismo pastoril e da taciturnidade envolvendo o desprezo pela vida humana. Não só comboios eram atacados e o gado – bois e cavalos – roubado de seus donos, como a audácia insurgente ia até o ponto de empreender operações navais na lagoa dos Patos, sem falar nos corsários armados para a guerra marítima. O efeito da dupla revolução liberal sobrevinda em São Paulo e em Minas Gerais em 1842 só podia ser o de avolumar a confiança em si da revolução rio-grandense, pela simpatia de atitude suscitada naquelas duas províncias, cujo povo era fundamentalmente hostil ao recrutamento para a guerra civil do Sul. Bebeu o movimento suas razões políticas nas leis ditas reacionárias do gabinete de 1841, e na dissolução da Câmara, de grande maioria liberal, eleita em 1840, medida reclamada do soberano pelo ministério para tanto alegando as numerosas fraudes e violências da votação nas urnas, que a Assembleia perfilhava, reconhecendo todos os diplomados na sua parcialidade, sem admitir quer protestos, quer contestações. Grandes personalidades estiveram comprometidas nessa sedição das duas mais importantes unidades do Império, o senador Vergueiro Feijó, Limpo de Abreu, ministro da véspera, Teófilo Ottoni, o brigadeiro Rafael Tobias de Aguiar. Precedeu-a forte agitação da imprensa, jornais e opúsculos inflamando os espíritos. O manifesto paulista de Feijó é um documento notável pelas ideias, se bem que de linguagem violenta.

Teve ela, entretanto, uma influência indireta bastante sensível, contrária à república de Piratinim, pela circunstância de haver sobretudo contribuído para pôr em destaque a competência e também a sorte, que é um elemento positivo de ação, do general Luís Alves de Lima, futuro marechal Duque de Caxias. A expedição de São Paulo não passou de uma passeata militar: os rebeldes debandando aos primeiros tiros e abandonando as armas num campo que só por ironia se poderia chamar de batalha. O governo central alistou os prisioneiros como soldados e deportou provisoriamente para o Espírito Santo os chefes Vergueiro e Feijó, ali os deixando em liberdade. Em Minas Gerais a resistência foi mais séria, animada como era pela atividade e tenacidade de Teófilo Ottoni; mas o combate de Santa Lúzia, que durou um dia, entre 3.000 soldados de linha e da Guarda Nacional e 3.000 rebeldes da polícia local e da Guarda Nacional mineira, e de gente do povo comandada por fazendeiros liberais, pôs fim na agitação revolucionária. Os insurgentes, conquanto admiravelmente colocados sobre uma altura que haviam fortificado, tomaram a ofensiva, mas foram surpreendidos por um ataque pela retaguarda, habilmente preparado pelo general em chefe Alves de Lima. Em pânico, eles trataram de escapar, caindo os principais

Jean-Baptiste Debret, Dia do Fico, d. Pedro falando ao povo.

insurgentes nas mãos do vencedor, de ânimo tão generoso que, convidado pelo bispo e cônego de Mariana para assistir a um *Te Deum* em ação de graças, respondeu que competia ao clero rezar pelos mortos e não festejar os resultados de uma guerra fratricida, a qual devia antes entristecer todos os corações brasileiros[4].

Tão notável se tornara Caxias que o governo imperial não demorou em designá-lo como seu delegado civil e militar no Rio Grande do Sul, onde, com sua presença, as operações militares entraram imediatamente numa fase nova, de diferente aspecto, assinalada por sucessivos e frequentes ganhos dos legalistas, coroados pela captura, por Marques de Souza (futuro conde de Porto Alegre, da cidade de Piratinim, capital da república, com seus depósitos de munições de guerra e de provisões de alimentos. Batidos em outros encontros anteriores e onde quer que pelas últimas vezes tentaram a fortuna das armas, sentiram, os revolucionários, que a sua causa estava absolutamente perdida.

Chefes importantes, seduzidos pelas promessas de perdão, desfraldaram o pavilhão 9 imperial; os soldados, esgotados e sem mais esperanças, desertavam, e começou a faltar armamento a partir do momento em que a fronteira foi eficientemente vigiada.

A solicitação de um apelo à fraternização foi perfeitamente recebida pelo general com caráter de pró-cônsul, homem de tino e de coração. Como Hoche na Vendéa, recorreu à moderação e ao esquecimento, concedendo plena anistia às pessoas e aos bens dos rebeldes, em troca da entrega das suas armas e do reconhecimento da autoridade do Império, os militares conservando seus postos e os civis voltando aos seus afazeres; a encampação pela União de uma parte da dívida da República e, finalmente, a restituição dos escravos fugidos alistados nas fileiras insurgentes, o governo imperial respeitando sua liberdade assim alcançada, mas pagando uma indenização aos seus senhores. Isso ocorreu

---

4. Pereira da Silva, *Memórias do Meu Tempo*.

em 1845. Mil e duzentos rebeldes depuseram as armas e no mesmo ano o imperador e a imperatriz – a virtuosíssima princesa napolitana que ele desposara em 1843 – visitaram o cenário dessa guerra civil de dez anos, conquistando a afeição geral e sendo por toda a parte recebidos com o mais vivo e sincero entusiasmo.

***

A última das revoluções do Império Brasileiro, na primeira metade do século XIX, foi a de Pernambuco, em 1848-49. O presidente da província sustentado pelos fusionistas ou praieiros (partido da praia) era Chichorro da Gama, que em 1847 foi incluído na lista senatorial tríplice – tratava-se mesmo de uma lista sêxtupla, porque havia duas vagas – por efeito de uma eleição tão tumultuada e tão sobrecarregada de assassinatos e motins que o gabinete Hollanda Cavalcanti (visconde de Albuquerque) opôs dúvidas à sua validade, a qual o imperador não quis admitir, o que provocou a retirada do ministério e a organização de outro liberal, presidido por Alves Branco (Caravellas), e do qual faziam parte Vergueiro e Paula Souza, este conhecido pelas suas tendências democráticas e ideal de liberdade, verdadeira alma de girondino, como dele se escreveu. O Senado apresentou um parecer contrário à eleição de Pernambuco e favorável a uma nova consulta ao sufrágio, sendo esse parecer adotado por 17 votos contra 13, apesar das objurgatórias dos deputados praieiros na Câmara, invectivando a oligarquia senatorial e zelando pelas prerrogativas da Coroa, nesse momento muito vilipendiada pelos adversários da chamada "facção áulica", os quais se recrutavam então nas fileiras dos conservadores. Contra estes se dirigiram especialmente as manobras violentamente partidárias do gabinete, de tal natureza que enojaram Paula Souza e o levaram a repudiar a sua pasta, posto que Alves Branco os considerasse apenas como "dolorosos mas indispensáveis sacrifícios para poder concentrar a fé política".[5] O deputado Barboza, de Minas Gerais, condensava nestas palavras a vida da Câmara cujo mandato expirava em 1847: "Nascida da fraude e da violência, vegetou no servilismo e desaparece no opróbio". Nunca houve mais cruel epitáfio.

O fermento revolucionário que tinha suas raízes na Independência e que a monarquia estava tratando de destruir pela clemência não perdera o travo nativista que não queria amargar tanto o espírito cosmopolita como propriamente a tradição portuguesa. O nacionalismo fizera-se virulentamente xenófobo. Os europeus eram alvo em Pernambuco dos mesmos ataques que os conservadores: queria expulsar os marinheiros (alcunha dada aos portugueses) e proibir o comércio aos estrangeiros. A desordem armada pudera ser mais ou menos domada, mas não arrastara na sua queda a desordem civil. Tinha subsistido uma condição de rivalidades pessoais, de ciúmes de grupos parlamentares, de rancores de facções, sobretudo locais, complicados com antipatias de raças e com despeitos de classes, e tanto mais acesos quanto a tonalidade geral dessa sociedade política era ainda não pouco grosseira e inculta, não obstante exemplares acabados de educação e de saber. Uma intriga terrível grassava através de todo o Império e a revolução de 1848 foi a explosão não inesperada mas abortiva desse estado malsão: em linguagem médica se diria, talvez com propriedade, ter visto a supuração de um abscesso purulento.

O gabinete de 1844, conservador no rótulo, liberal em muitos dos seus atos, proviera da incompatibilidade entre o chefe do anterior ministério, Honório Hermeto Carneiro Leão (depois marquês do Paraná e político do maior prestígio), e a "facção áulica" dirigida por Aureliano Coutinho (Sepetiba). Começou

---

5. Pereira da Silva, *Memórias do Meu Tempo*.

por conceder anistia aos revoltosos liberais de 1842, justificando mesmo sua atitude com as leis repressivas de 1841, e recorreu à dissolução da Câmara, cuja maioria lhe era por isso hostil e onde dificilmente se formou uma minoria de apoio ao governo, graças às discórdias provinciais que puseram em conflito seus respectivos representantes na Assembleia Geral. As eleições que se seguiram ocorreram sob uma forte pressão oficial, precedida de reversões de juízes de direito e demissões de altos funcionários e delegados de polícia. As desordens foram numerosas e a fraude imperou em todas as freguesias. Os revolucionários de 1842, aproveitando a anistia, tomaram a sua desforra, sem, todavia, lograrem impor-se à facção conservadora da nova maioria, igual em proporção, e obter a execução das duas ideias de reforma ou, mais precisamente, a ab-rogação das leis reputadas inconstitucionais. Data dessa época a fusão pernambucana entre conservadores ministeriais ou praieiros inimigos da oligarquia territorial das poderosas famílias Cavalcanti, Souza Leão e Rego Barros, compostas de alguns senhores de engenho.

As novas eleições senatoriais de Pernambuco em 1847 ocorreram também como as anteriores, usando-se de todos os recursos da chicana de votações e de todas as brutalidades do poder por fazer triunfar o partido interessado e protegido pelo presidente da província. O próprio vice-presidente, se bem que da mesma facção, não hesitava em descrever a situação como "lamentável e desesperada". De igual ausência de garantias e de idênticos abusos se ressentiam as eleições dos deputados. A mudança de gabinete e um apelo, muito embora platônico, à boa vontade geral e a processos menos escandalosos e mais decentes produziram em todo caso uma certa folga que o efeito da revolução de 1848 veio a comprometer. Não bastava mais a modificação das leis reacionárias: pretendeu-se como na Inglaterra de Asquith e Lloyd George, antes da guerra, cercear as atribuições políticas da Câmara Alta para puni-la de haver pela segunda vez anulado por grande maioria as eleições senatoriais de Pernambuco, onde a situação se tornara puramente anárquica; a Guarda Nacional em armas e as autoridades policiais em plena florescência de autoridade pessoal.

Paula Souza, que voltara ao poder como presidente do conselho, não possuía, com toda sua tradição de liberalismo, energia bastante para impor uma direção definida a um partido fragmentado e trabalhado por orientações individuais diversas e divergentes. Preconizava leis de incompatibilidade, como se a situação não exigisse gestos mais amplos e atitudes mais decididas. Ecoava numa imagem o índio que, cansado, extenuado de querer lutar contra a corrente que o arrebata, larga o remo e, aguardando o momento de ser precipitado no abismo, levanta os olhos para o céu, resignado perante a fatalidade que ele não pôde evitar. As cenas tumultuosas sobrevindas na capital por ocasião da eleição, em 7 de setembro, da Câmara municipal e dos juízes de paz das paróquias, seguidas de invasão do recinto da Câmara dos Deputados pelos arruaceiros das galerias a soldo dos políticos radicais por ocasião de um discurso do conhecido historiador Pereira da Silva, o qual insinuou a cumplicidade do governo com malfeitores de sua convivência, determinaram reação salutar, denunciada pela formação de um gabinete conservador presidido pelo antigo regente marquês de Olinda. Esse gabinete, mais tarde presidido por Costa Carvalho (marquês de Montalegre), incluiu Eusébio de Queiroz, Paulino de Souza (visconde de Uruguai), Rodrigues Torres (visconde de Itaboraí), Manoel Felizardo e Vieira Tosta (marquês de Muritiba), uma plêiade de nomes ilustres.

Nos primeiros dias de outubro de 1848, o gabinete obteve do imperador o adiantamento do Parlamento para 18 de abril de 1849. Após a vitória do governo sobre a revolução de Pernambuco e antes de reunida, foi a Câmara dissolvida e a nova Câmara convocada para 1º de janeiro de 1850. A reação precipitara, entretanto, os acontecimentos, em que todos os empregados administrativos da província, todos os funcionários policiais, todos os oficiais da Guarda Nacional pertenciam à oposição ultraliberal, a qual resolveu resistir pela força a qualquer demissão. Intimação foi feita ao novo presidente, seguida de tropas, e declarou-se a insurreição. Rompia, aliás, a guerra civil em condições excelentes para os rebeldes, se apenas o delegado do governo central não fosse um homem de fibra como Vieira Tosta, magistrado de alta respeitabilidade que revelou um verdadeiro temperamento militar. Ele, principalmente, e pode até dizer-se que ele só preparou e organizou a defesa legal, reunindo aos contingentes de linha vindos das províncias da Bahia e do Rio de Janeiro batalhões de voluntários e companhias de artífices dos arsenais de Marinha e de guerra.

O deputado Nunes Machado, que era um impetuoso tribuno de considerável popularidade, recorreu à Corte para ver se podia impedir a luta armada, mas deixou-se arrastar pelo seu ardor combativo em política, que ia até a paixão, e muito também pelo sentimento dos seus amigos, que começavam a pôr em dúvida sua lealdade e a tomar a mal seus primeiros conselhos de prudência. Nunes Machado foi vítima afinal do seu civismo democrático combinado com uma recrudescência nesse instante de certa fraqueza moral, oriunda de um perigoso espírito de solidariedade. Uma bala atravessou-lhe o crânio quando marchava à frente de uma das duas colunas, cada uma com 2.000 homens, que tentaram por diferentes caminhos, em 2 de fevereiro de 1849, apoderar-se do Recife depois que o grosso das forças legalistas, sob o comando do brigadeiro Coelho (barão da Vitória), tomou, enganado por falsas informações, o caminho de Água Preta, no interior, onde a maior parte dos insurgentes se congregava primeiro e onde se dizia continuarem eles acampados. Reconhecendo o engodo, Coelho voltou atrás chegando no meio do combate para ajudar vigorosamente o triunfo final da ordem, já assegurada pelo presidente Tosta por meio dos seus 1.000 homens, bem arregimentados e bem dirigidos, resultado obtido apesar das relações que os rebeldes mantinham na cidade e das simpatias com que ali contavam. Perderam 1.500 homens, entre mortos e prisioneiros. A contenda prolongou-se um pouco, graças a elementos que escaparam à derrota e persistiram em proclamações furiosas contra os portugueses e contra o "tirano implacável" que os abatera. Recomendavam mesmo que a vida não fosse poupada aos prisioneiros e fizeram vítimas entre os comerciantes portugueses indefesos, mas a calma e generosidade bem calculada tiveram sua recompensa e confirmaram sua superioridade. O espírito revolucionário sossegou, abrandou o regimento da violência, sem um fuzilamento nem uma represália dura, dominado pela magnanimidade do soberano que impunha sua política de paz. Só tornou a aparecer à moda antiga a queda do regime imperial, a qual foi incruenta como efeito que era de uma propaganda doutrinária e pacífica, embora nela acabasse por enxertar-se uma anacrônica imitação das revoluções militares hispano-americanas.

A queda do Império, em 1889, foi já por si determinada como causada pela recrudescência do espírito revolucionário trazida por vários fatores – a gradual invasão das prerrogativas da Coroa pela ação representativa popular, arguindo-se o poder moderador de ter-se transformado em poder pessoal; o desprezo pelo trono do privilégio e dos princípios da Igreja Católica Romana, religião do Estado, quando em 1873 se abriu a luta entre o governo protetor da maçonaria e alguns membros da hierarquia; o abandono dos interesses da agricultura ao promover-se a abolição sem indenização; e, finalmente, a propaganda subversiva nas Forças Armadas. Os jovens oficiais do Exército, especialmente das Forças Armadas científicas, em bom número, obedeciam à inspiração de Benjamin Constant Botelho de Magalhães, a quem o imperador tratava com regular tolerância e que era um adepto fervoroso das doutrinas de Augusto Comte. A alta oficialidade desde a Guerra do Paraguai já em parte reatara a anterior tradição de indisciplina, juntando-se aos civis que em 3 de dezembro de 1870 firmaram o manifesto republicano, reflexo da mudança de regime na França, em 4 de setembro. Existe sempre uma íntima correlação entre os sucessos históricos da França e das suas filhas espirituais.

 O papel que coube à imprensa em 1831 de salvar a monarquia brasileira coube-lhe também de 1870 a 1889 para derrubá-la. Foram primeiro os jornais doutrinários, como a *República* e *Globo*, em cujas colunas o primoroso jornalista Salvador de Mendonça não esquecia a urbanidade; logo folhas de combate mais porfiado e menos impessoal, como o *Paiz*, dirigido por Quintino Bocaiuva, mestre da arte da polêmica de ideias; por fim, a análise desapiedada de Ruy Barbosa no *Diário de Notícias*, desfibrando a trama de realeza constitucional e esmagando as instituições do passado sob a clava formidável de seu estilo seiscentista. A substituição do gabinete liberal Zacharias pelo gabinete conservador Itaboraí, em 1868, é por alguns publicistas considerada o início da última e grande campanha demolidora do Império, e é fato que os liberais, com o senador Nabuco à frente, a exploraram o máximo possível. *Reforma ou revolução* – foi o seu lema, e a revolução não veio mais cedo porque a questão servil quase monopolizou a atenção pública até 1888.

# O Império e os partidos políticos

CAPÍTULO II

Em certas democracias acontece, por vezes, notar-se a ausência de partidos políticos. O detentor do poder exercendo suas funções temporariamente, pelo menos segundo o espírito constitucional, galga a posição com a ajuda dos esforços de um grupo ou das intrigas de uma facção, mesmo de um partido, mas, uma vez instalado e dispondo dos favores e graças ao Estado, a unanimidade tende a formar-se ao redor dele. Um único partido subsiste – o partido governamental, que se debilita, se fragmenta e se dispersa quando está por expirar o mandato do eleito, ou se urde sua queda, com o fim de cada um procurar seus interesses individuais ou de parceria, reconstituindo o agrupamento no dia imediato para se pôr ao serviço do novo chefe de Estado eleito ordeira ou violentamente. É claro que as coisas assim se passam nas pseudodemocracias. Em outras, menos convencionais ou mais verdadeiras, há partidos com programas que encobrem os interesses pessoais. Nos Estados Unidos os partidos políticos deram, desde os primeiros tempos, prova da sua vitalidade e de sua continuidade.

Os republicanos e democratas da atualidade descendem em linha reta dos federalistas e republicanos de Hamilton e de Jefferson por uma evolução que os fez passar por sucessivas metamorfoses consoante os problemas políticos e sociais de momento. Os rótulos de conservadores e liberais reproduzem-se por toda a América Latina e correspondem seguramente a correntes de opinião entre as pessoas cultas desses países, mas na prática é problemático que tais correntes tenham guiado ou inspirado os caudilhos, mormente os que tomam de assalto as presidências, como é de regra. Os acontecimentos sendo, todavia, mais poderosos que os homens, sucede que os caudilhos personifiquem por fim ideias absolutamente opostas às que agitaram diante dos seus sequazes, no período da maior luta. Rosas, por exemplo, que mandou fuzilar ou degolar um bom número dos seus inimigos sob pretexto de que ele só defendia com real patriotismo a autonomia e dignidade das Províncias Unidas do Rio da Prata e que assinava cotidianamente proclamações odientas contra os "selvagens unitários, imundos e asquerosos", de fato estabeleceu a unidade da Confederação Argentina, tornando o poder central, isto é, o de Buenos Aires (que constitucionalmente não comportava mais do que a representação exterior da nação e que na verdade era o da sua tirania pessoal), robusto e incontroverso com relação às leis provinciais. Rosas fracassou diante de um desses, o de Entre Ríos, Urquiza, a quem o Brasil deu a mão, quando o seu papel já estava, porém, desempenhado e a sua obra executada. Vencido por Urquiza, o espírito nacional ressurgiu com Mitre, sob outra denominação e um aspecto liberal, ficando esmagado em Pavom o espírito regional.

Os partidos políticos no Brasil datavam da Regência, porque antes, durante o reinado de dom Pedro I, houve espíritos amantes da liberdade e espíritos amantes da ordem, virtualmente avançados e moderados, constitucionais, reacionários e republicanos, mas o soberano fazia as vezes de eixo do Estado. Os políticos giravam ao redor dele, atraídos uns por seu magnetismo, afastados outros pelo seu caráter desigual, sem se agruparem em bandos disciplinados. A tendência comum era democrática, portanto antiautocrática, mas simpatias e antipatias visavam diretamente ao monarca e os princípios mais se regulavam pelos sentimentos assim manifestados. Depois da abdicação predominaram ideias e paixões: os republicanos uniram-se quase todos aos avançados, que foram mais tarde os liberais, certo número permanecendo fiel ao federalismo; os constitucionais fundiram-se com os moderados radicais e ficaram parcialmente satisfeitos com o Ato Adicional, a eles igualmente aderindo os reacionários, depois do falecimento do duque de Bragança, em 1834.

O programa de liberais em 1831 abrangia a monarquia federativa, a abolição do Poder Moderador, a eleição bienal da Câmara, o Senado eletivo e temporário, a supressão do Conselho de Estado, assembleias legislativas provinciais, com duas Câmaras, intendentes municipais desempenhando nas comunas o papel dos presidentes nas províncias. O Ato Adicional criou o legislativo provincial e o reduziu, porém, a uma só Câmara, e Bernardo de Vasconcellos julgou que se fora ainda assim demasiado longe. Outros tópicos esperaram melhores tempos. A desforra do Partido Liberal foi a antecipação da maioridade do imperador para preservação da união. A força das circunstâncias aproximou muito do trono esse partido, do qual uma fração foi até denominada a "facção áulica". Seu consulado foi perturbado por constantes contendas com os seus adversários, não vacilando os liberais em apelar para as armas, cada vez que os conservadores levavam a melhor nos escrutínios ou nos conselhos do jovem monarca: haja vista as revoluções de Minas Gerais – São Paulo em 1842 e de Pernambuco em 1848. Esta última, inábil e infeliz demonstração de ódios locais, o último grito de guerra de uma sociedade acalentada pela desordem, marcou para os liberais um prolongado ostracismo e para os conservadores uma correspondente supremacia.

O soberano, que em 1848 tinha 23 anos, e que até ali tivera como principais ministros individualidades de menos relevo, relativamente, do ponto de vista do vigor e prestígio político, passou a ter perto de si colaboradores de governo cuja sombra se alteava até os primeiros degraus do trono. Por sua vez, cessaram os partidos de ser representativos de opiniões e aspirações definidas para se tornarem "simples agregados de clãs organizados para a exploração em comum das vantagens do poder".[6] Antes dessa nova fase, os liberais apegavam-se à máxima cunhada na França sob Luis Felippe – *O rei reina e não governa* –, ao passo que os conservadores aventavam que o espírito do poder moderador impedia o monarca de ser um simples autômato, estranho por assim dizer à marcha dos negócios públicos. Os liberais admitiam o direito de resistência armada toda vez que o governo cometesse arbitrariedades e ofendesse as leis e a Constituição do Império; os conservadores repudiam como ilegal qualquer revolução, visto que era livre toda propaganda doutrinária e que a imprensa, as urnas e os tribunais ofereciam meios suficientes de reparar os abusos das autoridades e emendar os atos contrários ao interesse público. Os liberais permaneciam dedicados ao princípio de descentralização administrativa, queriam reduzir ao mínimo a ação da polícia e pregavam a eleição popular dos magistrados, agentes judiciais que deviam ser da livre escolha da nação e não instru-

---

6. Oliveira Vianna. *A Queda do Império*, no volume do Instituto Histórico comemorativo do centenário de dom Pedro II (1925).

mentos do poder; os conservadores julgavam a centralização política indispensável à integridade do Império, e a independência e inamovibilidade do Poder Judiciário, arredado dos favores do sufrágio, necessárias à dignidade da sua missão protetora dos direitos dos cidadãos e organizadoras da resistência legal.[7]

De 1840 a 1848, sobretudo a partir de 1844, liberais e conservadores sentavam-se junto em gabinetes pouco homogêneos e fatalmente de curta duração, que, pretendendo afastar-se da política partidária, de fato encaravam com indiferença os conflitos de ideias e testemunhavam tamanha inércia em matéria de disciplinas que permitiram a discórdia no seio das maiorias parlamentares que os sustentavam, e os presidentes de províncias, seus delegados, desobedecerem às suas instruções. Cita-se, como o melhor resultado da sessão legislativa de 1846, uma reforma eleitoral, abolindo o voto por procuração, exigindo inclusão dos votantes no registro anual, confiando à presidência das mesas eleitorais ao juiz de paz, mesmo quando suspenso das suas funções pelo governo, estabelecendo a fiscalização dos candidatos nos escrutínios e reduzindo o intervalo de tempo entre as eleições e a reunião do Parlamento.

Esses gabinetes, que se proclamavam imparciais, dispostos a apagar os ressentimentos do passado e a aceitar o concurso de todos os homens moderados dos dois partidos, não pareciam despertar simpatia alguma e vegetavam politicamente sem suscitar interesse público ou parlamentar. Quanto aos gabinetes mais liberais, Wanderley (Cotegipe) fazia a crítica na sessão de 1848, dizendo que o partido condenava na oposição as leis existentes, mas, uma vez no poder, as executava em seu proveito – uma observação que, aliás, se pode aplicar a todos os partidos de oposição em todos os países.

Da resistência do espírito de autoridade que se seguiu a 1848, foi Carneiro Leão (Paraná) a cabeça. Político de um extraor-

---

7. Pereira da Silva, *Memórias do Meu Tempo*.

dinário bom senso, aguçado pela clarividência e realçado por uma tenacidade que roçava pela obstinação, tratou, em 1853, de fundir elementos de grande valia sob um programa simpático de paz. Foi a chamada *conciliação*. Seu ministério englobou antigos liberais – Limpo de Abreu (Abaeté), Pedreira (Bom Retiro) e Paranhos (Rio Branco) – e conservadores de tradição – Nabuco e mais tarde Wanderley (Cotegipe) –, todos convencidos da utilidade de uma aproximação. A opinião pública, aliás, favorecia essa orientação que a oposição parlamentar preconizava, que a imprensa exaltava e que merecia tanto o apoio da eloquência empática de Timandro, rugindo como Danton, quanto a preferência do faro de Paraná, um Guizot sem filosofia da história.

O marquês de Olinda, cuja vida política se estendeu desde as Cortes de Lisboa, de 1821, onde teve assento, até ao ministério liberal de 1865 a que presidiu, atribuiu um dia a política de conciliação a um *pensamento augusto*, e é certo que dom Pedro II a patrocinou cordialmente, pois ninguém melhor do que ele, acima dos partidos, se inteirava das suas disposições recíprocas – "a força destruidora, a intolerância, perseguição implacável do vandalismo partidário".[8] Este escritor político acrescenta que sucedeu com ela o que ocorre com toda política nova, que cada um interpreta a seu modo e toma um desenvolvimento maior do que o tinham previsto aqueles que a inventaram. O efeito foi além do impulso, porque o instrumento era de melhor qualidade. Joaquim Nabuco traça de Paraná um dos mais felizes perfis históricos com o que de melhor o distinguia – "o temperamento imperioso, a decisão pronta, a intuição de estadista", ao mesmo tempo que a tendência ao desdém, mais bem dito ao orgulho, a um excesso de *self-confidence*, provocado por certa ausência de tato porque nele a energia era superior à habilidade e sabia melhor destruir as resistências do que as desfazer. Essencialmente prático e positivo, Paraná "observava friamente os homens, acumulava notação de

---

8. Joaquim Nabuco, *Um Estadista do Império*.

pequenas circunstâncias diárias de preferência a buscar as ideias gerais, os princípios sintéticos da política. Deixando aos outros a história, a imaginação, a ciência, os livros, contentava-se com trabalhar com seus simples utensílios que não eram senão a cautela, o bom senso, a penetração astuta, aperfeiçoada por uma longa experiência dos altos negócios e pelo trato com os homens notáveis do país, que ele pela maior parte desprezava um pouco, sendo um fino conhecedor dos seus semelhantes e sabendo descontar-lhes as pretensões".

Não foram somente fortes simpatias que o movimento da conciliação gerou: também engendrou poderosas antipatias. Indiferença é que não mereceu e oportunidade a teve toda. Sucedeu a um gabinete de ação e de resistência que tinha dirigido a política nacional durante uma fase, senão das mais agitadas, pelo menos das mais críticas, e se vira de braços com uma campanha estrangeira apenas assegurada a pacificação interior. Também o momento era propício a uma transformação política do ponto de vista doméstico. Os princípios combativos do liberalismo cediam da sua intransigência sob o influxo dos negócios originados nas necessidades do progresso material do país. Primavam as preocupações utilitárias: as atividades desviavam-se das doutrinas em benefício das concessões. Chegara o desejo de uma orientação positiva, traduzindo-se pela construção de estradas de ferro, por ensaios de navegação a vapor, por empresas de colonização, pelo estabelecimento de bancos emissores, pelo fomento de serviços municipais tais como iluminação, esgotos etc. Os recursos naturais avantajavam-se às controvérsias constitucionais. Paraná podia bem, como o fez, definir o seu governo como "conservador progressista e progressista conservador". A dissidência conservadora, pela boca de Angelo Ferraz (barão de Uruguaiana), censurava, porém, essa *conciliação* de homens e não de ideias, como a indicava, a qual falseava o sistema parlamentar, rebaixava os caracteres, satisfazendo os instintos e estimulando as ambições, e dava uma expansão inesperada às políticas locais, ao mesmo tempo que sufocava a política geral. A expressão – *oportunismo* – ainda não fora criada, mas respondia mais ou menos ao programa que Paraná apresentava como muito alheio à extinção dos velhos partidos, tratando-se apenas de subtraí-los às polêmicas abstratas e estéreis e torná-los mais práticos e mais harmônicos com a marcha dos acontecimentos.

Como se tivesse empenho em justificar o último tópico da acusação que lhe era atribuída, de favorecer a política de campanário, Paraná lançou mão de uma reforma eleitoral que, continuando a ser indireta ou de dois grãos, substituía o escrutínio de lista ou de província pelo de distrito ou círculo, com um suplente para cada deputado. O imperador, ao que se diz, insistia em eleições mais livres e de uma mais fiel expressão da opinião do país, e a reforma de Paraná teve o aplauso dos liberais que, por meio dela, esperavam sair de um longo ostracismo. Combatiam-na, porém, e com acrimônia, conservadores eminentes: Eusébio de Queiroz atacava-a como devendo produzir o triunfo da mediocridade. Com efeito, as eleições de 1856, a que presidiu o mesmo gabinete, mas sob a chefia de Caxias, porque Paraná morrera no exercício das suas funções, de uma febre perniciosa que em poucos dias o vitimou, eliminaram não poucos homens políticos de distinção, para colocar no lugar deles entidades desconhecidas, e resultaram nas províncias mais proveitosas às famílias influentes do que ao partido no poder. A maioria resultou, no entanto, conservadora, se bem que voltasse ao Parlamento um pequeno número de liberais, que dele estavam afastados. E o marquês de Olinda, que pugnara contra a política de conciliação, ao organizar, em 1857, um novo gabinete, não julgou útil alterar a lei e preferiu mantê-la. As condições sociais do país, cujo povo era na maior parte destituído de educação política e não podia mesmo possuí-la, dada a sua geral ignorância, eram as únicas responsáveis pela adulteração das eleições e, portanto, pela falta de elevação do sufrágio.

Em 1860, sob o gabinete Ferraz, as Câmaras aprovaram uma reforma apresentada pelo gabinete anterior (Abaeté), criando distritos de três deputados no lugar dos círculos de um só representante, e abolindo os suplentes, cujos conchavos, por vezes vergonhosos, com os titulares efetivos, tinham sido um dos motivos do descrédito da reforma. Esse sistema durou até quase às vésperas do consulado liberal, que trouxe a eleição direta, porque uma última modificação da eleição de dois graus ocorreu sob o gabinete Caxias-Cotegipe (1875-1878) e fora proposta pelo gabinete Rio Branco (1871-1875). De acordo com ela, apenas se verificou uma eleição geral, a de 1876.

O influxo de Paraná sobre a política brasileira sobreviveu a ele, pois que a conciliação durou até 1860, quando a ressurreição liberal ao som da trombeta vibrante de Teófilo Ottoni, eleito triunfalmente na Corte com Francisco Octaviano e Saldanha Marinho, lançou o pânico entre os conservadores e determinou a formação do Partido Progressista. Salles Torres Homem apreciou com imparcialidade e com sutileza em um dos seus discursos parlamentares de 1857 esse período de transição, antecipando, portanto, o seu vaticínio à realidade de transformação: "Entre a decadência dos velhos partidos que tiveram sua época e o advento dos novos partidos a que pertence o futuro, interpôs-se uma fase, sem fisionomia, sem emoções, sem crenças entusiásticas, possuindo, entretanto, inestimável vantagem de romper a continuidade de cadeia de tradições funestas e de favorecer pela sua calma e pelo seu silêncio a faina doméstica de reorganização administrativa e industrial do país. Todos os povos, mesmo os mais ricos de seiva e de vigor, carecem dessa suspensão da sua atividade política para reparar e fortificar

Retrato de D. Pedro I.

os outros elementos da sua vitalidade. As nações jovens que, como o Brasil, ainda não estabeleceram completamente os fundamentos da sua civilização necessitam mesmo mais dessas interrupções e não podem desperdiçar suas forças vivas em lutas incessantes e estéreis sem se exporem aos efeitos de uma decrepitude prematura".

Uma nova fusão dos partidos operou-se entre 1860 e 1869, quando o liberalismo se liberou completamente da pressão oficial e apareceu como partido quase antidinástico. Em 1868, o seu programa já radical abrangia de novo, como em 1831, a descentralização; a abolição do poder moderador; o Senado eletivo e temporário; a eleição dos presidentes de províncias pelas próprias províncias, de modo a formarem uma verdadeira federação e oferecia novidades – a liberdade de ensino, que soava admiravelmente, embora significasse pouco; a polícia eleita como nos Estados Unidos; a abolição da guarda nacional, taxada de sustentáculo das instituições; o sufrágio direto generalizado a caminho de ser universalizado; a substituição do trabalho escravo pelo trabalho livre; a sempiterna questão da emancipação do elemento servil; a suspensão e a responsabilidade dos magistrados, postas na alçada dos tribunais superiores e do Poder Legislativo, em vez de dependentes do Executivo; a magistratura independente, incompatível e retirada na sua escolha à ação do governo; a incompatibilidade entre as funções eleitorais e os cargos públicos e mesmo os títulos e condecorações.

Esse programa contava na tribuna parlamentar e nos comícios populares com defensores como Silveira da Motta (depois senador por São Paulo), Silveira Martins (depois senador pelo Rio Grande do Sul) e Rangel Pestana, que, este, igualmente o sustentava na imprensa com reconhecida autoridade moral.

O apelo feito pelo soberano em 1869 ao Partido Conservador, organizando-se o gabinete Itaboraí, recebido na Câmara com uma moção de desconfiança que reuniu 85 votos contra 10, congregou todos os liberais – progressistas e históricos – em um só partido, o novo Partido Liberal, que, sob esse nome tradicional, durou até o fim do Império. Seus chefes eram Nabuco, Zacharias, Silveira Lobo, Teófilo Ottoni e Francisco Octaviano, e seu objetivo, declarado em um longo e brilhante manifesto, "a realidade e o desenvolvimento do elemento democrático da Constituição e a maior amplitude e garantias das liberdades individuais e políticas". Os doze artigos básicos ou essenciais do seu programa fornecem uma ideia perfeita do seu espírito reformista, dentro da esfera constitucional, onde se declarava conservar. Ei-los:

I – A responsabilidade pelos ministros dos atos do Poder Moderador.

II – A máxima – o rei *reina e não governa*.

III – A organização do conselho de ministros de acordo e como resultado prático dos dois artigos precedentes.

IV – A descentralização no verdadeiro sentido do *self-government*, executando o pensamento do Ato Adicional com relação às franquias provinciais, emprestando ao elemento municipal a vida e a ação de que ele carecia, garantindo o direito e promovendo o exercício da iniciativa individual, animando e robustecendo o espírito de associação e restringindo mais possível a interferência da autoridade.

V – A máxima liberdade em matéria de comércio e indústria e a consequente extinção dos privilégios e dos monopólios.

VI – Garantias efetivas da liberdade de consciência.

VII – Plena liberdade para os cidadãos de fundarem escolas e propagarem o ensino, ampliando-se ao mesmo tempo o que o Estado oferecia até que a iniciativa individual e de associação pudessem dispensar tal cooperação.

VIII – Independência do Poder Judiciário, como condição essencial para ela – independência dos magistrados.

IX – Unidade de jurisdição do Poder Judiciário, criado pela Constituição do Império, e conseguintemente derrogação de toda a jurisdição administrativa.

X – O Conselho de Estado como mola auxiliar da administração e não como corpo político.

XI – Reforma do Senado no sentido de suprimir a inamovibilidade, com o fim de corrigir a imobilidade e a oligarquia e com o intuito primordial do justo equilíbrio e recíproca influência dos dois ramos do Poder Legislativo.

XII – Redução dos efetivos militares em tempo de paz.

O programa incluía ainda a reforma eleitoral direta; a reforma judiciária e policial; a abolição do recrutamento, substituído pelo alistamento de voluntários, à moda inglesa; a dissolução da Guarda Nacional, substituída por uma guarda cívica municipal, qualificada anualmente por freguesia e que, sem organização militar, os seus comandantes, mesmo sendo nomeados pelos conselhos municipais, auxiliariam a polícia em caso de urgência e na ausência dos respectivos destacamentos; enfim, a abolição da escravidão, primeiro pela libertação do ventre escravo, depois pela emancipação gradual.

A simples redação desse programa, em que se atribui tão larga proporção às reformas administrativas e judiciárias, revela que o seu autor foi o senador Nabuco, chefe por excelência do novo partido e jurisconsulto eminente, cujo nome está ligado a todas as medidas de justiça realizadas durante o Império. Foi ele de resto o primeiro a assiná-lo, seguindo-se-lhe Souza Franco, Zacharias, Chichorro da Gama, Furtado, Dias de Carvalho, Paranaguá, Teófilo Ottoni e Francisco Octaviano, todos, com exceção de Ottoni, senadores do grupo Liberal.

O que fora feito do programa liberal vinte anos depois? Tinha por acaso sido realizado? Em grande parte, sim.

O imperador despira-se cada dia mais das suas faculdades constitucionais para engalanar os seus ministros, e o Parlamento lucrara naturalmente com a mudança, o contrapeso do Poder Moderador, perdendo o que ganhava a autoridade de representação nacional ou de sua delegação executiva.

A reforma eleitoral por meio do sufrágio direto foi a obra do gabinete liberal Saraiva, o primeiro dos dois presidido por esse chefe comparado a Gladstone pelo prestígio pessoal e crismado de Nestor pela prudência. O corpo eleitoral do Brasil era reduzido por isso mesmo, intérprete mais adequado do seu estado de cultura, e pôde-se assistir ao espetáculo edificante e pouco conhecido de ministros, membros do governo, derrotados pelos candidatos da oposição. O novo sistema, lealmente aplicado pelos que o introduziram, prestou esse serviço de oferecer menos flanco à fraude ou à pressão, ainda superior à fraude.

Por ocasião da última transformação da lei anterior, que empregava o método indireto, bom número de conservadores, entre eles Francisco Belisário, que foi depois no gabinete Cotegipe, de 1885 a 1888, um excelente ministro da Fazenda, a condenou, opinando que o seu grande defeito era o uso para a escolha dos eleitores do sufrágio universal exercido por analfabetos e dependentes de todo gênero. As eleições realizavam-se "pela corrupção das classes miseráveis, pelas violências de que eram alvo por parte das autoridades policiais e administrativas, pela ignorância do povo miúdo que não conhecia sequer seus direitos e muito menos sabia defendê-los, pela facilidade, enfim, de falsificar os alistamentos e as atas paroquiais da eleição primária"[9].

Nos Estados Unidos, onde as convenções partidárias pareciam prestar-se de preferência à influência desmoralizadora, as assembleias primárias para a escolha dos candidatos estão nesse momento sofrendo novas críticas pelos vícios que apresenta seu funcionamento.

---

9. Pereira da Silva, *Memórias do Meu Tempo*.

No Brasil, com a lei vigente, a oposição não podia absolutamente pensar em vitória, quando mesmo dispusesse da grande maioria dos sufrágios, porquanto qualquer abalo da vitalidade política, como o de 1860 na capital, era anulado pelo peso morto das votações nas províncias. Para remediar esse estado de coisas, a derradeira modalidade da eleição indireta determinara a representação das minorias por meio de listas incompletas para os eleitores e para os deputados e restabelecia o escrutínio por província no lugar do escrutínio por distrito.

A aspiração geral tendia, contudo, para a eleição direta e de censo limitado, e o próprio Cotegipe que a defendera calorosamente no Senado, porque a sua ironia não excluía a vibração ocasional, só recomendava o outro sistema modificado para fazer frente a uma situação política difícil e que reclamava uma solução pronta no interesse dos dois partidos. A sessão legislativa chegara ao seu termo e faltava o tempo para pensar a sério em experimentar outro sistema, tentando uma reforma radical. No consenso geral, tratava-se apenas de uma solução provisória que exigia, no entanto, ser manejada com tolerância, no que se empenhou o governo, hostil a nenhuma propaganda, o que, aliás, tendia a restringir-lhes o ardor. A propaganda republicana, por exemplo, que sob o ministério precedente conduzira a excessos lamentáveis como a destruição sob os olhares benévolos, senão por inspiração da polícia da tipografia do jornal – *A República* (alguns dizem que obra mesmo de policiais disfarçados), desacato que produzira vivo descontentamento no ânimo do imperador, arrefeceu muito e assistiu-se mesmo a contrições de nota.

As eleições de 1876 não foram isentas de fraude e dos abusos, comuns desde a maioridade, mas permitiram a entrada na Câmara de 16 deputados liberais, dos 25 que assegurava ao seu partido o terço concedido à minoria e de que em alguns casos tirou vantagem adversa a divisão intencional dos candidatos. A promessa formulada no Parlamento por Cotegipe de apresentar a questão da eleição direta ao debate foi considerada a razão principal da queda do gabinete Caxias, quando o marechal, combalido pela idade e pela doença, se retirou do poder e apontou ao soberano o seu colaborador como a melhor seleção para a presidência do conselho, personalidade mais própria para prosseguir à frente da administração, tanto mais quanto dispunha da confiança da Câmara. Os presidentes da Câmara e do Senado declararam-se altamente em favor da reforma eleitoral, e o primeiro, que era Paulino de Souza, emitiu o parecer de que ela podia ser elaborada por legislação ordinária, pois que outras alterações precedentes nas leis orgânicas se tinham efetuado sem recurso a uma Constituinte, toda reforma de caráter inequivocamente constitucional afigurando-se-lhe arriscada. O imperador, para quem a reforma não era de especial agrado, preferiu, porém, chamar ao governo os liberais, que a tinham levantado e apregoado.

A abolição da escravidão estava feita mediante as três leis conservadoras de 1871, 1885 e 1888, que, depois da extinção do tráfico pelos conservadores, alforriaram sucessivamente o ventre escravo, os sexagenários e todos os escravos sem distinção de idade ou de sexo. Aos liberais cabe, entretanto, a honra de terem com o gabinete Dantas convertido numa questão política, sujeita à discussão legislativa, o que não passava ainda de uma questão sentimental popular, excitando as paixões nas cidades e nas plantações. Na história parlamentar inglesa não é raro o fato de o Partido Conservador realizar as reformas sugeridas, pregadas e defendidas pelo Partido Liberal. Foi o caso da reforma aduaneira antiprotecionista, que com sir Robert Peel trouxe o livre-câmbio e com a reforma eleitoral de Disraeli – o famoso *leap in the dark*, ou salto nas trevas – abriu caminho à democracia pelo alargamento do sufrágio.

A contradição é, porém, apenas aparente, e nenhuma analogia oferece com o disfarce de ambições pessoais, sob o manto vistoso dos programas, nem com a exibição de ideias por parte dos que têm por hábito recorrer à força. Naturalmente os conservadores inspiravam maior confiança ao sentimento de ordem da nação e parlamentarmente lhes seria mais fácil fazer vingar projetos adiantados sugeridos pelo espírito de progresso. Este devia se contentar da glória da iniciativa, sem a qual a vitória final fora impossível, pois na maior parte dos casos os adversários tão somente se resignam, embora recolhendo a fama. O senador Nabuco, que era, sobretudo, um legista e professava em matéria política um ceticismo de bom quilate, não descobria mesmo lugar no Brasil para partidos profundos, partidos, segundo ele dizia, transmissíveis de geração em geração, como os houvera outrora na França, ou dinásticos como os da Inglaterra, cujas denominações, no conceito de lorde Aberdeen, nada mais significavam depois da reforma de sir Robert Peel.

Nabuco baseava-se sobre o fato de que nada dividia essencialmente a sociedade brasileira, tão homogênea, onde o feudalismo não deixara vestígios e se achavam completamente fora de lugar as quimeras políticas e os programas abstratos. Os partidos, como os ministérios, duravam ou deveriam durar o tempo que duravam as ideias que os legitimavam. Os partidos seriam, portanto, todos de ocasião, liberais ou conservadores, de acordo com as circunstâncias e os interesses, não de acordo com os princípios de doutrina ou escola, ou com tradições históricas. A ausência de privilégios condenava os partidos a defender somente princípios de atualidade, ideias as quais não podiam sobreviver antes. Ele pessoalmente evoluíra das fileiras dos conservadores, emperrados da maioridade para as dos liberais – do último matiz radical através da Conciliação do marquês de Paraná e da Liga do marquês de Olinda.

Também o ensino oficial fora convertido em livre e quase sem entraves, assim como a consciência acatólica o fora por meio da igualdade civil e política. Todos os privilégios, por poucos e superficiais que fossem, tendiam a desaparecer e a reforma judiciária de 1871, realizada pelos conservadores, seguira em grande parte as ideias do manifesto liberal de 1869, que o seu autor acompanhara de um estudo da política liberal na França e na Bélgica e anexos abundantes impregnados de espírito jurídico e de ideal democrático. A independência da magistratura estava assegurada e o imperador em pessoa a fiscalizava com meticulosidade. O Conselho de Estado correspondia mais ou menos à missão que lhe traçara o programa e que era, como na França, a de preparar as propostas de lei e igualmente de as interpretar, cooperando, desse modo, na administração em uma forma consultiva, mas importante. O militarismo, que a Guerra do Paraguai fazia suspeitar que se tornaria porventura um perigo possível, fora arredado pela atitude de mal oculto desfavor que as classes armadas encontravam junto ao trono como um dos seus sustentáculos: dom Pedro II caprichava em ser um paisano e não concebia o Exército e a Marinha senão como instrumentos de guerra, nunca como peças do mecanismo político e administrativo.

O programa liberal muito adiantado de 1869 fora tão integralmente executado que em 1889 a oposição não reclamava mais do que a federação e ia obtê-lo se não tivesse sobrevindo o golpe militar que fez cair o regime imperial. O Partido Republicano existia oficialmente, isto é, como partido desde 1870, porque antes apenas consistia de convicções isoladas, talvez bastante numerosas porque as palavras sempre exerceram grande influência sobre as imaginações dos povos, não só latinos, e nenhuma tem um som mais cristalino do que as de democracia e liberdade que por ocasião da última guerra revestiram sentimentos de desforra e cobiça. A Revolução Francesa é a maior feiticeira da história e não perdeu a sua magia.

Contavam-se, porém, no Império, antes da organização do partido antidinástico, poucas individualidades militantes em prol de semelhante ideia. Quiseram atribuir desígnios republicanos à revolução pernambucana de 1848, mas a verdade é que ela não desertou o campo constitucional. Um único republicano conhecido nela desempenhou um papel secundário, Borges da Fonseca, agitador febril, espécie de Blanqui tropical que sonhava exclusivamente, no seu dizer, com a igualdade social. Foi ele quem, pregando a proibição aos portugueses natos de negociarem na sua antiga colônia, isto é, por um eufemismo patriótico a chamada nacionalização do comércio a retalho, introduziu o comunismo nos campos das ideias políticas do Império, como sempre em proveito do Estado explorador representado pelos elementos ociosos e improdutivos da coletividade. De 1848 data também o primeiro livro publicado no Brasil sobre socialismo, de que foi autor o general J. I. de Abreu Lima, combatente na grande Columbia de Bolívar e mais tarde celebrado pelo seu agnosticismo ou, mais bem-dito dito, antirromantismo.

Gambetta e Castelar foram os padrinhos do Partido Republicano brasileiro, intencionalmente batizado ou antes civilmente registrado no dia imediato ao do aniversário natalício de dom Pedro II, que caía em 2 de dezembro. Gambetta escreveu uma carta de animação, no estilo das que Victor Hugo distribuía pelo mundo para aplaudir as vocações poéticas e semear os princípios democráticos e os ideais humanitários. Castelar, com a proverbial cortesia espanhola, e com o bom senso do companheiro de Quixote, mandou um especialista em conspirações e manobras ocultas que, solenemente posto que clandestinamente recebido pelo diretório do novo partido, lhe explicou o mecanismo secreto das revoluções e insistiu na importância máxima dos *médios de escape*, que aconselhava nunca se perdessem de vista.[10]

No diretório figuravam o grande jornalista Quintino Bocaiuva, que foi o primeiro ministro das Relações Exteriores da República, em 1889; o ilustre jurisconsulto Lafayette Rodrigues

---

10. Salvador de Mendonça, *Reminiscências*, publicadas no jornal do Rio de Janeiro – *O Imparcial*.

Pereira, autor do conhecido tratado sobre *Direito das Gentes*, que foi depois um dos vultos políticos da monarquia e representou o imperador num tribunal internacional em Santiago, onde a dom Pedro II foi confiado o papel de árbitro desempatador; Aristides Lobo, jacobino exaltado que no governo exerceu as funções de ministro do Interior; Salvador de Mendonça, homem de letras de real talento, que da propaganda republicana passou para o serviço consular do Império e, às avessas de Prevost Paradol, foi mais tarde ministro plenipotenciário da República em Washington; e Rangel Pestana, publicista doutrinário sincero, persuasivo e probo. Uma pequena fração dos liberais aderiu ao programa antidinástico, entre outros Campos Salles, que ocupou a presidência da República e nela se distinguiu por consertar as finanças avariadas e governar quatro anos sem recorrer um dia ao estado de sítio, e Américo Braziliense, que ocupou a presidência de São Paulo. O partido numericamente ficou fraco, mas encerrava algumas personalidades de valor. Em São Paulo e no Rio Gran-

Jean-Baptiste Debret, Coroação de d. Pedro I.

de do Sul somente chegou a ter uma organização séria, que lhe permitiu disputar as eleições e fazer mesmo triunfar candidatos seus: Campos Salles e Prudente de Morais foram deputados gerais, e na assembleia de Porto Alegre tiveram assento vários republicanos. Alhures, como em Pernambuco e Bahia, o partido compunha-se de dois ou três chefes, desconfiados uns dos outros, quando não inimigos.

Consumada a abolição, o Partido Liberal do Império impôs-se a missão "pôr em harmonia os interesses na união política com a grande aspiração da autonomia administrativa dos poderes locais". Completaria assim a obra dos moderados de 1831, que no momento em que as províncias ameaçavam escapar-se uma por uma pela tangente de anarquia, representaram o centro de resistência, a força de inércia necessária à estabilidade do equilíbrio político.[11]

A descentralização datava de então, do momento histórico em que o partido vitorioso, instalado no poder, condescendeu em uma transação com o partido federalista, e os conservadores tinham-na de começo abraçado com cordialidade; mas a divisão das rendas públicas fora mal concebida e ajeitada, e as províncias viam-se privadas dos meios suficientes para com sua receita ativarem seu progresso material.

O senhor Elpídio de Mesquita escreve com razão que nos últimos anos do Império o problema brasileiro se tornara exclusivamente financeiro, e a sua solução mal podia ser adiada desde que uma fração da maioria governamental apresentava na sessão de 8 de agosto de 1888 (menos de três meses depois da abolição da escravidão) "um projeto de reforma constitucional no sentido de tornar o Império uma monarquia federativa. Exceção feita no que dizia respeito à defesa exterior e interior do país, à sua representação externa, à arrecadação dos impostos gerais e às instituições necessárias para garantir e desenvolver a unidade nacional e

---

11. Elpídio de Mesquita, *Dois Regimens*.

proteger efetivamente os direitos constitucionais dos cidadãos brasileiros, os governos provinciais ficariam inteiramente independentes do poder central". Tal era o teor geral do projeto, o qual deixava os detalhes da nova organização brasileira à constituinte que o elaborou e modelou essa federação, mas sob o regime republicano e segundo o figurino americano. O figurino inglês deixara de ser o copiado, mesmo porque já não correspondia às exigências da época no nosso meio.

O congresso do Partido Liberal pusera mãos à obra anunciada, ainda sob o regime imperial. Sua reunião em 1889 precedeu apenas um mês a queda do gabinete conservador João Alfredo e a volta dos liberais ao poder sob a direção de um chefe enérgico, competente e confiante em si e nas instituições que se propunha salvaguardar: Affonso Celso (visconde de Ouro Preto). Aquele congresso prudentemente afastou a miragem americana que iludia o senador Saraiva, bastante leigo no assunto e surdo à observação conceituosa do seu colega Silveira Martins, de que províncias federadas, com um governo imperial isolado no Rio de Janeiro, não mais seriam do que a impotência organizada. A posterior centralização republicana veio provar isso.

Saraiva encontrara, porém, um colaborador inestimável na pessoa da maior esperança do Partido Liberal naqueles dias, Ruy Barbosa, então na plena maturidade das suas faculdades insignes, com 40 anos, transbordando de ideias e de brio, homem de estudo, de combate, escritor, orador de uma fecundidade inesgotável, publicista, parlamentar jurisconsulto e humanista, advogado emérito e estilista incomparável. Quantos puderam admirar a atividade de Ruy Barbosa na República, suas eloquentes campanhas em prol das liberdades políticas e mesmo das liberdades civis, seu desafio ao militarismo e suas exortações repletas de paixão literária pelo direito e pela justiça, poderão ajuizar no seu justo valor do que teria significado o concurso dessa inteligência privilegiada na defesa do trono assaltado a um tempo pelo espírito filosófico sectário dos positivistas, pela indisciplina do Exército parcamente retribuído, pelo ardor redivivo do idealismo revolucionário e pelo despeito dos senhores de escravos pela espoliação legal de que tinham sido alvo da parte dos poderes públicos.

O programa liberal de 1869 satisfazia melhor as necessidades políticas do país do que o enxerto que na revolta triunfante soube habilmente inserir a autoridade espiritual de um dos raros conhecedores do meio brasileiro de então, do direito constitucional americano e dos poucos familiares com a história dos Estados Unidos. Esse programa, que o gabinete Ouro Preto tencionava executar, estendia o voto a todos os cidadãos que soubessem ler e escrever, como o fez a Constituição republicana, mas introduzia o voto secreto, aspiração de muitas mentalidades de hoje no Brasil, tendo em vista especialmente os seus felizes resultados na Argentina, e a que se opõe a subserviência de caudilhismo ansioso por não perder a arma certeira de pressão oficial. Os presidentes de províncias seriam eleitos por sufrágio direto nas respectivas unidades administrativas e escolhidos pelo imperador numa lista tríplice, conforme acontecia com o Senado, o qual passaria a temporário, com mandatos de nove anos. Os dois outros cidadãos que compunham a lista tríplice ficariam *ipso facto* vice-presidentes, e todos os três só poderiam perder o cargo por sentença judicial expressa, ou em virtude de condenação que implicasse a perda dos direitos políticos; também por incapacidade física ou moral assim julgada e devidamente provada. Outra causa possível de destituição seria a aceitação, sem consentimento do imperador, de título, condecoração ou qualquer outra mercê estrangeira. Durante seu governo ficariam incompatíveis com qualquer outro emprego e não poderiam receber pensão alguma nem teriam direito a vantagem pecuniária mais do que os seus vencimentos fixados por lei. Mesmo os títulos e condecorações nacionais lhes seriam vedados durante esse período. Os presidentes de províncias da monarquia gozariam, pois, de tanta autonomia quanto os atuais governadores de estado, salvo a de prejudicarem a União com os seus focos de anarquia.

Os serviços federais que anteriormente pertenciam ao presidente representante da autoridade central, espécie de prefeito de departamento, escolhido pelo partido, caberiam nas atribuições de delegados diretos do governo nacional, trabalhando separadamente ou reunidos em uma junta, os serviços provinciais sendo ampliados de modo a restabelecer em toda sua plenitude o regime do Ato Adicional que as leis conservadoras tinham cerceado no intuito de preservar uma coesão que agora se considerava sólida bastante para resistir a uma descentralização mais radical. Os recursos financeiros das províncias seriam aumentados pela transferência de certas fontes de receita tributária.

O regime republicano não se adiantou positivamente muito ao programa liberal, que condenava os direitos de exportação, de que hoje vivem principalmente os Estados, aos quais os concedeu a Constituição de 1891, sem cuidar do quanto onerariam a produção. Também recomendavam uma extensa imigração europeia, canalizada, porém, de forma a não lançar o descrédito sobre o país pela sua distribuição de qualquer jeito, nem servir de pretexto às especulações de terras e de trabalho, e acompanhada de leis que favorecessem o crédito agrícola, facilitar a aquisição de terras devolutas pelos pequenos proprietários, reduzir os fretes e desenvolver os meios de comunicação. Sob a República a colonização estrangeira prosseguiu na tendência progressiva dos últimos tempos do Império e alcançou na sua expansão uma proporção relativa, mas o governo da União viu-se obrigado por motivos de abusos e de conflitos a suspender, pelo menos abertamente, a imigração paga ou subsidiada: os terrenos devolutos foram atribuídos aos Estados, o que restabeleceu regimes diferentes para sua alienação, segundo as condições econômicas de cada estado; os transportes aumentaram consideravelmente, mas os fretes, sobretudo os marítimos, fornecidos pela exclusão estrangeira da cabotagem, cresceram a ponto de embarcar o comércio interestadual.

Em dois pontos a República foi além do programa liberal. Este reclamava com a liberdade completa do ensino a sua melhoria; a República libertou-o do oficialismo ao ponto de perder parte de sua eficiência, felizmente mantida no restante pela idoneidade dos professores, de certo número pelo menos. Em matéria religiosa a República não só decretou a plena liberdade dos cultos, como a mais tolerante, generosa e, portanto, hábil separação da Igreja do Estado, que logicamente tornou obrigatórios o casamento e o registro civil. O sentimento da família se tem até aqui oposto, com vantagem à dissolução do laço matrimonial pelo divórcio.

Acima dos partidos pairava a Coroa, cuja influência andava sempre exposta a ser exagerada e criticada pela oposição, invariavelmente desolada por ter que ceder o lugar, quando no poder, a outro governo e desejosa de reconquistar o que Martinho Campos, senador liberal e presidente do conselho, chamava pitorescamente "o emprego". O "poder pessoal" do imperador foi uma expressão proverbial da fraseologia política do Brasil durante o longo reinado de dom Pedro II, o qual, entretanto, se defendeu de haver jamais exorbitado das suas atribuições constitucionais, que o revestiam da dignidade de moderador ou árbitro, mas não o deveriam reduzir a um títere mecânico, joguete de todos os ambiciosos. Um senador da República, Moniz Freire, assim apreciava 24 anos decorridos do novo regime[12], essa lenda política: "O país anda, senhores, entregue às tenazes de um sistema que não é mais que o poder pessoal universalmente organizado. Poder pessoal praticamente irresponsável do

---

12. Discurso de 26 de agosto de 1913.

presidente da República: poder pessoal dos indivíduos, famílias ou facções que se assenhorearam dos estados, pior, muito mais direto, muito mais ofensivo, muito mais em contato com a carne do que o outro; poder pessoal dos chefes políticos que dirigem o serviço da servidão parlamentar, encarregados de fiscalizar a boa marcha do trabalho, o seu rendimento, a lubrificação, a mudança de peças, o asseio, o polimento dos metais de todo o mecanismo... O Império desmoronou-se, o poder pessoal do monarca foi destruído e no seu lugar surgiu essa vegetação daninha de poderes pessoais muito mais intoleráveis. O outro carecia, ao menos, de tornar-se vigoroso pela aparência de inspirações e de objetivos desinteressados; não dava origem, em parte alguma do território nacional, à colônia de objeção moral, onde o brio se torna cada vez mais alheio; toda gente sabia que as situações más e os dias aziagos não se eternizavam; havia para cada alma a esperança de uma época melhor. Hoje a esperança parece para todo sempre cerrada a todos os amargores... Em resumo: o poder pessoal do imperador, aliás muito atenuado depois da lei de 9 de janeiro de 1881, consistia em mudar os governos e as situações sem outro critério que o seu. Era um arbítrio que tinha objetivo impessoal de manter na governança as diferentes competências, separadas umas das outras pelas arregimentações partidárias e de permitir que cada uma delas pudesse gozar por sua vez das honras, vantagens e responsabilidades da direção política. Fazia ofício de balança para o equilíbrio dessas forças e procurava tê-las satisfeitas, vigiando-se mutuamente e competindo no serviço da pátria. O objetivo do poder pessoal que hoje domina em toda parte é de garantir aos seus detentores, suas famílias, seus parentes e sequazes o emprego que fornece o ganha-pão ou a posição que dá o prestígio à sombra do qual aumentam os bens, se fazem as fortunas, honradamente quando se é honrado, por todos os meios, mesmo os mais cínicos e criminosos, quando se não possui escrúpulo, nem probidade, nem decoro... O Brasil político pode ser considerado um agregado de ventres".

Um traço interessante a notar é o apelo que os partidos ou antes as personalidades em oposição faziam quase invariavelmente ao imperador que combatiam e mesmo quando o estavam combatendo, para exercer esse "poder pessoal" que, no seu juízo, devia ser a expressão da autoridade soberana e que eles pretendiam não se exercer assaz para purificar a atmosfera política. Dir-se-ia que só pensavam em justificar seus ataques. "Aquilo de que acuso o imperador – escrevia Joaquim Nabuco em 1886 – não é de exercer o governo pessoal, é de não se servir do mesmo para grandes fins nacionais. A acusação que faço a esse déspota civilizador é de não ser um déspota civilizador, é de não ter decisão ou vontade de romper as ficções de um Parlamento nascido da fraude, como ele sabe que é o nosso, para ir buscar o povo nas suas senzalas ou nos seus mocambos e visitar a nação deitada no seu leito paralisada." Para esse publicista, que se dizia monarquista, dificilmente se podia pôr de acordo a inteligência esclarecida, a vasta ciência do homem que era dom Pedro II, com a indiferença moral que testemunhava como chefe do Estado pela condição dos escravos – o que, aliás, não impedia que no mesmo panfleto o autor reconhecesse que o pouco que havia sido legalmente feito lhe era *principalmente* devido.

Tive o ensejo de dizer um dia[13] que o imperador assumira com efeito uma ditadura – a da moralidade. Suas escolhas procuravam ser justiceiras e por coisa alguma o mundo as teria degradado. Os senadores vitalícios que dom Pedro II nomeava dentre os eleitos pelo povo, os magistrados que promovia na carreira judiciária, os diplomatas que mandava representarem o país no estrangeiro, tinham todas as probabilidades de ser respeitáveis e honestos: se vinha a saber a menor coisa contra a sua reputação, e a acusação fosse justificada, seus nomes iam para o canhenho, a famosa "lista negra", rabiscada pelo "lápis fatídico" da secretaria imperial. O alto pessoal político do Império testemunha de um modo felicí-

---

13. *Formation de la Nationalité Brésilienne*, Conferências na Sorbonne.

ssimo da judiciosa seleção do soberano. Não admira que todos compreendessem e alguns confessassem que o "poder pessoal", na boa e legítima ocupação do termo, como a que se aplica ao papel constitucional de dom Pedro II, era mais do que necessário, indispensável, por faltar à sua ação o contrapeso de uma avultada opinião esclarecida. Não podia haver uma consulta à nação, como é de praxe inglesa, regulada pela sã política, quando a fraude e a pressão fabricavam Câmaras quase unânimes ao sabor da situação partidária de cima, e a voz pública, expressão da consciência nacional, não tinha quer a amplitude, quer a força precisas para corrigir aquele pecado original do nosso sistema representativo.

Nos últimos tempos do regime, a vida dos partidos tornara-se mais agitada, obedecia a influxos mais desencontrados, essas agremiações políticas tendiam mesmo a esfacelar-se e elas tinham deixado de seguir uma direção exclusiva. Conservadores e liberais reconheciam vários chefes, na maior parte regionais. Cotegipe, entre os primeiros, ainda era apelidado o *pontifex marimus*, e todavia se achou um dia em conflito de ideias com João Alfredo. Entre os segundos, de 1878 a 1885, sete anos, organizaram-se sete gabinetes, com seis presidentes do Conselho diferentes. Em 1878 o imperador, em vez de chamar o senador Nabuco, que presidira o movimento reformista de 1869, confiou o poder ao senador Sinimbu, político de irrepreensível integridade, tipo de estadista inglês da época vitoriana, inclusive fisicamente, austero e ao mesmo tempo imbuído de doutrina liberal, de uma eloquência um pouco antiquada, mas de planos ousados. Foi ele quem especialmente se preocupou de introduzir no Brasil a colonização chinesa, para tornar menos sensível no Norte, de que era filho como alagoano, a abolição da escravidão, que no sul seria remediada pelo afluxo da colonização branca. O livro de Salvador de Mendonça, *Trabalhadores Asiáticos*, foi escrito de acordo com esse projeto do governo.

Saraiva era, contudo, dos chefes liberais o mais escutado, o que reunia maior número de sufrágios dos seus correligionários, o que provocava a maior dose de disciplina e de respeito. Diziam-no digno de figurar na galeria de Plutarco e possuía incontestavelmente, segundo Affonso Celso[14], e malgrado sua instrução ou antes sua ilustração limitada, o dom da autoridade de que fala Emile Ollivier como precioso para o homem de governo, porque os seus partidários achavam naturalíssimo, dado tal prestígio, que ele mandasse e que obedecer-lhe não envolvia uma diminuição moral. Saraiva possuía também uma visão muito lúcida dos acontecimentos, faculdade antes espontânea do que adquirida, e sabia prever, o que na política é indispensável ao êxito. Gozando da maior confiança do imperador, soubera impor-se a todo o país, a amigos e a adversários, pelo seu ar distante, que arredava familiaridades, pela sua incompatibilidade, que não deixava de fora ensejo para fazer apreciar, e por uma proclamada indiferença ao mundo, que ocultava uma viva ambição. Conta-se, e Salvador de Mendonça fez mesmo a tal propósito revelações curiosas[15], que o chefe liberal recusou seus serviços ao Império na ocasião da queda dos conservadores, em 1889, a menos que não fosse autorizado a declarar ao Parlamento que a sua tarefa era a de preparar legislativamente a República, e que teve mesmo a dureza de responder a dom Pedro II, ao lembrar-lhe os direitos de sua filha, que o reino da princesa Isabel "não era deste mundo", fazendo desse modo uma alusão injuriosa aos sentimentos de piedosa devoção da herdeira do trono, acusada de espírito clerical pelos que só nela descobriam virtudes. Eu próprio pude verificar, por uma conversa que tive com o senador Saraiva em Lisboa dois meses antes da implantação de novo regime, que sua falta de deferência para com a realeza era flagrante e que nutria o desejo muito pronunciado de chegar à presidência da República, que pressentia muito próxima. Aderiu, aliás, prontamente à República e apre-

---

14. Affonso Celso, *Oito Anos de Parlamento*.

15. Cousas do meu tempo. n'*O Imparcial*, do Rio de Janeiro.

sentou-se à eleição para a Constituinte de 1890, sendo eleito e continuando dessa maneira a fazer parte do Senado brasileiro, mas não se sentiu bem no novo ambiente. A moldura era outra, o pessoal mudara completamente, os recém-chegados pouco o conheciam, seu magnetismo cessara de operar. Isolado, tratado como resto, julgado um fóssil político, renunciou a seu mandato e retirou-se para a sua Thebaida da Pojuca, na Bahia, onde a confiança do regime desaparecido o fora tantas vezes buscar para pôr à prova o seu bom senso, o seu modo prático de encarar as questões árduas, a sua habilidade que não era do gênero de prestímano porque andava associada à altivez, realçando as aptidões do homem de governo que sabia o que queria e queria o que se propunha.

Era *primus inter pares*, entre homens que se chamavam Martinho Campos, com sua máscara de Coquelin[16], expressão do seu espírito chocarreiro que só se sentia à vontade nas fileiras da oposição, a discutir *de omni re scibili* com sua voz mordente e sua eloquência pitoresca: o marquês de Paranaguá, calmo, grave, sério, tipo do primeiro reinado, com sua eterna sobrecasaca preta, sua barba de passa-piolho, seu bigode raspando, sua esquisita urbanidade; Lafayette Rodrigues Pereira, jurista e humanista, sabendo manejar a sátira com singular perícia.

---

16. Affonso Celso, *Oito Anos de Parlamento*.

O Império e o sistema parlamentar

CAPÍTULO III

A monarquia no Brasil acha-se estreitamente ligada ao sistema parlamentar e foi, até no século XIX, sem falar na Inglaterra, *alma mater* do regime representativo e não obstante defeitos procedentes das deficiências políticas do meio, uma das suas expressões mais legítimas e pode mesmo dizer-se mais felizes. O nosso parlamentarismo foi, entretanto, mais uma lenta conquista do espírito público do que um resultado do direito escrito[17]. O direito público brasileiro não consagra precisamente *ab initio* semelhante regime que, segundo o seu genuíno modelo, é o britânico, mais ou me-

---

17. Affonso Celso, *Oito Anos de Parlamento*, Rio, 1901.

nos imitado com fidelidade alhures, repousa sobre a influência preponderante da Câmara emanada diretamente da nação, o gabinete à frente dos negócios do Estado não representando, apesar de toda amplidão adquirida da sua ação executiva, mais do que uma comissão delegatória da maioria, única fonte de autoridade nas suas relações com a Coroa. Esta não possui, em caso de crise e no desejo de prestar um último apoio ao ministério posto em minoria, senão o privilégio de dissolver a Câmara e fazer apelo ao país, que julga em última instância a desavença entre os dois poderes constitucionais – executivos e legislativos. A Câmara Alta dos lordes, não podendo ser dissolvida como não podia ser o Senado no Brasil, agia e age ainda com suas atribuições e poderes minguados à guisa de freio para a legislação revolucionária e por tendências radicais. É o elemento conservador necessário num organismo social.

A constituição do Império, de 25 de março de 1824, e o Ato Adicional de 1884 não estabeleciam teoricamente, quer uma, quer outra, a supremacia política da Câmara dos Deputados. A máxima "o Senado não faz política" veio mais tarde, como expressão da evolução percorrida, que deve vantagens à Câmara, que era apenas eleita e que se renovava, sobre a Câmara que passava pelo crivo imperial e que era inamovível. Todos os poderes, segundo a lei orgânica da nação, eram iguais e independentes – o Poder Legislativo dividindo-se em dois ramos, cada um se movendo em sua esfera de ação respectiva e peculiar, e sem distinção provinham do povo, a quem realmente cabia a soberania. O poder moderador exercido pelo imperador (artigos 98 e 101, parágrafo 6 da Constituição de 1824) era, na linguagem constitucional, "a chave de toda a organização política e delegado privativamente ao monarca como chefe supremo da nação e seu primeiro representante, para que incessantemente velasse sobre a manutenção da independência, equilíbrio e harmonia dos mais poderes públicos". O termo dizia bastante que não se tratava de despotismo, senão de fiscalização. Em qualquer sistema, mesmo os democráticos, existe um chefe supremo.

Entre as atribuições do poder moderador estava incluída a faculdade de nomear e demitir livremente os ministros, e que fez que o primeiro Imperador, malgrado todo o seu romantismo liberal, pudesse aparecer como pretendente à autocracia, querendo ter predominantemente sua influência na administração. Por sua vez, a Constituinte de 1823 experimentou fazer o papel de uma Convenção Nacional, tendo, porém, que ser dissolvida *manu militar* por não haver lugar para duas autoridades soberanas rivais.

A história dessa assembleia é interessante e honra o país. Não se compunha de jacobinos, menos ainda de cortesãos. Reunia o escol intelectual e moral da nação nessa época. Magistrados, membros do clero, altos funcionários, chefes de administração, professores, oficiais superiores constituíam seu conjunto. Esse pessoal, restrito como número pois que a Constituinte se compunha apenas de 100 membros, forneceu mais adiante 33 senadores, 28 ministros de estado, dezoito presidentes de província, sete membros do primeiro conselho de Estado, quatro regentes do Império[18]. Encontraram-se no seu rol os nomes, depois célebres ou respeitados e respeitáveis, de Olinda, Vergueiro, Queluz (Maciel da Costa), os três Andradas, Cayrú (Silva Lisboa), Abrantes (Miguel Calmon), Monte Alegre, Barbacena (Felisberto Caldeira), Sapucaí (Araújo Vianna), Baependi (Nogueira da Gama), Caravellas (Carneiro de Campos), Inhanbupe (Pereira da Cunha), Cachoeira (Carvalho de Mello), Goiana (Bernardo José da Gama), Pirapama (Cavalcanti de Albuquerque), Alencar, Maranguape (Lopez Gama), São Leopoldo (Fernandes Pinheiro),

---

18. Homem de Mello. *A Constituinte Perante a História*, 2ª edição, Rio, 1868.

Paula Souza, Moniz Tavares. Quase todas as principais personalidades políticas do Império, na primeira metade do século, fizeram parte de uma Assembleia Constituinte, por nenhuma outra excedida em cultura, probidade e civismo. Percorrendo a lista dos seus membros, pode-se dizer que nenhum era uma nulidade e alguns foram mesmo sumidades.

Seguramente em 1823 as ilusões políticas tinham todo o viço, a experiência das coisas humanas não as extinguia. A Revolução Francesa, mal conhecida e, sobretudo mal compreendida e mal julgada, ferira profundamente os espíritos estrangeiros, pelo lado de suas atrocidades, pelo lado de seus heroísmos, e a última impressão prevalecia entre os que só sonhavam com liberdades, engendrando ingênuos entusiasmos ou calculadas aspirações. A Constituinte brasileira seguiu-se imediatamente à Independência nacional: não podia senão irradiar fé e ardor patrióticos, misturados com o amor pelas novidades democráticas e com o rancor, espontâneo e sincero em uns, exagerado e forçado em outros, contra a mãe-pátria, alcunhada de madrasta inclemente.

É verdade que as Cortes de Lisboa, convocadas, por efeito da revolução liberal portuguesa de 1820, não pareciam ter objetivo mais ambicionado do que restabelecerem no Brasil, equiparado à metrópole em 1816 por uma fórmula dualista, a servidão colonial que fora de fato abolida pela instalação no Rio de Janeiro, em 1808, do rei dom João VI, e da sua corte, quando tivera de abandonar o velho reino à defesa anglo-lusitana contra os exércitos de Napoleão que sucessivamente invadiram a Península Ibérica. Aquela política errônea tinha levado à separação dos dois reinos unidos, tanto quanto a conservação no Brasil do príncipe real como regente emprestara às aspirações locais de emancipação política, divergentes umas das outras, impregnadas de particularismo, um centro notável de atração e coesão que em outras circunstâncias lhes teria faltado e cuja ausência teria, sem a menor dúvida, animado a desagregação da enorme colônia, ou, mais bem-dito, conjunto de colônias, que na verdade já tinham ultrapassado tal condição, a qual as queria de novo sujeitar um liberalismo de nome, mais do que de essência. Uma parte dos membros da Constituinte do Rio do Janeiro – Araújo Lima (Olinda), Moniz Tavares, Vergueiro, Antônio Carlos, outros mais – tinha sido eleita e tomara assento nas Cortes de Lisboa, tendo os deputados brasileiros que abandonar a assembleia das Necessidades porque chegou um momento em que sua posição se tornou difícil e até arriscada. A ralé vaiava-os das galerias e nas ruas, e no recinto os seus colegas portugueses os crivavam de injúrias e de ameaças. De regresso ao país natal e recordando os maus-tratos sofridos, também partilhando da embriaguez da nacionalidade criada e tornada senhora dos seus destinos, aumentaram as fileiras dos que faziam da antipatia a Portugal e a quanto era português o primeiro artigo do seu credo político. Ao imperador dom Pedro I não seria, em um dia próximo, poupada a explosão desse ódio nacional que se aninhava no coração mesmo dos muitos que tinham em Coimbra seus estudos universitários, o Brasil, achando-se privado, nos tempos coloniais, das vantagens do ensino superior.

É natural que a organização constitucional houvesse primado qualquer outra preocupação no espírito dos novos legisladores. Seu primeiro afã foi corresponder ao pé da letra ao desejo manifestado pelo imperador na sua primeira fala do trono, a saber, que a Assembleia elaborasse uma Constituição digna dele e digna do Brasil, caso em que seria o seu Defensor. Nem poderia suceder diferente, comentaram vários dos deputados, ciosos da sua valia e da sua dignidade. Não cabia aliás ao soberano – consideravam – ser o único juiz da excelência da Assembleia Constituinte. O mal-entendido estava na raiz desse antagonismo de percepções. O imperador preferia uma Constituição outorgada realmente, conquanto aparentemente submetida à aprovação do povo, por intermédio dos seus representantes imediatos que eram, no seu pensar, as municipalidades, células da vida política portuguesa.

A Assembleia não entendia as coisas do mesmo jeito e pretendia decretar ela própria a Constituição, e impô-la ao monarca. No seu foro íntimo, considerava-se superior a este, encarnar a legítima e intangível soberania; o imperador só podia esperar ser destituído das suas funções se não aceitasse integralmente as bases adotadas pela representação nacional – o corpo legislativo – para o estatuto fundamental. Seria o depositário da confiança pública enquanto a merecesse, e não o regulador supremo da marcha dos eventos e da rotação das opiniões. O conflito era, pois, insolúvel, porque essa superioridade a reivindicavam para si os delegados eleitos pelo sufrágio popular. Os agrupamentos partidários queriam a arena livre para o seu jogo, de que o imperador não sofria ser espectador sem ser idoneamente e principalmente o árbitro onipotente.

É mister ter presente que dom Pedro I nesse instante desfrutava ainda toda a popularidade que lhe decorria do papel desempenhado na proclamação da Independência, a qual ele tomara tanto a peito que se tornara o fator decisivo da mesma. Os irmãos Andrada cercavam-no do seu grande prestígio pessoal e José Bonifácio continuava a ser seu conselheiro predileto. O imperador só quer fazer o Brasil grande e feliz – declarava à Assembleia Martim Francisco, ministro da Fazenda, colega, portanto, do gabinete do irmão José Bonifácio, uma vez que Antônio Carlos só foi ministro na maioridade de dom Pedro II (1840). A monarquia inspira uma confiança absoluta – acrescentava o maior dos Andradas, encarregado da pasta do Império e dos negócios estrangeiros. "Só me espanto – eram suas palavras – que alguém pense que possa destilar peçonha do discurso do imperador." Antônio Carlos, incumbido de preparar o voto de graças a ser apresentado ao soberano, formulava observações análogas: "A Assembleia não atraiçoará seus comitentes, imolando os direitos da nação em vil holocausto diante do trono de Vossa Majestade Imperial, que não deseja e a quem mesmo não pode convir sacrifício tão abjeto; mas tampouco terá a afoiteza de invadir as prerrogativas da Coroa, que a razão indica serem o complemento do ideal da monarquia. A Assembleia não pode ignorar que, sempre que elas se mantiverem dentro dos seus próprios limites, serão a defesa mais eficaz dos direitos do cidadão e o maior obstáculo à aparição da tirania sob não importa que nome...".

A Assembleia deu a melhor prova da sua boa vontade, da intenção de trabalho inteligente e regular, consagrando sua atividade à discussão de várias medidas de grande alcance, quer prático, quer moral. A sólida edificação do país sobre seus novos alicerces foi-lhe tão grata tarefa que se ocupou direta ou incidentemente da abolição da escravidão, da catequese ou civilização dos indígenas, da fundação de universidades, da mudança da capital do Império, da administração das províncias, ainda sob a jurisdição de juntas insurgentes, da liberdade de imprensa, das incompatibilidades entre mandato legislativo e os empregos públicos, de uma infinidade de assuntos importantes para a economia nacional. O melhor da sua atenção foi, entretanto, prestado a uma Constituição, a um tempo imperial e democrática, de inspiração francesa, filosófica e também napoleônica, idealista e realista, que devia tornar definitivas todas as conquistas teóricas ou concretas do espírito revolucionário liberal, a abolição do confisco e das penalidades infamantes, a publicidade dos processos arrancados ao sigilo tenebroso das inquisições e das alçadas, a franquia das opiniões faladas ou escritas, a liberdade de indústria, a garantia da propriedade individual, o julgamento por júri etc.

Naturalmente a maneira pela qual se afirmam ou se exercem essas liberdades comporta grãos e aspectos diversos, e não somente se deram ao seio da Assembleia debates prolongados e elevados, como é visível o resultado da diferença dos pareceres ao estabelecer-se uma simples comparação entre as duas Constituições – a que não chegou a ser sancionada pelo imperador e a que, redigida por uma comissão escolhida *ad hoc*, embrião do

Conselho de Estado, foi ratificada pelas Câmaras Municipais. Os princípios cardeais são idênticos em ambas e pode mesmo dizer-se que a segunda foi quase inteiramente calcada sobre a primeira, no tocante à orientação filosófica e à declaração dos chamados direitos do homem, mas em um ponto essencial a dissemelhança é óbvia. Na obra da Constituinte não existe menção do poder moderador imaginado por Benjamin Constant e que Metternich tratava de ideia metafísica, porque para ele a positiva era a do direito divino. Combinada com a permanência do titular e com a sua irresponsabilidade, a função era absorvente, não passando o ministério de uma chancela responsável pelos atos do chefe do Executivo, o qual dispunha a seu desejo da sorte dos seus gabinetes, sem que lhe fosse preciso seguir os ditames da vontade nacional lavrados pela Assembleia. A Constituição por esta elaborada não dava ao imperador a faculdade de dissolver a Câmara quando o exigisse o bem ou a conveniência do Estado, de sorte que a soberania ficava antes residindo plenamente na Assembleia do que era partilhada com o monarca, ambos encarnando a título igual a nação soberana. A limitação à soberania absoluta da Assembleia era a possibilidade de sua dissolução, assim como a limitação à soberania absoluta do imperador seria a responsabilidade dos ministérios emanados e representando a maioria da Câmara. O conflito político do Império deflui desse contraste vital que forma a trama da rixa primordial entre dom Pedro I e a Constituinte, a que os adversários do regime pelo tempo adiante quiseram emprestar uma tonalidade criminosa que só circunstâncias fortuitas impediram de ser trágica.

Quando, quarenta anos mais tarde, se inaugurou no Rocio, teatro das suas declarações constitucionais, a estátua equestre do primeiro imperador, batizada pela oposição "a mentira de bronze", Teófilo Ottoni, repleto ainda de vaidade da sua vitória eleitoral, escreveu que os ministros de 1823, fiéis servidores do capricho imperial, entregaram José Bonifácio e seus companheiros de deportação a um pirata de Goa, que os teria transferido para os calabouços portugueses se junto ao governo espanhol lhes não tivesse valido a intervenção diplomática anglo-francesa, e que a dissolução da Constituinte seria ainda um mistério se da bitácula do "Luconia" um facho de luz não esclarecesse os notáveis incidentes que de fevereiro a abril de 1824 ocorreram em Vigo. O duelo era de morte entre as concepções de governo, embora o motivo não fosse publicamente expresso. A ausência na Constituição de 1824 de um artigo do projeto da Constituinte de 1824 denuncia também claramente uma ideia oculta do imperador que nunca foi posta em relevo no relato dos acontecimentos dessa época. O artigo 158 do projeto estabelecia que o imperador renunciaria *ipso facto* à Coroa do Brasil se, herdado uma Coroa estrangeira, *a aceitasse*. Era o veto da Assembleia posto de antemão à reunião entre Portugal e Brasil. O caso deu-se em 1826, por ocasião do falecimento do rei dom João VI, e só então dom Pedro I se convenceu de tudo que lhe não seria lícito voltar a unir a união mesmo nominal dos dois países.[19]

Planejava-se apresentar a Constituição de 1824 como projeto a uma nova Constituinte, mas, trabalhadas de certo nesse sentido, as Câmaras Municipais, as quais foram aquela Constituição oferecida como matéria de estudo e de apreciação, emitiram o voto de que o imperador a adotasse imediatamente como lei orgânica da nação, prestando juramento e fazendo as Câmaras igualmente prestá-lo. A solução foi, com efeito, essa.

---

19. Oliveira Lima, *Dom Pedro e Dom Miguel, a Querela da Sucessão*, 1826-28. S. Paulo, 1926.

A obra do conselho redator é mais detalhada e mais adstrita à terminologia legal do que a da Constituinte, vendo-se que resultou do trabalho do gabinete feito sem precipitação por um grupo de jurisconsultos possuindo experiência de administradores e não do concurso febricitante de uma assembleia de legisladores improvisados nessa lida, se bem que muitos superiormente dotados para ela. O espírito liberal do tempo permeou contudo em muitos tópicos as duas obras, aproximando-as fortemente nas duas variantes, e evidenciando-se em outros o espírito tradicional em igual concorrência ou em divergência.

Os direitos políticos eram, por exemplo, concedidos pelo projeto da Constituinte a todos os membros das comunhões cristãs, as outras religiões sendo apenas toleradas. Pela Constituição, o culto religioso outro que não o católico, apostólico, romano – religião do Estado – era apenas admitido em locais ou edifícios sem a forma ou aspecto exterior de templo. Só na última fase do Império se tornaram os acatólicos por lei eleitores e elegíveis.

Na Constituição figurava a pena de exílio que não se acha mencionado no projeto da Constituinte, o qual enumera entre os deveres dos brasileiros o de morrer, se preciso fosse, pela pátria. Na Constituição do que se fala é da obrigação de defendê-la contra todos os seus inimigos. O ato imperial aparecia meramente suspensivo em ambas as redações. A aprovação da medida pelas duas legislaturas seguintes tornaria dispensável toda sanção do soberano, a qual não invalidaria igualmente pela sua ausência os decretos da assembleia geral a que houvesse faltado a recusa ou a aprovação no prazo previsto de um mês e que assumiram consequentemente o caráter de obrigatórios. O projeto da Constituição ia além: segundo ele, a Constituição e todas as modificações à mesma relativas, supervenientes no futuro, e bastantes resoluções privativas do ramo legislativo sobre polícia interna do Parlamento, verificação de poderes, emprego da força armada pelo executivo etc., permaneciam independentes da sanção imperial. O artigo 157 do projeto era complementar do 158: um príncipe estrangeiro, herdeiro presuntivo de uma Coroa, não poderia cingir a Coroa brasileira sem abdicar da outra.

No projeto da Constituinte o conselho de Estado inamovível, destinado a ajudar o imperador a exercer o poder moderador, tinha a sua modalidade anterior, que era um conselho privado de livre nomeação ou demissão pelo soberano. Por aquele projeto, conselhos provinciais, conselhos de distritos e juízes de termos deveriam ser eleitos: a Constituição conservou somente o sufrágio para os conselhos provinciais, afora as Câmaras Municipais, e suprimiu toda eleição para o elemento judiciário. No que diz respeito à força armada, a Constituição de 1824 é muito lacônica. O artigo 148 rezava simplesmente que era de cunho privativo do Poder Executivo empregar as tropas de terra e mar da forma que entendesse conveniente à segurança e à defesa do Império. O projeto da Constituinte, diferentemente, dividia as forças de terra em tropas de linha, de guarnição nas fronteiras e destinadas a guardar sua segurança exterior, salvo no caso de declarar uma revolta interior, em que poderiam ser usadas para suprimi-la; milícias com oficiais eleitos e temporários propostas ao serviço doméstico nas suas próprias comarcas e termos, exceto nos casos de invasão ou revolta, sujeitos sempre à consideração e juízo da Assembleia Legislativa; e polícia efetiva para perseguir os criminosos e vigiar a segurança dos particulares.

A Constituição é muda quanto às obrigações impostas ao governo pelo projeto da Constituinte, e ali expressas sob a inspiração e orientação de José Bonifácio, de criar fundações para cultura dos aborígines e de cuidar da emancipação lenta dos escravos de origem africana e de sua educação religiosa e industrial. O projeto reconhecia, entretanto, a instituição servil, pois que admitia as relações entre senhores e escravos, às quais a Constituição não se referia absolutamente. O projeto mencionava também as oficinas para os sem trabalho, as casas de correção, os estabelecimentos reformatórios e penitenciárias para os ociosos, os vagabundos, os dissolutos e os criminosos. A revisão constitucional caberia, mediante o projeto, pelo voto emitido em três legislaturas sucessivas por dois terços de cada uma das suas casas do Parlamento: uma assembleia especial seria então convocada pelo soberano e eleita como a Câmara dos Deputados, em número igual a dois terços de cada uma das duas Casas do Parlamento, dissolvendo-se após a conclusão da sua tarefa. De acordo com a Constituição, a iniciativa da revisão devia emanar de um terço dos membros da Câmara dos Deputados, sendo a proposta apresentada três vezes com intervalos de seis dias, discutida e votada como lei ordinária, antes de chamados os eleitores da legislatura imediata a conferirem aos seus mandatários faculdades constituintes para a reforma indicada.

A lembrança do conflito entre o imperador e a Assembleia Constituinte perturbou e envenenou as relações entre os dois poderes constitucionais durante todo o reinado de dom Pedro I e determinou, por fim, a retirada do soberano diante dos motins. Ele se identificara com as instituições monárquicas até o ponto de converter em ataque dinástico toda censura dirigida contra seus atos ou contra sua política pessoal. A Coroa era, no seu entender, intacável e inatingível e o monarca, infalível. Por seu lado, o Parlamento farejava em qualquer atitude irreconciliável do trono o claro despertar da tradição absolutista. Pode-se dizer que desde 1826, quando as Câmaras se reuniram pela primeira vez depois da promulgação da Constituição, até 1831, quando o imperador embarcou para a Europa, tendo abdicado da Coroa, Executivo e Legislativo nunca viveram em um pé de confiança, menos ainda de cordialidade, porque não os prendia um laço comum de parentesco político.

O imperador só recrutava o pessoal dos seus ministérios no Senado, onde tinham assento os seus amigos, os poucos depositários sucessivos dos seus pensamentos – Barbacena, Paranaguá (Villela Barbosa), São Leopoldo, Baependi, Santo Amaro – ou então fora do Parlamento. Duas vezes que sucedeu diversamente e que dom Pedro tentou governar com a maioria da Câmara, em 1827 e em 1830, o acordo foi passageiro e o Senado continuou a ser o viveiro dos gabinetes imperiais. O regime parlamentar era, aliás, tão imperfeitamente aplicado que o governo recusava à Câmara os elementos de que esta carecia para preparar o Orçamento e que os ministros não somente não se julgavam responsáveis para com ela, como mesmo se esquivavam a mandar-lhe relatórios da gestão dos seus departamentos ou a dar-lhe conta das suas deliberações. Os deputados dirigiam-se diretamente ao imperador e os membros do gabinete julgavam-se dispensados de assistir às sessões legislativas e de acompanhar os debates. A discussão da resposta à fala do trono em 1827 encerrou-se sem que os ministros comparecessem uma vez sequer à Câmara e sem que sua defesa fosse esboçada em oposição aos ataques que cada dia se tornavam mais vigorosos.[20] Ao mesmo tempo a Câmara concedia absurdamente aos ministros senadores o direito de votarem os projetos de lei sujeitos pelo governo à aprovação parlamentar, incorporando-se, desse modo, a uma assembleia para a qual não tinham sido eleitos. Esse absurdo não impedia, entretanto, os atritos e as discórdias.

Nesse mesmo ano de 1827 a Câmara rejeitava a proposta do Executivo fixando o efetivo das forças navais; em 1828 votava em desafio ao ministério o primeiro orçamento da receita e despesa; em 1829 aprovava moções de censura aos ministros e aos agentes diplomáticos do imperador, o qual, com seu temperamento impetuoso, não pôde ou não soube dissimular seu descontentamento na sessão de encerramento. A pendência latente foi se tornando aguda e 1831 vingava 1823; a abdicação foi consequência do ato violento da dissolução.

---

20. Affonso Celso, *Oito Anos de Parlamento*.

Assembleia constituinte de 1823, dissolvida por d. Pedro I para garantir o espírito liberal e as alianças com Portugal.

A Regência (1831-1840), que foi como que um ensaio geral da República, devia necessariamente trazer a preponderância política da Câmara eleita, o que não sucedeu, porém, imediatamente. O regente Feijó (1835) logrou ainda governar algum tempo contra a maior parte dos deputados, mas essa maioria adquiriu, por fim, força bastante para impor suas tendências conservadoras e levar ao poder, em 1837, o representante das suas ideias. O antigo regente, a quem Araújo Lima (Olinda) sucedeu, combatia sempre em 1840, quando os liberais apressaram, a declaração da maioridade, a pretensão da maioria da Câmara de intervir na organização dos ministérios, que ele considerava como devendo emanar exclusivamente da confiança do soberano; insistindo na absoluta independência dos dois poderes, Executivo e Legislativo, com relação um ao outro, e negando qualquer outra doutrina constitucional. O primeiro gabinete do reinado de dom Pedro II foi com efeito escolhido entre os membros da minoria parlamentar, mas a tendência geral era para uma interpretação mais aproximada e mais exata do modelo britânico. Affonso Celso faz datar de 1847, quando foi criado o posto de presidente do Conselho de ministros, o estabelecimento definitivo do regime parlamentar que devia consubstanciar-se com o Império brasileiro e soçobrar com ele.

Naturalmente, ao caminhar desassombradamente, houve logo exagero nessa evolução. Num breve relato, ficou distante o tempo em que, como no início do Império, se respeitavam tão pouco as imunidades parlamentares que se instauraram causas criminais sobre a base de discursos pronunciados na Constituinte, e o segredo da correspondência tão superficialmente se observava que, por ordem do ministro da Justiça, cartas interceptadas e violadas no correio figuravam em processos políticos. Vinte e cinco anos depois, os gabinetes tinham passado a viver da confiança do Parlamento e a este prestavam contas minuciosas da sua gestão administrativa, na qual as Câmaras participavam efetivamente. Também aos presidentes de Conselho seria dado recrutarem livremente seus colegas de ministérios. Diz-se mesmo que já em 1843 Carneiro Leão (Paraná) gozara dessa faculdade. Quando, em 1883, o ministro da Guerra, Rodrigues Junior, foi convidado pelo presidente do Conselho, Lafayette, a demitir-se por incompetência, ele recorreu ao imperador para reparação da afronta que lhe fora assim afligida. A resposta de dom Pedro II foi que de há muito tinha transferido aos presidentes do Conselho o privilégio de propor a nomeação ou a demissão dos seus colegas. Aliás, nas palavras de Calogeras, várias vezes ministro da República[21], "o esforço imperial quanto aos partidos procurou sempre exercer-se no rumo da opinião nacional e do interesse público, mesmo nesse ponto de escolhas de ministros, que representava faculdade privativa sua, na organização de governos".

O Executivo foi até certo ponto culpado da autoridade crescente do Legislativo, permitido que a intervenção deste se estendesse a assuntos administrativos de menor alcance, os quais passaram a ser regulados pelos pareceres das comissões parlamentares em vez de sê-los por decisões ministrais. A denominação de *congressional government*, usada por Wilson nos nossos dias com relação ao governo americano, não foi na sua realidade uma inovação. O governo imperial começou a receber advertências, recomendações e soluções de origem legislativa e a sofrer mesmo que os seus funcionários fossem responsabilizados pelas Câmaras por atos públicos[22]. O prestígio pessoal do soberano, igualmente crescente com os anos, a experiência que foi ganhando de governo, sua sabedoria esclarecida, o exemplo com que sonhava a opinião, apesar de amorfa, não se limitando à auscultação partidária, foram os melhores elementos, senão os únicos, ao ativo do Poder Executivo, ou, mais bem-dito, da autoridade do Executivo, para preservar ilesas sua autonomia e dignidade. A dignidade de

---

21. O poder pessoal e o "lápis fatídico", no número comemorativo de *O Jornal*, de 2 de dezembro de 1925.

22. Visconde de Uruguai, *Ensaio de Direito Administrativo*.

governo, quer dizer, do gabinete, foi, na expressão de Cotegipe, seu chefe, *arranhada* por ocasião da questão militar dos últimos tempos da monarquia, mas a da Coroa não foi atingida, não porque fosse esta irresponsável, mas porque a mantinha sempre invariavelmente alta.

O Executivo obteve com relativa frequência do poder moderador a dissolução da Câmara. De 1823 a 1889 houve treze dissoluções. Não porque estivesse tantas vezes em jogo a salvação do Estado, motivo exigido pela Constituição para um novo apelo eleitoral ao país, nem porque se tratasse cada vez, como na Inglaterra, onde o Parlamento é eleito por sete anos e nunca ou muito raramente chega ao fim do seu mandato legislativo, da necessidade ou conveniência de uma consulta leal à vontade nacional, convidada a pronunciar-se sobre uma questão de maior urgência ou sobre um movimento decidido da opinião. As eleições no Império brasileiro realizavam-se para pôr de acordo a representação parlamentar e o partido ou grupo no poder e transformar este em um governo de maioria. Apenas nos últimos tempos o apelo deixa por vezes de corresponder à voz de comando do ministério: verdade é que os motivos de política geral tinham acabado por substituir-se aos motivos puramente pessoais. Assim é que as últimas dissoluções decorreram pela questão da abolição da escravidão, em volta da qual girava desde certo tempo a vida política do país, quando as primeiras do reinado de dom Pedro II tinham se originado da necessidade de assegurar a manutenção à frente dos negócios públicos do grupo que foi denominado "a facção áulica" e tornar por assim dizer legal a espécie de tutela por alguns anos exercida por Aureliano de Souza e Oliveira Coutinho sobre o jovem soberano de 15 anos. Em 1844, Carneiro Leão apresentou a demissão do gabinete conservador, organizado no ano anterior, pelo fato de a Coroa negar-lhe a exoneração de um irmão de Aureliano – Saturnino, inspetor da alfândega do Rio de Janeiro e culpado de publicações contra o governo –, e a dissolução consequente à volta dos liberais ao poder com Almeida Torres (Macaé) trouxe a anistia aos revoltosos de 1842 e posteriormente a revolução pernambucana de 1848, sob pretexto da dissolução de uma Câmara recém-eleita, liberal, quando os conservadores de novo sucederam aos seus adversários.

Em 1863, a dissolução já assumia um caráter menos pessoal, provindo da circunstância do ministério de haver sido derrotado na escolha do presidente da Câmara. A nova Câmara então eleita foi liberal, mas a dissolução da anterior fora precedida de uma pequena remodelação dos partidos políticos. Os conservadores moderados, entre eles Saraiva, fundiram-se com os liberais, cujo ostracismo datava de 1848. A Coroa desconfiava deles com certa razão desde a revolução daquele ano, a Revolta Praieira, e fazia o possível para conservar os conservadores no poder, sem com isso, no entanto, consolidar sensivelmente a estabilidade constitucional. De 1857 a 1862, quer dizer, nos cinco gabinetes do mesmo matiz de conciliação ou sem idealização muito definida (4 de maio de 1857, 12 de dezembro de 1858, 10 de agosto de 1859, 2 de março de 1861 e 30 de maio de 1862) e um gabinete mais, francamente liberal, organizado em 24 de maio de 1862, que durou precisamente seis dias porque o imperador lhe recusou a dissolução que no ano imediato concedeu ao gabinete Olinda-Sinimbu, liberal, de origem e de tendência igualmente conservadora. Tendo-se forçosamente restringido do ostracismo, os liberais experimentavam a necessidade de renovar-se.

A dissolução de 1868 foi provocada por um incidente antes pessoal do que político, que produziu a queda do gabinete liberal presidido por Zacharias e no qual figuravam personalidades como Affonso Celso, Paranaguá, Dantas e Martim Francisco. Esse gabinete prestara ao país os melhores serviços durante a fase mais difícil da Guerra do Paraguai, empreendida em deploráveis condições financeiras, após uma crise bancária aflitiva, e em condições não menos deploráveis da defesa nacional. O perigo já apontado foi a designação de Sales Torres Homem como senador do Rio Grande do Norte, a qual o governo se opôs por desacordo partidário com um conservador, alegando razões, de resto exatas e justificadas, de mentira eleitoral, de que partido algum era inocente. Os liberais acolheram com azedume nunca visto a atitude da Coroa e negaram ao novo gabinete conservador os créditos, mesmo os indispensáveis, à continuação das operações da campanha em andamento, resultado da sua manifestação de desconfiança a dissolução mais antipática de nossa história parlamentar. A moção votada pela Câmara foi apresentada e defendida na tribuna pela vigorosa eloquência de José Bonifácio, o *moço*, que nas considerações deliberadamente expostas não trepidou em comparar o gabinete Itaboraí a um bandido que na calada da noite se introduz numa casa para saqueá-la. A moção em si dizia que "a Câmara vira com profunda mágoa e geral surpresa o estranho aparecimento desse ministério gerado fora do seu seio e simbolizando uma política nova, sem que uma questão parlamentar houvesse provocado a perda do seu predecessor. Deplorando esta circunstância singular e ligada por sincera amizade ao sistema parlamentar e à monarquia constitucional, a Câmara não tinha nem podia ter confiança em tal gabinete". Da controvérsia atinente nasceu o famoso argumento do senador Nabuco, tantas vezes lembrado em discussões ulteriores – que o governo no Brasil procedia do poder pessoal, que escolhia os ministros, que nomeavam os presidentes das províncias, as quais por sua vez faziam as eleições, onde procediam as Câmaras, que apoiavam os gabinetes, servidores do poder pessoal.

Daí por diante as dissoluções começaram a oferecer razões de ser harmônicas com a natureza do regime parlamentar, mesmo porque, depois de 1869, isto é, da fusão dos liberais progressistas e dos liberais históricos que durante anos hostilizaram seus antigos companheiros, os partidos tinham perdido do convencionalismo em que os enroupara a conciliação que se seguiu de perto à extinção do tráfico, com a única ambição depois de 1860, apontada pelo senador Nabuco entre os liberais, de darem combate ao *uti-possidetis* dos conservadores. Somente com a destreza política que se distinguia Paranhos (Rio Branco), os conservadores condenaram virtualmente a máxima reacionária de Itaboraí, de que o rei reina, governa e administra, para ir endossando aos poucos o novo programa liberal nascido do movimento reformista de 1869, fazendo sair do seu letargo as ideias orgânicas e os planos construtores à vista dos problemas econômicos e sociais agitados sobretudo pelo talento previsor e prático de Tavares Bastos, preocupado com a "morte dos partidos". Ele foi o grande doutrinário do segundo reinado, quem "fugindo dos interesses partidários subalternos em comparação com a crise dos país, e achando prematura a solução republicana, procedeu à análise do organismo imperial, combateu a sua política exterior conducente ao isolamento americano e à aventura paraguaia, desmontou a centralização geradora da apatia, preconizou a federação, voltou os olhos para os Estados Unidos, pregando a medida internacionalmente conciliadora e liberal da abertura do Amazonas, elogiou as tentativas de política experimental orgânica da Regência, vilipendiou a escravidão, reclamou a colonização e bradou pela educação do povo, esgotando-se na luta hercúlea em que se via desamparado, sentindo-se grande entre gentes pequenas que não enxergavam com seu descortino a luta entre a Constituição que queria amainar a tormenta e a revolução que queria subir demolidoramente".[23]

A dissolução de 1872 foi normal e explica-se, como tantos exemplos em Westminster, pelo enfraquecimento da situação

---

23. Vicente Licínio Cardoso, *À Margem do Segundo Reinado*, no *Estado de S. Paulo*, 2 e 3 de dezembro de 1925.

conservadora depois da árdua campanha parlamentar que libertou o ventre escravo, campanha de quatro meses que foi das mais rigorosas e das mais violentas da história do Império porque a facção conservadora hostil à oportunidade da mudança nas condições do trabalho não era a menos esclarecida nem a menos ativa. Seu *leader*, Paulino de Souza, foi o mesmo em 1888 no Senado. O motivo daquela dissolução foi a moção apresentada para o adiantamento da discussão do Orçamento até o ministério explicar à Câmara as razões da sua recomposição e terem sido distribuídos os relatórios anuais dos diferentes departamentos. A moção reuniu a maioria dos sufrágios, mas o apelo eleitoral ao país deu mais três anos de vida ao gabinete abolicionista. Naturalmente o advento dos liberais em 1878 com o gabinete Sinimbu determinou outra dissolução; e mais uma, a votação da lei de eleição direta sob o gabinete imediato, presidido por Saraiva. Essa consulta à nação foi a mais livre que se fez no Brasil. Em 1884 houve a dissolução provocada pelo programa do gabinete liberal Dantas de liberdade dos sexagenários, sendo o soberano acusado de impor as suas preferências abolicionistas a uma Câmara de opinião manifestamente contrária. Se o imperador não tomasse, porém, várias vezes o lugar da nação, o partido no poder ali se perpetuaria e o partido adverso nunca teria a menor probabilidade de assumi-lo[24]. A prática do sistema representativo não era bastante honrada para que acontecesse diversamente e a rotação dos partidos fosse regulada pela linguagem franca das urnas. O governo ganhava sempre as eleições, e essa regra perdurou até a queda do regime.

Por ocasião do seu ministério de 1885, Saraiva repetiu o que já uma vez dissera no Parlamento, que "a Coroa exercia no Brasil um poder absoluto igual ao que na França exercera Napoleão III, com a diferença de que a lei facultava semelhante poder

---

24. Tobias Monteiro, *Pesquisas e Depoimentos*.

ao imperador dos franceses, mas que não sucedia, outro tanto, com o imperador do Brasil: o fato explicava-se, todavia, pela falta de liberdade eleitoral". E como o deputado republicano Campos Salles, testemunho vivo do contrário, lhe observasse que mesmo com a reforma do sufrágio levada a cabo pelo chefe do gabinete de 1880 era possível eleger câmaras unânimes, o presidente do conselho respondeu que, em tal caso, a culpa cabia aos partidos, cuja corrupção permitia a ditadura imperial e que se regozijavam em conceder à Coroa o poder absoluto. "Se os partidos se aliassem com um objetivo elevado – acrescentava Saraiva –, nenhum perigo ameaçaria a Coroa além dos limites constitucionais, pois é bem sabido que não entra nos hábitos do imperador constranger ou querer constranger quem quer que seja." Na verdade, o monarca possuía a regalia constitucional de nomear e demitir livremente os seus ministros e escolher os senadores nas listas tríplices, mas na prática acabara por abandonar essas prerrogativas e por adotar a real interpretação do sistema parlamentar. Os ministérios eram compostos em harmonia com os sentimentos da Câmara, os presidentes de conselho formulavam sem restrições os convites aos seus colaboradores e a própria designação dos senadores tinha lugar de acordo com os gabinetes. Se por acaso o imperador apressava o advento da oposição, é porque suas responsabilidades, de árbitro dos partidos, assim o aconselhavam em uma terra onde a mudança de política não resultava de uma escrupulosa verdade das urnas.

Também o imperador podia ter e revelar preferências de pessoas: o papel de moderador não excluía o jogo humano das simpatias e das antipatias, mas a estas se antepunha a imparcialidade da sua missão constitucional. Quando, por exemplo, chamou os liberais ao poder em 1878, obedeceu a um puro sentimento de justiça. Alguns chefes conservadores, como Rio Branco, Cotegipe, Inhomirim (Torres Homem), tinham-se pronunciado em favor da eleição direta e estavam prontos para apresentar a respectiva proposta. O imperador declarou a eles, porém, que, no

Confederação do Equador, revolta republicana e separatista de Pernambuco em 1824

seu juízo, a honra competia aos liberais, que tinham feito a propaganda da ideia e haviam solicitado a responsabilidade da mesma. A surpresa sobreveio, contudo, quando se viu o soberano confiar a organização do gabinete a Sinimbu, que era apenas vice-presidente do Clube da Reforma, pondo à margem o *sacerdos magnus* Nabuco, político prestigioso e chefe aclamado do partido. Nabuco não era, porém, alheio ao mundo dos negócios como advogado de companhias e de interesses financeiros, dos quais Sinimbu se conservava a grande distância: ora dom Pedro II queria absolutamente que a política fosse tão imaculada quanto possível.

Aliás, não foi dado a Sinimbu realizar a reforma, que para ele envolvia matéria constitucional, desde que penetrava na órbita dos direitos do cidadão garantidos pela lei orgânica da nação. Na eleição indireta ou de dois grãos votavam todos, para a escolha dos eleitores; o sufrágio direto exigia até a qualificação de certa capacidade profissional ou pecuniária. O imperador partilhava a opinião dos que, em vista da redução do eleitorado, achavam que faltava a uma legislatura ordinária autoridade para alterar sua composição; ao tratar-se, porém, da convocação de uma Constituinte com poderes limitados à reforma, o gabinete dividiu-se, querendo o ministro da Fazenda, Silveira Martins, fazer vingar o princípio da elegibilidade dos acatólicos, isto é, a extensão do direto de sufrágio aos adeptos de outras religiões que não a católica. Em consequência dessa divergência, da pretensão do Senado de colaborar com a reforma, embora de caráter constitucional, como quisera colaborar no Ato Adicional de 1834 – ponto de direito público que fora desde então discutido e resolvido –, e do compromisso assumido por Saraiva de consumar a reforma por meio de uma lei ordinária, o soberano confiou-lhe inopinadamente a tarefa. O Senado metera-se abertamente a suscitar dificuldades, acabara rejeitando o projeto de lei de convocação da Assembleia Constituinte, mas do que sobretudo se valeu o imperador foi da impopularidade do gabinete Sinimbu, produzida pela repressão violenta das arruaças incitadas pela criação do imposto do vintém sobre as passagens nos bondes.

A idade do ouro do regime parlamentar brasileiro não data, como sucede normalmente com as lendas de civilização humana, do começo da sua evolução, e sim do meado da sua duração, quando o Parlamento já adquirira bastante consciência do seu papel político e do seu valor social para assimilar a opinião pública, ou, mais bem-dito, tomar o seu lugar; e ao mesmo tempo encontrava seu verdadeiro equilíbrio constitucional na experiência e sabedoria de um soberano que um representante da nova geração intelectual da República[25] retrata como "cético

---

25. Vicente Licínio Cardoso, *À Margem do Segundo Reinado*, Em *O Estado de São Paulo*, 2 e 3 de dezembro de 1925.

por não poder ser pessimista, visceralmente bom, honesto, sem nenhum esforço ou alarde, liberal por ser tolerante, tolerante por ser culto". Nos últimos anos da monarquia, o sistema chegara aparentemente à sua perfeita florescência, pois que o imperador não pensava em resolver crise alguma parlamentar sem ouvir os presidentes das suas Câmaras e os chefes partidários mais em evidência; porém, seu prestígio não se conservara intato porque se marcara pela própria falta de muitos dos que dele viviam politicamente. De 1882 a 1885 a Câmara dos deputados derrubou quatro ministérios, sobretudo por motivos da questão do elemento servil, mas o fosso ia-se cavando entre a representação nacional e o sentimento público. Em 1871 o gabinete presidido pelo marquês de São Vicente (Pimenta Bueno) retirou-se por causa da oposição da imprensa, como o declarou o homem de Estado que dava semelhante exemplo de respeito à opinião, a qual já se encontrava fora do recinto parlamentar.

O parlamentarismo foi, contudo, geralmente praticado no Império com honestidade e brilho suficientes para deixar saudades do passado nos espíritos capazes de as alimentar e até para com elas abastecer uma corrente adversa à República presidencial, que trouxe consigo uma agravação do poder moderador, restaurando-lhe as prerrogativas pela consagração da influência do Executivo central sobre os organismos estaduais, dos quais os mais pujantes fazem o papel dos grandes eleitores do Sacro Império Romano. Dom Pedro II pensava, ao que parece[26] na possibilidade de modificar-se a Constituição imperial para transferir as atribuições do poder moderador não para um presidente escolhido por conchavos de cardiais leigos inspirados pelo *Espírito Santo* das suas conveniências, mas para um tribunal supremo que garantia a fiel execução do sistema federal reunindo poderes políticos aos poderes judiciários.

---

26. Salvador de Mendonça, *A Situação Internacional do Brasil*.

O príncipe dom Luiz de Bragança, neto de dom Pedro II, escreveu num livro notável de impressões de viagem na América do Sul que "o jogo do parlamentarismo, assegurado por dois grandes partidos revezando-se no poder, alcançou sob o governo de seu avô uma perfeição de que fora da Inglaterra, debalde, se buscaria o equivalente". E a razão está em que a monarquia brasileira se desenvolveu sempre no sentido mais progressivo.

O príncipe a ela se refere com justiça e acerto como a "uma concepção política grandiosa, habilmente modelada segundo as instituições britânicas, das quais assimilou desde o início a elasticidade e a amplidão sustentadas por uma plêiade de homens de Estado eminentes e desinteressados, encarnada na pessoa de um soberano cuja vida doméstica e pública nunca ofereceu tema de comentários à crítica, e dando ao mundo o exemplo raro de um sistema parlamentar que se encaminhava e aproximava do ideal entrevisto pelos seus fundadores". Este escritor mais do que nenhum outro competente para julgar instituições que representava como pretendente monárquico e interessado na sua pública discussão[27] é, no entanto, o primeiro a destacar o erro capital do Império – erro bem perdoável e que até se pode qualificar de meritório –, qual o de "preferir, para base da sua autoridade, as ideias abstratas aos fundamentos naturais que os ensinamentos do passado pudessem ter-lhe indicado".

Recorda também o príncipe dom Luiz que em sua opinião os anos de 1860 a 1870 assinalam o apogeu do regime imperial e que depois de 1870 "o enfraquecimento gradual dos partidos, começando em 1853 e produzindo nomeadamente pela grande cisão do grupo conservador, determinou uma decadência rápida das instituições parlamentares. Multiplicaram-se as *coteries*; as ambições e os interesses pessoais começaram a agir, e a vida política da nação perdeu a majestade serena que até então a tinha caracterizado". São, aliás, unânimes em verificá-lo os mais no-

---

27. *Sous la Croix du Sud*, Paris, 1912.

táveis publicistas do regime. As famosas *Cartas de Erasmo*, cartas públicas dirigidas ao imperador pelo mais célebre dos escritores da plêiade romântica brasileira, José de Alencar, faziam apelo antes de 1870 à suprema autoridade do trono, de que exaltavam a excelência e o poder, para corrigir a confusão dos partidos e a anarquia das ideias. Não se passaria, porém, muito tempo sem que esse José de Maistre se revelasse menos ardentemente monarquista por um incidente pessoal[28].

No conceito de Joaquim Nabuco, nenhum período pode, contudo, ser comparado ao da Regência com relação ao sentimento elevado das coisas públicas e ao espírito essencialmente liberal. "Esses homens, diz ele no livro destinado a descrever o meio em que operou a atividade paterna, possuíam naquela época outro caráter, outra solidez, outra retidão; os princípios conservaram-se em toda sua firmeza e sua pureza; os ligamentos morais que seguram e apertam a comunhão estavam ainda fortes e intatos, e, por causa disso, a Regência aparece como um grande período nacional, animado, inspirado por um patriotismo que tem alguma coisa do sopro puritano. Novos e grandes moldes se fundiram então. A nação agita-se, abala-se, mas não treme e não declina. Um padre tem a coragem de licenciar o Exército que fizera a revolução, após batê-lo nos seus redutos e tê-lo sitiado nos seus quartéis, sem fazer apelo ao estrangeiro, sem bastilhas, sem espiões, sem alçapões por onde os corpos desaparecem clandestinamente, sem pôr toda a sociedade incomunicável, fazendo apelo ao civismo e não a uma classe de paixões que tornam todo governo impossível." Esses homens, "revelando todos eles um grau superior de virilidade e energia, sentindo-se apenas incapazes de organizar o caos, íntegros até a medula", foram os verdadeiros fundadores da nossa ordem civil.

---

28. *Vide* capítulo sobre o Império e a ordem civil.

O Império e a ordem civil

CAPÍTULO IV

A única fase verdadeiramente militar, no sentido preciso da palavra, da história do Brasil independente e monárquico foi o Primeiro Reinado. O imperador dom Pedro I prezava o Exército, a carreira das armas e o brilho das proezas guerreiras tanto quanto seu filho detestava tudo isso e prezava a paz, as ciências e o desenvolvimento civil da sociedade. O temperamento do povo brasileiro estava muito mais harmônico com dom Pedro II, e a infeliz campanha do Sul muito cedo fez com que o país desgostasse das aventuras bélicas. Já antes, o governo imperial experimentava dificuldades para recrutar os soldados de que carecia – primeiro para manter no interior a ordem constitucional várias vezes e em vários pontos alterada, logo depois para defender no exterior a conquista da Província Cisplatina, por longo tempo ambicionada e por longo tempo disputada por trazer sua posse ao Brasil a fronteira meridional natural que lhe faltava e de que dom João VI o deixou provido.

Ao lado do Exército nacional, composto de elementos recalcitrantes e facilmente levados à indisciplina e à rebeldia sanguinária, outro exército teve de ser criado de mercenários estrangeiros, constituído não pouco por elementos indesejáveis e que frequentemente se entregavam à embriaguez e dali passavam à pilhagem. Esses lansquenetes e rufiões, engajados na Alemanha, na Suíça, na Irlanda, por Schaeffer e por outros agentes da mesma escola, o imperador, na sua ingenuidade política que ia por vezes ao extremo, reunira para que dessem aos seus súditos o exemplo das virtudes militares e não para com eles organizar uma guarda pretoriana exótica, defensora do trono, porque a sua grande ambição era ser guardado pelo amor do seu povo e pela fidelidade das suas tropas e não impor a sua tirania. Ser constitucional não era ser uma figura de papelão no governo – ele piamente acreditava nisso. Ser chefe da nação não era abdicar de toda vontade e iniciativa e reduzir-se à passividade.

Os motivos de que foram responsáveis e culpados os soldados estrangeiros perderam-se, aliás, na confusão geral de uma sociedade muito pouco estável em suas linhas gerais, onde os elementos mais conservadores eram representados por um alto funcionalismo deferente para com a Coroa, que o patrocinava, tanto quanto temeroso em relação ao espírito revolucionário que o espicaçava, e pela parte do pessoal político que via no regime monárquico uma garantia. Do Exército não se podia dizer que fosse conservador, porque andava habituado a poupar a autoridade com tão escassa reserva que só aspirava convertê-la em instrumento dos seus caprichos e dos seus despeitos. Sua atitude era, portanto, pelo menos equívoca, tendo, todavia, o imperador que buscar nele o apoio para encarar uma indisciplina que transpunha os limites dos quartéis, indo da imprensa ao Parlamento e da Justiça ao clero. A política militarizou-se no sentido do apelo às armas.

O Sete de Abril foi simultaneamente um pronunciamento militar e popular. Em vez de conservar-se um elemento de ordem, o Exército tornava-se o maior elemento de desordem, e o povo compreendera que não lhe restava senão praticar justiça com as próprias mãos, se não quisesse ser esmagado. Para alcançar seus fins, fazia concorrência com o Exército num *steeple-chase* de anarquia que se estendia por todo o país. A população era culpada porque subornava soldados para as revoluções em que seus interesses ou suas paixões se achavam em jogo, e não menos culpados eram os oficiais em tolerar tais crimes, apressando a decomposição de uma sociedade, aproveitando-se quando preciso dessa situação para levar a cabo seus desígnios ambiciosos. O espetáculo se deu em toda a América Latina e a bela unidade brasileira ficou em perigo, nessa confusão gerada por atritos e discórdias de todo gênero, em que os indivíduos começaram a opor seus ideais e as facções acabaram por derramar sangue destilando seus ódios ferozes. A segurança pública estava tão reduzida que bandos de assassinos e quadrilhas infestavam as ruas da capital, onde de abril a julho de 1831, quer dizer, durante os meses que se seguiram logo à abdicação, mais de 300 vítimas caíram sob seus golpes.

Nessa perturbação profunda foi renascendo o espírito da ordem civil, como que em reação aos efeitos desastrosos que se verificavam de norte a sul. A própria sorte das armas brasileiras contribuiu para desacreditar o militarismo como sistema de governo ou como instrumento de mando. O autor inglês que continuava a história de Southey até a Regência, com tão evidente bom senso e tão notável equidade que o seu trabalho chegou a ser atribuído a Evaristo da Veiga[29], lembra que os sucessos da campanha terminada com a independência do Uruguai foram causa entre os espanhóis do Prata do prestígio de que quase até agora gozou a espada que tanto se tingiu de rubro nas lutas fratricidas.

---

29. Armitage, *History of Brazil*.

Ao contrário, no Brasil, o erro desviou os espíritos da glória dos campos de batalha e cavou mais o fosso que separava o imperador, ansioso em restabelecer o bom renome de suas armas, do Parlamento, pacifista a ponto de querer reduzir ao quinto do efetivo proposto as forças navais da nação.

A aliança das tropas insubordinadas com a oposição ultraliberal de 1830, que provocou a abdicação, foi de curtíssima duração. No dia imediato ao da vitória, a população só tinha um desejo – dissolver o Exército em orgia revolucionária, que queria sujeitá-la ao seu jugo brutal. Foi a urgência de restaurar a ordem civil que emprestou a força necessária ao elemento moderador para afastar do poder o elemento exaltado, que trabalhara com o maior afinco para demolir o Império e substituí-lo pela República federativa, que era e continuava a ser o sonho do partido avançado. Justiniano José da Rocha, o grande jornalista, chamava-lhe de o "véu transparente" que cobria as aspirações republicanas.

Joaquim Nabuco notou que a fatalidade das revoluções consiste em que não é possível levá-las a termo sem os exaltados e que com eles é impossível governar. Durante os nove anos que durou, a Regência teve de sofrer do flagelo do mal separatista que se propagara por todo o Império, grassando por último especialmente no Sul, e que por um triz não fomentou desagregação no Brasil. A ideia da pátria grande não se havia ainda sobreposto à da pequena pátria, legado da dispersão do espírito colonial; e a animosidade entre os portugueses, como nacionalidade e como povo, servia aos nativistas de grito de adesão em vez do interesse superior da cultura nacional. Que não era uma sã concepção de liberalismo que os guiava e que orientava o federalismo brasileiro, prova-o o fato do sacrifício por este perpetrado do espírito municipal que no tempo colonial fora uma salvaguarda posto que débil da independência moral. Legislação e organização constitucional só pensavam à porfia em imolar esses núcleos tradicionais de civilização portuguesa no seu aspecto político-social. No seu empenho de fortalecer o poder central na Itália, o ditador Mussolini começa por suprimir as eleições comunais, voltando ao sistema *podestà* da Idade Média, e acabou pelo Senado, de nomeação real, conservado no topo da hierarquia, em desafio ao processo eleitoral.

※

A reação conservadora de 1837 tivera por efeito robustecer de algum modo a obra liberal no espírito, mas igualmente conservadora nos resultados da regência Feijó. Em alguns pontos mesmo a tradição conservadora teve, ou ameaçou ter, consequências dissolventes. O pendor regalista de Feijó quase levou o país ao cisma religioso, encarnando no Novo Mundo a feição galicana, que era num dos aspectos a do extremo padroado. Não se limitava ele, aliás, à supremacia do poder temporal nos atos eclesiásticos: ia até a intervenção no dogma, ainda além da disciplina do clero, cujo celibato desejaria ver abolido como regra servil à moral.

Foi, entretanto, a situação conservadora de 1841 que assegurou o prestígio do poder central, eufemismo liberal pelo qual era designado o trono, nome que repugnava ao sentimento democrático. Os liberais tinham feito no ano anterior a maioridade e o país, fatigado de revoluções e tomado de incerteza quanto ao futuro, estava com eles de coração, mas ainda mais o estaria com os conservadores, que não tardaram a ocupar o poder onde prosseguiram a obra de reação, já restabelecendo, a 23 de novembro de 1841, o Conselho de Estado, suprimido pelo Ato Adicional, retirando das assembleias provinciais (decreto de 18 de setembro de 1841) o direito de designarem os vice-presidentes respectivos, revogando leis provinciais por ser contrárias à Constituição, acusação imerecida, de fato reduzido (pela lei de 3 de dezembro foi reformado o Código de Processo Criminal) a quase federação de 1834 a uma muito moderada descentralização. A tão difamada "facção áulica" servia ao mesmo tempo fielmente ao princípio monárquico: aliando-se ora aos liberais, ora aos conservadores, Aureliano agrupava realmente ao redor do trono doutrinários e cortesãos, e, se não pôde evitar as duas revoluções, de 1842 e de 1848, pelo menos lhes opôs uma resistência tenaz e vitoriosa por meio dos fortes gabinetes contra os quais se insurgiu o fanatismo liberal.

No Libello do Povo, fruto doutrinário da Revolução Francesa de fevereiro de 1848, Salles Torres Homem, que não estudara impunemente na França de Luiz Felippe, mas não perdera em Paris o seu torneio clássico, escrevia com a larga envergadura da sua frase: "Não é quando o sol da liberdade se ergue radiante no horizonte da Europa e ilumina com seus reflexos magníficos todo o mundo civilizado que nós, americanos, desmaiaríamos à vista da sombra projetada por uma nuvem passageira... Vede como o verbo reformador de Pio IX, que a princípio caíra como o orvalho da manhã no sulco onde germinam os destinos da liberdade, imediatamente se transfigurou pela oposição dos reis em uma faísca que leva o incêndio à massa do imenso combustível que acumularam por toda a parte os interesses novos da nova civilização, a indústria crescente e a ilustração mais desenvolvida das classes conservadas num desprezo ultrajante".

Em 1840, antes de dom Pedro II tomar em suas mãos as rédeas do governo, o país estava à mercê dos despeitos pessoais, tão comuns nas repúblicas, onde o poder supremo se achava aberto às ambições individuais. Bernardo de Vasconcellos, que fora a alma da reação de 1837, afastara-se do Regente e falava em propor a regência da princesa dona Januária, irmã mais velha do imperador, a qual acabava de atingir a maioridade. No seu entender, desde o momento em que existia uma princesa maior, a Constituição não podia reconhecer como legal senão o direito que a esta assistia de exercer a interinidade, e a proposta respectiva foi apresentada à Câmara dos Deputados. A regência de uma mulher não era, contudo, simpática ao sentimento geral do país, que, consciente ou instintivamente, aspirava ao advento de uma autoridade forte, que era o que lhe faltava.

O Brasil travou conhecimento mais íntimo com o regime parlamentar desde 1831. Bernardo de Vasconcellos havia, primeiro, formulado nas Câmaras um programa de governo; Feijó estabelecera como condição prévia da sua entrada no ministério que todas as resoluções do Poder Executivo seriam tomadas em conselho de gabinete presidido pela Regência, que, antes de ser uma e escolhida pelos eleitores, fora trina e eleita pelo Parlamento. Estava, portanto, enraizada a dualidade dos poderes, mas essas experiências democráticas, ou melhor republicanas, porque eram tentadas independentemente da instituição monárquica, a qual foi em si democracia, não tinham, contudo, correspondido às esperanças. "Materialmente nada tínhamos, intelectualmente tínhamos leis que não se executavam e governos que não eram obedecidos"[30]. Foi quando, no dizer deste publicista e parlamentar, "a representação emanada do sufrágio popular sagrou o jovem soberano, e o sentir público ratificou seu direito ao trono. Os políticos procuravam todos manter a ordem, mas não conseguiam, e a maioridade foi em resumo uma revolta do instinto de conservação. Ninguém se preocupou em indagar propriamente dos méritos do régio adolescente: a confiança geral residia no princípio que ele encarnava e que era símbolo da paz e a garantia da segurança da nacionalidade. Nesse dia de 22 de julho de 1840 o prestígio da instituição salvou o Brasil".

Nessa data histórica, uma comissão parlamentar dirigiu-se ao Paço a fim de apresentar a dom Pedro II o voto da representação nacional, cujas minorias liberais, do Senado e da Câmara, tinham, reunidas no Senado, votado a declaração imediata da maioridade do imperador. Era nem mais nem menos do que um golpe de Estado parlamentar, a coroar uma propaganda feita

---

30. Elpídio de Mesquita, *Dois Regimens*.

em todo país, exercendo-se por meio da imprensa e dos clubes maioristas e agitando a opinião com as discussões veementes travadas nas duas Câmaras. O regente Araújo Lima (Olinda) não se opunha absolutamente a ceder a sua autoridade efêmera, mas era de parecer que se aguardasse o dia 2 de dezembro, quando dom Pedro II completaria 15 anos. Nesse intuito, chamara até ao ministério dois elementos de influência e valor, Rodrigues Torres (visconde do Uruguai), e no último momento apelara para Bernardo de Vasconcellos, o qual aceitara ocupar a pasta do Império a fim de preparar o advento do jovem monarca, cercado de instituições conservadoras, nomeadamente o Conselho de Estado, destinado a suprir sua inexperiência de governo com as luzes de um verdadeiro cenáculo político.

Era, porém, em demasia tarde para resistir à pressão da opinião habilmente manobrada. Consultado, o imperador proferia o seu famoso *quero já*, e ordenou que o Parlamento, que acabava de ser adiado para fins de novembro, fosse convocado para o dia imediato para ele prestar juramento e assumir o governo. Dom Pedro II teve ensejo de declarar mais tarde, e mais de uma vez o repetiu, que não obedecera nessa ocasião a sugestões de pessoa alguma, negando toda e qualquer inteligência anterior com personagens políticos pela agência de funcionários do Paço. Só no próprio dia consultou seu tutor, o marquês de Itanhaém, e seu preceptor, o visconde de Sapucaí, que ambos, de começo hostis à antecipação da maioridade, acabaram por ceder à corrente nacional. Tão claramente conservadora era essa corrente que Antônio Carlos, que por vezes se fazia com os irmãos de demagogo, embora volvessem depois a sentimentos reacionários e a métodos autoritários, mudou inteiramente de ideia e de modos, só não deixando de guindar bem a voz para as suas tiradas sarcásticas, tanto quanto Martim Francisco punha a sua em surdina para as dissertações metafísicas.

Compunha-se o primeiro gabinete da maioridade de liberais e de um conservador dissidente ou descontente, Aureliano, possuidor de vários dotes de homem de Estado – a instrução jurídica, a energia, o talento de angariar e conservar amigos políticos –, nutrira uma ambição digna de um estadista, que era a de sobrepor aos interesses dos partidos o prestígio da Coroa. A Câmara estava impregnada de sentimento monárquico, mas mesmo assim não foi sem alguma surpresa que escutou as declarações do novo ministro do Império, Antônio Carlos, ao sustentar a manutenção das leis que vivamente atacara e crivara de insultos na oposição, não só a lei recentíssima da interpretação do Ato Adicional, ainda sancionada pelo regente Araújo Lima em 12 de maio de 1840, como algumas mais antigas, que não tinham sido revogadas porque eram outras tantas armas de defesa da autoridade contra a anarquia. Entre essas, figurava a lei de 1831 contra os desordeiros, que fora considerada inconstitucional por ofender os direitos individuais e as regalias políticas dos cidadãos brasileiros.

O acordo feito ao redor do trono permitiu a votação dos diferentes orçamentos, das propostas de fixação das forças de terra e mar, da lista civil do imperador e das dotações das princesas, mas a harmonia dessa primeira tentativa de conciliação foi rompida pela parcialidade manifestada pelo governo, intervindo por ocasião das eleições dos conselhos municipais e dos juízes de paz das paróquias, pelo menos na capital, e montando a sua máquina eleitoral, em vista das próximas eleições legislativas. Para esse fim foram substituídos altos funcionários e simples empregados de administração, magistrados e oficiais da Guarda Nacional, suspensos estes dos seus comandos, da mesma forma que suplentes obedecendo às injunções do poder central tomaram o lugar dos juízes de paz incumbidos pelas suas funções de presidir as mesas eleitorais que davam promessas de uma menor docilidade política. Nessas condições, que foram justamente tachadas de "fraude, de violência e de suborno", o sufrágio favoreceu o governo, mas não logrou impedir a entrada de uma vigorosa oposição de 25 membros.

François René Moreaux, 1844, Independência com participação popular

A sessão de 1841 ainda decorreu com a antiga Câmara, que não fora dissolvida: as eleições legislativas tinham então lugar ano e meio antes da reunião da nova assembleia. O pêndulo inclinava-se visivelmente para a direita, e os conservadores tiveram uma partida fácil para jogar, criticando o espírito faccioso e a política ao mesmo tempo aventurosa e medrosa, de repentes e de paliativo, experimentada na intentada pacificação do Rio Grande do Sul. Para novos processos, mais eficazes, apelavam eles e, após a recomposição quase total, em 1841 do gabinete de 1840, saído da maioria, recomposição de que apenas escapou Aureliano, concediam os conservadores sua confiança ao novo ministério, em que figuravam personalidades de fibra e de tino do Primeiro Reinado e da Regência, quer dizer, José Clemente Pereira, Paranaguá (Villela Barboza), Sapucaí, Abrantes, e também uma grande esperança do partido, Paulino José Soares de Souza.

A distinção entre conservadores e liberais data mais precisamente dessa época. O primeiro Conselho de Estado, no seio do qual o soberano encontrava competências para o estudo dos problemas políticos e pareceres autorizados por todas as questões públicas, constituindo uma colaboração preciosa para a sua ação, compôs-se de conservadores, de liberais e de independentes, todos nomes respeitáveis, como Carneiro Leão (Paraná), Bernardo de Vasconcellos, Alves Branco (Caravellas), Lopes Gama (Maranguape), bispo de Anemuria e outros. Mercê de certo dessas circunstâncias do seu renascimento, "jamais se apagaram as prevenções do povo contra essa instituição que parecia, mais do que qualquer outra, representar o espírito antidemocrático", mas cujos trabalhos foram "luminosos e patrióticos"[31].

Paulino de Souza regulamentou sabiamente a lei de 3 de dezembro, da reforma do Código de Processo Criminal, no sentido de tornar mais efetivo o papel das autoridades na organização da polícia e da magistratura, na formação dos processos e nos julgamentos pelo júri. Separou-se o administrativo do contencioso; definiram-se as atribuições dos jurados; criou-se um viveiro de juízes de direito entre os juízes municipais; distinguiram-se as faculdades dos juízes de direito das dos chefes de polícia, aos quais cabia o poder de nomear os delegados dos termos e os subdelegados das paróquias, sob aprovação dos presidentes de províncias. Essa lei foi sempre acerbamente combatida pelo espírito liberal, mas só veio a ser emendada trinta anos depois. No entanto, Eusébio de Queirós, quando ministro da Justiça em 1850, ao ser abolido o tráfico, conseguiu, posto que conservador, para dar satisfação aos seus antagonistas, alterá-la parcialmente, a fim de reprimir os abusos do arbítrio policial, separando as funções judiciárias das administrativas, garantir melhor a independência da magistratura, impedindo as remoções forçadas de juízes de direito, classificar os termos e estabelecer as promoções regulares para os tribunais.

---

31. Clovis Beviláqua, *Evolução jurídica do Brasil no Segundo Reinado*, em *O Jornal*, 2 de dezembro de 1925.

Outra alteração, ao tempo do ministério de *Conciliação* presidido por Paraná (1853) e por proposta do jurisconsulto Nabuco, ministro da Justiça e então conservador, representou, na opinião da oposição moderada de outro jurista, Nebias, e de alguns legistas mais da Câmara, um passo atrás em relação à garantia dos direitos individuais, pois que o júri ficara provado de atribuições importantes, seus julgamentos eram sujeitos à decisão final dos magistrados e o poder arbitrário da polícia era aumentado de novas faculdades no tocante, por exemplo, às prisões preventivas.

Começou-se a falar, ou melhor, a murmurar, contra o poder pessoal em 1852, por ocasião da saída de Eusébio de Queirós do gabinete, atribuída a uma desinteligência com o imperador, que fez prevalecer sua opinião sobre a do seu ministro. Era, aliás, naturalíssimo que, ganhando diariamente experiência de governo, o soberano ocasionalmente exercesse seus poderes constitucionais e fizesse prevalecer o seu ponto de vista. A Constituição de 1824 fundara uma monarquia até certo ponto restritamente pessoal, uma vez que, segundo a interpretação dos espíritos conservadores, apesar de que sempre impugnada pelos espíritos liberais, os atos do poder moderador dispensavam a referência por ministros responsáveis. O incidente aludido parece receber confirmação do fato de Eusébio de Queirós, em 1858, recusar substituir Olinda na presidência do conselho, quando a opinião geral o indicava para o posto e dom Pedro II lhe assegurou instantemente a sua confiança pessoal e política. Já então assistia aos chefes de gabinete escolherem livremente os seus colaboradores: anteriormente não recebiam na verdade das mãos do monarca a lista do ministério, mas deviam obter o seu *placet* para cada convite separadamente.

O poder pessoal só se tornou um *leit-motiv* jornalístico e um estribilho parlamentar depois que Teófilo Ottoni, voltando à Câmara, da qual estava afastado desde 1848, rompeu a oposição contra o gabinete Alves de Lima (Caxias), que agrupara em torno da sua auréola de militar vitorioso todos os matizes conservadores. Referindo-se a um discurso pronunciado no Senado em 1858 (Ottoni fora reeleito deputado em 1860) pelo antigo regente Araújo Lima, em que este dissera que no Brasil ninguém podia prever quando caíam os ministros ou apontar seus sucessores, Teófilo Ottoni deduziu a consequência de existir uma entidade que o sistema constitucional representativo desconhecia e que, chamando e despedindo os gabinetes, envolvia a negação do mesmo sistema e desprezava as maiorias da Câmara, expressão legítima, direta e imediata da vontade nacional. As dissoluções, por sua vez, estavam longe de obedecer às rigorosas manifestações parlamentares. Tal entidade apoiava-se sobre uma legislação reacionária, na qual figuravam as leis do recrutamento e da Guarda Nacional, e fazia em todos os pontos recordar o governo de Jorge III, como o descreveu Macaulay – os escritores ingleses, tanto os políticos como os humoristas, estavam então em grande voga entre o pessoal parlamentar, sobretudo liberal –, quando os chamados "amigos do Rei" brotavam como cogumelos em terriço. Ora se aliando a um partido, ora deserdando-o por uma traição covarde, esses répteis políticos tinham tanto mais fácil sua ação quanto a Coroa praticava cautelosamente o processo de conservar os verdadeiros homens de bem da vida pública divididos entre si, dependentes exclusivamente do bel-prazer do monarca.

Foi nessa ocasião e em seguimento a uma rixa de ministros que a fração mais adiantada do Partido Conservador, compreendendo Zacharias Sinimbu, Paranaguá, Nabuco, e outros mais, muitos deles figuras influentes da política e futuros presidentes do Conselho se separaram dos seus correligionários sob a égide do marquês de Olinda, de quem Joaquim Nabuco escreveu que possuía o prestígio de um vice-rei, se aliaram aos liberais, formando o que se chamou a Liga. O primeiro gabinete saído das suas fileiras, com Zacharias à frente, não se pôde sustentar no poder mais do que alguns dias, o imperador não querendo consentir na dissolução solicitada porque a oposição batera o governador por um voto de surpresa, com a maioria tão somente de um voto. Mais uma vez se recorreu ao próprio Olinda, que, cercando-se de senadores, de um general e de um almirante na maior parte septuagenários, e tendo como benjamins alguns quase sexagenários – foi o denominado "ministério dos velhos" –, organizou um governo a princípio indefinido, simpático a alguns e a ninguém desagradável, mas pouco depois perdendo o feitio equívoco e tornando-se decididamente partidário. Esse gabinete teve de arcar com a irritante questão de Christie, originada na brutalidade do ministro britânico que ordenou iníquas represálias contra a nossa Marinha mercante por reclamações de demorada e discutível satisfação, e nesse ponto nenhuma divergência rompeu a unanimidade patriótica. O gabinete Olinda afrontou também, em outubro de 1863, uma eleição geral precedida de dissolução que deu a vitória aos liberais e conservadores dissidentes da Liga, não sem que se formulassem contra o governo as queixas costumeiras de pressão oficial, atos arbitrários, excessos policiais e corrupção eleitoral, seguidas de acusações não menos graves contra a maioria por ocasião da verificação de poderes, a qual de há muito podia ser considerada um terceiro escrutínio, muito mais manchado de fraudes.

O pior traço do regime de sufrágio então existente era que, em vez de haver um corpo eleitoral permanente, cujas listas se verificavam em épocas fixas, se alistava um corpo de volantes qualificados para cada eleição pelas autoridades locais e pelas influências de campanário, que nesse rol incluíam todos os seus dependentes e mesmo nomes fictícios, excluindo simultaneamente muitos cidadãos que possuíam as habitações legais. As autoridades policiais retocavam o resultado no escrutínio de segundo grau, modificando mesmo a decisão pelo seu apuramento dos votos. Assim era que o governo contava invariavelmente com um triunfo seguro[32].

A maioria heterogênea que decorreu da eleição de 1863, na qual se balançavam as duas frações da Liga, não permitiu longa vida ao ministério de relíquias da política, cansadas das lutas parlamentares, e, após a retirada do gabinete Furtado (1864) sob a presidência de Zacharias, formou-se, em 1865, um gabinete recomposto no ano imediato com a entrada de moços, conservando sempre os dois contingentes ligados, ainda que afrontados pela vizinhança e medindo com pouca cordialidade o seu mútuo concurso. A evolução partidária começava a esboçar-se francamente no sentido liberal — foi o reinado do progressismo, a que sucedeu o reformismo – ao qual não fora estranho o relaxamento na França da subjugação do império autoritário, levado ao apogeu pelas leis de repressão de 1858. A influência dos acontecimentos franceses foi sempre muito sensível sobre a marcha dos acontecimentos brasileiros, e o predomínio dos conservadores no Império sul-americano de 1849 e 1857 filia-se espiritualmente na entronização do príncipe-presidente, sobrepondo-se à demagogia, da mesma forma que o apelo a Paula Souza, em 1848, implica o temor que os monarquistas experimentaram da repercussão no Brasil da proclamação da República francesa, procurando obviar a mudança de regime com a presença no poder daquele liberalão da Independência.

Pouco a pouco, depois de 1860 dom Pedro II foi abrindo mão das suas prerrogativas, com a plena consciência de se estar encaminhando para um Império liberal. A última que sacrificou, a não ser sua fiscalização esclarecida sobre a moralidade da administração, foi a escolha de senadores adversos à política partidária dominante, que suscitava conflitos com o gabinete e

---

32. C. B. Ottoni, *Dom Pedro de Alcântara, Segundo e Último Imperador do Brasil*, Rio, 1893.

na qual, entretanto, muito raramente se buscaria a razão do seu proceder em antipatias que não fossem ditadas por motivos ponderados. Houve de fato políticos que voltaram repetidamente à sua sanção, na cabeça da lista tríplice, e que nunca alcançaram o beneplácito imperial. Teófilo Ottoni foi designado na quinta eleição e Pereira da Silva igualmente esperou que o imperador ratificasse a votação popular.

A história do governo imperial depois da maioridade pode dividir-se no tocante ao desenvolvimento da ordem civil em três períodos distintos e sucessivos. O primeiro foi o da juventude de dom Pedro II, dos 15 aos 23 anos, quando Aureliano, com seus modos atraentes, encobrindo uma vontade firme, que não trepidara nos primeiros anos da Regência em fazer guerra ao partido caramuru e destituir José Bonifácio da tutoria imperial, encantou o mancebo que tivera uma infância erma de carinhos e uma adolescência privada de paixão e que aceitou com uma espécie de reconhecimento essa diferencia impregnada de ternura e de habilidade. O feitio de Aureliano era um conforto ao lado da presunção dos Andradas, das excentricidades de Hollanda Cavalcanti (visconde de Albuquerque), da senilidade de Paranaguá, da secura beata de Itanhaém, da soberba de Paraná, do temperamento arisco de Abaeté. Assim foi que durante essa fase Aureliano pôde desempenhar no Brasil o papel de lorde Bute na Inglaterra de Jorge III, governando por trás do reposteiro[33]. Entrementes dom Pedro II cultivava a sua inteligência, na qual

---

33. Eunapio Deiró, *dom Pedro II, no Jornal do Commercio*, 5 de dezembro de 1892.

a memória era prodigiosa e o raciocínio seguro e desanuviado, e desenvolvia o seu caráter, em que a honestidade, a urbanidade, o civismo e a grandeza da alma corriam parelhos e substituíam uma afetividade que parecia faltar a esse concerto moral e tomar o lugar da frieza que era o único defeito que seus detratores jamais lhe descobriram[34].

O segundo período, de 1848 a 1878, foi o dos trinta anos do intitulado "poder pessoal". Eunapio Deiró não hesitou em escrever que o pensamento imperial "então se concentrava na desorganização dos partidos por meio do ceticismo nos espíritos e da confusão do pessoal político". Esse sistema foi na opinião desse publicista audaciosamente executado por Paraná, através da sua *Conciliação*, que lhe servia à natureza imperiosa ao mesmo tempo que servia aos desígnios do soberano. O imperador, contudo, depois de Aureliano, não teve mais favorito, nem mentor, se é que o nome pode ser aplicado ao caso. Pedreira (Bom Retiro), homem público de sagacidade e de iniciativa, gozou de toda sua confiança pessoal, mas não passou de seu camarista, talvez até certo ponto seu confidente: nunca foi presidente do Conselho, e ministro uma vez apenas, por pouco tempo, muito menos chefe político.

Se é verdade que, na frase de Deiró, dom Pedro II aprendeu a calcular bem o valor dos interesses e a conhecer a força que as ambições e outras paixões emprestavam à vida pública, e que usou desse tirocínio, dele não abusou e tanto assim que sua vontade nunca foi agressiva e que sua ação foi até um quase nada vacilante a respeito dos problemas mais sérios da administração quando "gabinetes e parlamentos se moviam ao seu aceno e que ele era a encarnação viva e poderosa do país". Sua maneira de impor suas vistas aos chefes políticos foi sempre cortês e suave e seu ânimo fora educado pelo seu preceptor monástico, frei Pedro de Santa

---

34. C. B. Ottoni, senador do Império, na biografia de dom Pedro II que o Instituto Histórico recusou, quando apresentada ao concurso aberto por essa associação, insiste muito nessa aridez do coração imperial, que é desmentida pela sua generosidade e caridade.

Marianna, bispo titular de Crisópolis, para exercer sua alta função pela moderação e pela desconfiança, não pela temeridade e pela abnegação. Observa Deiró com muito relevo que era "um espírito preparado para nutrir-se da sua própria seiva, desprendendo-se da comunhão de sentimentos". Suas faculdades intelectuais não eram criadoras e contemplavam as ideias sem as sistematizar. Escasso de imaginação, seguia antes as conveniências do momento do que os ideais permanentes, o que não quer, no entanto, dizer que não regulasse sua maneira de proceder por ideais gerais, muito mais do que por processos práticos, posto que fazendo grande caso dos detalhes. Como chefe do Estado obedecia a um misto de sentimento e de vontade, e essa insuficiência de pura energia dominadora era corrigida pela sua personalidade de visão, realçada por uma instrução variada. Diz o senhor Theodoro Sampaio – um bom juiz no assunto[35] – que a cultura intelectual do imperador estava muito acima do nível ordinário da cultura dos seus contemporâneos e que em qualquer matéria – geologia ou exegese histórica ou linguística sul-americana por exemplo – o sentiam seus interlocutores perfeitamente senhor do terreno. Promoveu bom número de expedições científicas, agitou questões interessantes para o Brasil, de ordem intelectual, e não negligenciou por isso o manejo das rédeas do poder.

Em 1864 no campo judiciário ocorreu um episódio que ficou famoso. O imperador obtivera do gabinete Olinda, antes da sua retirada, a aposentadoria de vários magistrados desonestos ou com tal reputação, acusados de prevaricação. O presidente do Supremo Tribunal recusou obedecer ao governo, admitindo o seu ato, sob pretexto de que os decretos respectivos eram inconstitucionais, a aposentaria não podendo ser imposta e sim solicitada e provada a razão do pedido. Zacharias, o novo presidente do Conselho, que, aliás, sempre defendera no Parlamento os privilégios da magistratura, julgou-se contudo obrigado a manter a

---

35. *A Cultura Intelectual do imperador*, em *O Jornal*, 2 de dezembro de 1925.

D. Pedro I e d. Leopoldina, articuladora da Independência

resolução do seu predecessor e levou o presidente do Supremo Tribunal, que não queria transigir, a demitir-se para deixar outro, mais dócil, registrar os decretos de que o imperador fazia absolutamente questão.

Por ser discreta não era a intervenção de dom Pedro II menos obstinada. Ninguém o dissuadia jamais do que ele uma vez empreendia como um dever, do que considerava a sua tarefa. Christiano B. Ottoni, que não lhe era afeiçoado, bem ao contrário, não teve dúvida em confessar nobremente que a libertação dos escravos é "o diadema de luz com que o imperador aparece no tribunal da História" e conta que foi ele quem, numa longa conferência, decidiu Rio Branco, que a começo se escusava, a assumir a responsabilidade da medida legislativa que o imortalizou, e mais tarde quem persuadiu Dantas, receoso de tentar a partida por causa da falta de homogeneidade do Partido Liberal, a propor a alforria dos sexagenários. A opinião, ou antes o sentimento público, não fez mais do que ultrapassar a iniciativa da Coroa, prudentemente associada ao princípio de indenização, a qual não mais seria do que uma justa compensação dos ônus que pesavam sobre a propriedade escrava, sujeita a taxação, até a um imposto de captação cuja adoção foi obtida pelo senador Silveria da Motta, embora fixo e não progressivo como era seu desejo.

Quando o visconde de Itaboraí invocou como razões para excluir do programa ministerial e, portanto, da fala do trono a questão do elemento servil, a campanha estrangeira, a necessidade de sustentar com todas as forças a indústria agrícola, única do país, o imperador cedeu tão somente na aparência, mas não imolou seu propósito, e foi contando com o seu apoio que alguns deputados levantaram a questão na Câmara, Itaboraí negou ser partidário da escravidão; apenas sua extinção traria uma profunda transformação na vida social do Brasil, ofenderia direitos preexistentes à Constituição e que esta tinha reconhecido e garantido, ameaçaria a ordem pública e atacaria as fontes de produção e consequentemente da riqueza nacional. Era mister proceder com a máxima prudência, efetuar estudos preliminares, conceber medidas preparatórias para não abalar as bases sobre as quais repousava, havia mais de três séculos, a estrutura econômica do país.

Foi então que Teixeira Júnior (visconde de Cruzeiro) propôs a eleição de uma comissão especial de inquérito sobre o problema vital da organização social do Brasil, comissão que pouco depois ofereceu à consideração do Parlamento um projeto complicado, ao qual o governo opôs outro, libertando gratuitamente, isto é, sem indenização, os escravos da nação, ou antes, da Coroa, e ordenando que se fizesse a estatística e a matrícula de todos os escravos do país. A Câmara, por maioria, concedeu a preferência ao projeto ministerial e passou a outros trabalhos – foi mesmo uma sessão legislativa das mais laboriosas e fecundas, mas, no Senado, Nabuco de Araújo propôs um aditivo ao orçamento em discussão, mandando aplicar cada ano, do saldo da receita, mil contos para alforria de escravos de particulares. O imperador ao mesmo tempo comunicava ao presidente do Conselho que essa proposta merecia sua aprovação e que ele estimaria vê-la transformada em medida administrativa. Itaboraí, porém, insistiu pela adoção pura e simples da proposta orçamentária do governo, já aprovada pela Câmara, e pôde obtê-la integralmente da maioria do Senado, apoiando a situação conservadora. A minoria liberal opôs-se, contudo, por vingança à concessão de um crédito para prolongamento de uma estrada de ferro do Estado e declarou que dos debates intermináveis passaria ao emprego da obstrução parlamentar, recorrendo à falta de quórum. Sentindo que lhe faltava a confiança da Coroa – em 1870 –, o presidente do Conselho apresentou ao imperador a demissão coletiva do gabinete, que foi aceita, chamando dom Pedro II o marquês de São Vicente, com quem se ocupava desde algum tempo da necessidade inadiável de estancar a fonte que restava de escravidão no Brasil.

Na Guerra do Paraguai igualmente se fez sentir a intervenção imperial, havendo quem censurasse dom Pedro II por haver levado a campanha até a morte de Lopez e à quase destruição da República, ainda que sem tirar partido da derrota para engrandecer territorialmente o Império ou impor aos vencidos condições humilhantes e desonrosas. Houve, com efeito, um momento, ao que parece, em que Lopez se resignaria a demolir a fortaleza de Humaitá, ou mais precisamente as baterias que defendiam a passagem do Rio Paraguai e contra as quais se tinham esforçado durante mais de dois anos as armas dos aliados; a admitir a livre navegação fluvial e aceitar as fronteiras propostas e a apagar as despesas da guerra, contanto que permanecesse no poder, o que, aliás, constituía uma aspiração patriótica do povo paraguaio que se congregara em volta de sua pessoa para defender o solo nacional. O imperador, que não tinha queda alguma pelo heroísmo militar, não se deixou arrastar pela admiração do enorme sacrifício que tantas simpatias suscitava nos que contemplavam a luta do fraco contra o forte e só se contentou com o desaparecimento do ditador que sonhara com uma coroa platina e nutrira para alguns a ambição, que dom Pedro II nem admitia como verdadeira, de desposar a princesa Leopoldina do Brasil.

Os presidentes de Conselho, uma vez saídos do poder, eram os primeiros a dar livre curso ao que eles chamavam de o verdadeiro motivo da sua renúncia e que se revelava quase invariavelmente na vontade imperial. Alguns mais propensos às instituições vigentes, mais genuinamente conservadores, mais sinceramente monarquistas, como Itaboraí, usavam de maior reserva e em público declaravam razões frívolas, frequentemente o cansaço de alguns dos ministros, mas esses mesmos falavam baixinho que o "poder pessoal" pesava demasiado sobre a administração e arrefecia o zelo dos colaboradores do soberano pelo regime político constitucional que era o único a adaptar-se aos costumes, ao desenvolvimento material e moral e à integridade do Brasil. Se Itaboraí não acentuava mais o seu agravo é porque não queria trazer uma acha mais – já bastantes as havia – para a fogueira preparada para queimar e onde se pensava consumir até os alicerces o edifício da monarquia representativa. Seu bem entendido patriotismo vedava-lhe carregar mais material próprio para combustão. Outros não agiam com a mesma isenção e a mesma discrição. José de Alencar, que no gabinete Itaboraí ocupara a pasta da Justiça, tornou-se adversário, pode-se até dizer inimigo de dom Pedro II, porque este lhe ponderou, ao solicitar Alencar a aquiescência imperial, habitualmente impetrada pelos ministros da Coroa em semelhantes circunstâncias, para apresentar-se candidato às eleições senatoriais na sua província, que outros homens havia no Ceará mais antigos na política, aos quais inspiraria temor sua qualidade de membro do gabinete, e não sem razão, dada a florescência da pressão oficial. Alencar, irritado, demitiu-se para empreender a campanha sem apoio oficial. Conta-se que a causa da desconfiança bruscamente manifestada pelo imperador nessa ocasião foi o fato de Alencar, como ministro da Justiça, haver naqueles dias destituído o chefe de polícia do Pará, o qual, no exercício de suas funções, descobrira e denunciara ligações entre criminosos do Pará e habitantes do Ceará que eram influências eleitorais. O chefe de polícia queixou-se a dom Pedro II, que benevolentemente escutava a todas as reclamações e não tinha indulgência para os casos de corrupção e de violência nas eleições, apesar de julgar quase todo o seu pessoal político capaz de participar de vinganças e desacatos políticos.

  Severo para com os pecados dos que deviam dar o exemplo de justiça e do escrúpulo administrativo, era magnânimo para com as ideias e pôde com justo orgulho dizer nos seus últimos dias de governo que nunca fora obstáculo às ideias progressistas. Escreve um alto funcionário da República que "dom Pedro II ainda fez mais do que conservar o trono num país de aspirações republicanas, porque permitiu que a tendência democrática se desenvolvesse e criasse raízes profundas, assentando o seu trono sobre as sólidas colunas da Justiça, da Clemência, da Lei e da Democracia". Na terceira e última fase da ordem civil, de 1878 a 1889, o imperador, por uma evolução natural do seu governo ou pela desilusão de conservar para a sua sucessão o apanágio da sua dinastia, aderiu ao radicalismo constitucional e, em vez de fazer frente às dificuldades políticas, ou ladeá-las, contando com o tempo, cedia; chegou mesmo a capitular. Na questão militar, que não funesto influxo teve sobre a fraca disciplina do Exército e, visando a firmar os direitos das classes armadas, de fato conduziu ao desmoronamento do velho regime e à preponderância militar na organização do novo, entorpecida muito embora pela tradição de civilismo do país, dom Pedro II não reagiu e, portanto, de algum modo transigiu. Na sua repugnância à espada como instrumento do governo, e conquanto não fosse um jurisconsulto, enxergou no recurso judiciário a melhor arma de defesa da unidade moral, uma vez que a missão da Coroa fosse dada por finda pelos que corriam atrás de uma miragem republicana e federativa. Não que a monarquia fosse incompatível com a federação, já que ao federalismo, isto é, ao programa dos exaltados de 1831 se voltava, depois de percorrido um largo ciclo de ordem e de autoridade, e ao sistema representativo de novo se deparava o seu modelo avançado. A autoridade abrira gradualmente lugar para a liberdade. Em pleno consulado conservador, sob o gabinete Itaboraí, sendo ministro do Império Paulino de Souza, filho do visconde de Uruguai, o autor da lei reacionária de 3 de dezembro de 1841, a Câmara aprovou uma reforma dessa lei, satisfazendo até certo ponto a opinião, pois que reduzia ou restringia o arbítrio da polícia, e facultava uma garantia mais eficaz aos direitos civis.

A monarquia, que unificara o país, quase o deixou federalizado, alguns dos nossos estadistas julgando que seria o meio mais oportuno de evitar a República, que estava servindo de norte à agitação do espírito público e que, uma vez implantada, não trouxe à nação uma parcela mais de liberdade, ao contrário, tem-lhe subtraído algumas. Nos últimos anos do seu reinado, mesmo porque as forças físicas o iam traindo, o imperador não mostrava o menor apego às suas prerrogativas. Os presidentes de províncias perderiam todo caráter de prefeitos governamentais mandados a agenciar eleições, mas também o Senado, escolhido a dedo, ia deixar de ser o patriciado político que impressionava os bárbaros pela sua dignidade. Dom Pedro II parecia cada dia mais apegado à sua realeza científica do que ao seu poder imperial: sua tolerância exemplar e de todos os tempos ia ao extremo para um monarca de não maldizer das repúblicas e ao objetivismo digno de um espírito budista de analisar os argumentos do ponto de vista dos adversários, porque o contrário seria um subjetivismo despótico do pensamento. Não merecia o título de republicano teórico porque, melhor do que isto, o era na prática. Ser indiferente aos ataques e, pior ainda, aos juízos iníquos; entreter com espantos de outros soberanos, relações com inimigos das instituições, de dentro e de fora do país, nas quais revelava o supremo talento de não comprometer a sua majestade, era ainda assim menos do que nunca abusar da sua autoridade, mesmo porque a longanimidade para com os que o ofendiam era um traço de superioridade, tanto mais louvável quanto não estavam na sua

Primeira bandeira brasileira da República, de inspiração americana

natureza esquecer. Ressentia-se, porém, sem se vingar a este propósito da sua vontade, impondo-se à sua sensibilidade, levava-o a praticar as virtudes verdadeiramente reais do perdão e da misericórdia. A consciência do dever foi a regra por excelência da sua existência, e revestiu-o dessa notável coragem moral que ficará como um traço imperecível da sua memória e sobre o qual descansa a sugestão da sua grandeza de homem e de soberano. Ele sabia distinguir nos seus adversários e mesmo nos seus desafetos as predileções políticas e os atributos de caráter: era justo que a posteridade soubesse aproximar os formosos predicados que o exornavam e que reunisse sobre o mesmo pedestal o patriota e o justo.

O Brasil que ele deixou, de onde foi escorraçado em vida para ser recebido triunfantemente depois de morto, era um Brasil próspero e respeitado. A federação que com ele se haveria organizado com uma magistratura una teria sido mais bem delineada, mais bem arquitetada e não teria sido preciso escorar-lhe a fachada e proteger-lhe os alicerces.

O Império e a escravidão

CAPÍTULO V

Ao Império legou a colônia ou antes o Reino unido uma fecunda mas triste herança, a qual aquele não teve a coragem de renunciar: foi a instituição servil, eufemismo que na América do Sul, como na do Norte, serviu a tornar menos dura a expressão e menos acerba a evocação da condição social a que correspondia. Captiveiro se lembrava muito das lamentações bíblicas e da sorte menos cruel dos prisioneiros de guerra no mundo antigo. Escravidão é a palavra própria, mas frisava demasiado a aviltação de uma parte da humanidade. Servil é uma espécie de meio-termo, recordando a Idade Média mais do que os tempos clássicos e dando a posse da criatura por um seu semelhante um aspecto de dependência.

  O Brasil não tivera, para alcançar sua independência, de sustentar, como as colônias espanholas, uma luta porfiada pelas armas: se tivesse sido esse o caso, a abolição, então, teria se realizado pela mesma razão que a produziu nos Estados Unidos, onde, aliás, o Sul considerava a escravidão "a pedra angular do edifício social" e caracterizava a emancipação como "um atentado perturbador dos desígnios providenciais", pois que a Bíblia consagrava a instituição servil. O Norte pretendia uma transação mais encaminhando-se para um desfecho verdadeiramente cristão, e foi a resistência dos plantadores, indo ao ponto da separação, que provocou a reação do governo de uma União laboriosamente consumada, traduzindo-se pela medida extrema da proclamação libertadora de 1º de janeiro de 1863, cuja vestimenta humanitária encobria a represália das autoridades federais contra a insurreição.

Bolívar era pessoalmente mais idealista do que Lincoln. De antemão perfilhava qualquer ideia generosa; seu espírito nutria-se de ilusões igualitárias e de devaneios metafísicos que não prejudicavam o seu senso agudo das realidades políticas. Não teria, contudo, provavelmente denunciado a propriedade escrava se os grandes proprietários de terra não fossem em bom número espanhóis e, portanto, partidários devotados da mãe-pátria. Ainda assim ela durou na Venezuela até 1849, quando Monagas lhe deu o último golpe, que no Brasil só veio em 1888, mercê do caráter quase pacífico da sua secessão e das cautelas que exigia a organização economicamente agrícola de uma nacionalidade cujas exportações consistiam em produtos tropicais que requeriam o braço robusto do negro africano e do mulato da terra, dadas a extinção gradual do elemento indígena e a insuficiência do fator português em quem o comércio exercia muito maior, senão exclusivo, apelo.

Coube assim ao Brasil o inglório fardo de continuar a ser no decorrer do século XIX um dos países americanos de trabalho alimentado pelo tráfico – de direito até 1831, de fato até 1851 e mesmo depois. O espetáculo frequente dos navios negreiros não comovia uma população que, havia três séculos, se habituara a presenciar o desembarque da mercadoria humana com a indiferença testemunhada para o de qualquer outra. Pode-se, no entanto, bem imaginar o que devia ser a repetição dessas cenas nefandas. Um dos maiores oradores brasileiros, Ruy Barbosa, as descrevia na Câmara dos Deputados sob as seguintes patéticas cores: "Se Dante Alighieri tivesse vivido no século XVIII, colocaria o vértice dos sofrimentos inexprimíveis, o círculo ínfimo do seu Inferno no porão de uma embarcação negreira, em um desses núcleos de suplícios infindos que apenas poderia descrever a poesia sinistra da loucura; numa dessas gemônias flutuantes, ninhos de abutres humanos que a mão da mais perversa das malfeitorias espargiu durante trezentos anos no Atlântico, entre as cintilações da esmeralda e a safira do céu e do oceano".

O governo britânico, obedecendo desde os fins do século XVIII às preocupações filantrópicas que se casavam com as comerciais, pusera como condição ao reconhecimento do Império brasileiro a abolição do tráfico, e no tratado de 1826 ficou, com efeito, acertado que este cessaria em 1831, mas o interesse dos agricultores foi mais poderoso do que o respeito aos convênios internacionais, e aquele comércio prosseguiu sem interrupção nem diminuição. Em 1830 tinham-se importado 100.000 escravos: a lei de 7 de novembro do ano imediato não modificou por assim dizer sua importância. Ano após ano a Inglaterra reclamou do desleixo das autoridades brasileiras, muito da natureza de cumplicidade, e seus cruzadores caçaram em alto-mar aos que ela declarara piratas, até que, dizendo-se persuadido da ineficácia desse recurso, o Parlamento Britânico adotou o Bill Aberdeen, que, atentando contra a soberania imperial, concedeu aos navios de guerra ingleses a faculdade de perseguir e capturar as embarcações empenhadas no tráfico nas próprias águas territoriais do Brasil. Sir Richard Burton, que era um espírito de singular desassombro, qualificou esta lei[36] de "um dos maiores

---

36. *Exploration of the Highlands of the Brazil*, London, 1869, 2 vols.

insultos infligidos por um povo forte a um povo débil" e condenou vigorosamente sua vigência, mesmo depois de demonstrada a eficiência da repressão, agindo sob a convicção da necessidade e superioridade da colonização europeia. Uma comissão da Câmara dos Comuns publicou, em 1853, que a importação de escravos, que em 1847 fora de 56.172, em 1848 de 60.000 e em 1849 de 54.000, baixara em 1851 a 3.287. Em 1853 apenas entraram 700, a maior parte confiscada pelo governo; em 1854 um único navio negreiro foi capturado pelas autoridades na baía de Tamandaré (Pernambuco), sendo a carga posta em liberdade, e em 1862 o insuspeito ministro britânico Christie, partidário de atos de força, informava ao Foreing Office que o tráfico acabara por completo e seria impossível revivê-lo.

※

No Brasil nunca houve, pelo menos que o alardeassem, partidários da perpetuidade da escravidão, e a maneira progressiva e admirável por que foi resolvida a sua questão magna explica-se em boa parte pela sabedoria dos seus governos parlamentares e pelo ritmo dos seus partidos, e, mais que tudo, pela influência verdadeiramente moderadora que sobre a marcha dos acontecimentos e sobre a direção da opinião se fez sentir por parte do trono, chave das instituições. Deu-se no Império sul-americano o caso frequente na Inglaterra dos conservadores aplicarem, uma vez amadurecidas, as medidas preconizadas pelos liberais. A Lei Rio Branco de 28 de setembro de 1871, a Lei do Ventre Livre, não foi mais do que o projeto redigido em 1868 pelo senador Nabuco e destinado a ser submetido à discussão quando terminada a Guerra do Paraguai. Inspirara-o a Coroa, a qual já em 1866 sugerira os anteprojetos de Pimenta Bueno (São Vicente), enterrados pelo Conselho de Estado.

O imperador, justamente porque encarnava a ação prudente, foi alternadamente censurado pelos abolicionistas e pelos antiabolicionistas por haver, para uns, demorado, para outros, apressado a reforma fatal. Joaquim Nabuco mais de uma vez o castigou em discursos e escritos como um duro inimigo da liberdade da raça oprimida; Coelho Rodrigues, jurisconsulto e parlamentar de ideias conservadoras, imbuído dos princípios do direito romano, dirigiu-lhes as *Cartas de um lavrador*, em que se apontam os perigos de uma política mais vistosa do que circunspecta, com bastante senso prático e não pouca acrimônia. Em relação à resposta promissora de dom Pedro II à junta francesa de emancipação, o conselho Furtado a tratou no Senado de "fanfarronice abolicionista ou de vaidade à cata de louvores". De fato, não se enganavam os que atribuíam ao soberano um papel judicioso mas ativo neste ponto: seria iníquo privá-lo da simpatia de que é merecedor quem, em 1850, aos 25 anos, declarava, por ocasião de querer Eusébio de Queirós por cobro ao tráfico, que preferiria abdicar a manter-se à frente de um Império repelido pela humanidade.

Não veio naquela época à baila a substituição da instituição servil pelo trabalho livre, e os quinze anos que se seguiram, até 1865, foram de calmaria mascarada. Como e por que proceder no Brasil a uma reforma radical que aos Estados Unidos não se afigurava precisa? Ora, de 1850 a 1861 os escravocratas estiveram em Washington no controle do Estado. O dobre de finados da escravidão só se fez ouvir depois de finda a federação, mas os políticos que representavam os interesses ligados ao solo fechavam-lhe os ouvidos e só a raros espíritos especulativos ele pareceu um repique de esperança. Dom Pedro II foi um desses a fazer coro com os filósofos. Sondou constitucionalmente, mas sem felicidade, o marquês de Olinda, ao presidir o antigo Regente o seu último ministério, para que a emancipação fosse um dos tópicos da fala do trono. Zacharias de Goes e Vasconcellos, que subiu ao poder em 1866, mostrou-se mais acomodado: a campanha contra Lopez era, porém, um empecilho a todo andamento efetivo. Todavia no discurso de 1867 figura um parágrafo dizendo que o assunto não podia deixar de merecer oportunamente a atenção do Parlamento, o qual deveria proceder de modo que tomasse em consideração aos altos interesses que comportava a medida, ao mesmo tempo respeitando a propriedade existente, sem imprimir um abalo profundo na agricultura, a saber, a indústria capital do país.

O acolhimento dispensado à declaração concebida nesses termos precavidos não foi caloroso: foi antes frio, para não dizer hostil. Aliás, o assunto ia ser evitado pela rápida retirada do gabinete Zacharias, cujo chefe buscava um ensejo para demitir-se desde que o monarca formulara perante o Conselho de Estado a pergunta famosa – devia conservar o ministério ou conservar a frente do Exército em operações ao seu comandante em chefe, o marquês de Caxias, o qual mandava representações contra o governo? O voto do Conselho de Estado compelira o ministério a permanecer, mas o dilema imperial proposto fora de natureza a melindrar o orgulho e a sustentabilidade política de Zacharias, cujo caráter era altivo e independente.

O novo gabinete, conservador, de 1868, sob a presidência de Itaboraí, ocupou-se principalmente das finanças que a guerra tornara precárias. Houvera que emitir um empréstimo interno com juros de 6% ouro. Nesse ano a campanha paraguaia entrou na fase vitoriosa para os aliados, mas, pessoalmente, Itaboraí era contrário a toda e qualquer alteração no regime do trabalho; e o imperador não logrou convertê-lo às suas ideias, nem mesmo depois de Aquidaban, da morte de Lopez e da ocupação da República, quando as primeiras manifestações parlamentares secundaram a iniciativa do chefe de Estado. Perdigão Malheiro previamente advogou em substância a reforma que veio a vingar em 1871; Theodoro Machado, que, como ministro da Agricultura, referendou a Lei do Ventre Livre, propôs que fossem considerados libertos os escravos não matriculados; José de Alencar tratou de facilitar as alforrias pelo pecúlio do escravo e nos casos de sucessão fora dos herdeiros necessários. Tomando coragem, os liberais mais adiantados, guiados pelo senador Nabuco, alçaram o programa reformista e, no tocante à necessidade de emancipação, fizeram causa comum com eles alguns conservadores, como Teixeira Júnior (visconde de Cruzeiro). Aventou-se em projeto de lei que o governo fosse autorizado a retirar do saldo orçamentário e a empregar a soma de 1000 contos em alforrias, com preferência de mulheres e moças e também que, apesar da recusa do senhor, fosse outorgada pela autoridade a libertação do escravo que dispusesse de um pecúlio equivalente ao seu preço.

Sentido faltar-lhe sob os pés o terreno e não dispondo da simpatia imperial para a sua política de resistência, Itaboraí apresentou sua renúncia e o poder passou para as mãos de São Vicente, que não possuía grande desejo de tomá-lo, porque se achava um tanto fora da política, já não tinha familiaridade com os jovens elementos militantes e antepunha o gosto pelas controvérsias jurídicas aos debates parlamentares.

Não lhe acudindo o apoio liberal e impotente para preservar a união dentro do seu próprio partido, transferiu poucos meses depois o bastão de comando a Rio Branco, que rapidamente ascendia à direção suprema das hostes conservadoras, exceção feita aos "emperrados". A habilidade desse estadista era grande porque se compunha em doses iguais de lucidez de inteligência e firmeza de ação e realçava-a um singular magnetismo pessoal. A obra do gabinete de 7 de março de 1871 foi das mais fecundas na história do Império, levando a termo a reforma judiciária, promovendo consideráveis melhoramentos no ensino superior e no elementar, já fundando a Escola Politécnica e a Escola de Minas, abrindo cerca de 3.000 escolas primárias, procurando reorganizar o Exército e a Marinha, que a guerra deixara em condição de descalabro, e desenvolvendo a viação férrea. Nenhum serviço público prestado se pode, contudo, comparar com o da libertação do ventre escravo, e nenhum lhe foi mais difícil executar diante de uma oposição parlamentar que durante quatro meses não se desarmou e que abrangia adversários como Andrade Figueira, dialético formidável; Ferreira Vianna, mestre de ironia; José de Alencar, orador de surtos literários; Paulino de Souza, cuja tenacidade se dissimulava sob a suavidade da voz, dos gestos e dos métodos de discussão.

Com o intuito de iniciar sua filha – a princesa imperial dona Isabel – à faina do governo e de angariar-lhe popularidade, o imperador confiara-lhe a regência e partira para a Europa, que ainda não conhecia. Sentia-se seguro do resultado, embora a maioria ministerial fosse só de uma voz, o que facilitava a tática da oposição para prolongar os debates, demorar as votações e atrasar o desenlace do pleito que Rio Branco sustentava no Senado e o ministro do Império, João Alfredo Corrêa de Oliveira, na Câmara. Rio Branco prodigalizava-se em discursos de uma eloquência simultaneamente precisa e elevada, mais do feitio de convencer do que de arrastar, mostrando conhecimento profundo desse tipo de discussões e impressionando pelo estilo simples, puro e elegante mesmo nas suas imagens. Por sua vez, o *leader* taciturno, como chamavam João Alfredo, aparava todos os golpes, mostrava-se indiferente aos ataques, vigiava de perto a defesa, valendo-se das ocasiões proporcionadas para tirar vantagem dos descuidos do inimigo, levar de roldão a malevolência e animar os temerosos.

No meio da campanha, um ruidoso incidente parlamentar, motivado pela chamada à ordem pelo presidente da Câmara do presidente do Conselho, que usara em relação a um deputado de uma alusão julgada ofensiva à sua intemperança, determinou uma mudança na mesa. O novo presidente, Teixeira Júnior, pôs ao dispor da causa humanitária todos os recursos da sua sagacidade e experiência e encaminhou as discussões a feliz termo, arrostando as injúrias, a fúria da oposição a cada artigo da proposta para a qual se reclamava encerramento do debate. A violência jamais ultrapassou, porém, o recinto das sessões, isto é, confinou-se à oratória, e Rio Branco nunca se deixou ofuscar ou intimidar pelo brilho ou pela virulência da tribuna. Sempre pronto a revidar, nunca deixava a resposta para o dia seguinte, e a cada passo se erguia sua figura imponente de parlamentar inglês, acompanhado de gestos breves e raros a dicção clara e fluente, destacando-se a meia-luz da sala sua bela cabeça calva e seu rosto barbeado emoldurado pelas suíças brancas, enquanto o olhar luminoso mergulhava nas fileiras contrárias e uma argumentação cerrada e convincente decorria dos seus lábios finos. Assim o descrevem contemporâneos e narradores modernos de tempos idos. No Senado a contenda foi muito mais curta e muito menos animada. Os liberais, com Nabuco à frente, colaboraram com vontade, e Salles Torres Homem trouxe a contribuição da sua eloquência majestosa. A proposta foi aprovada em meio às aclamações e o chão do Senado ficou repleto de flores lançadas pelo povo das galerias.

As duas fontes da escravidão achavam-se estancadas: o tráfico e o ventre condenado. Faltava apenas prover ao destino dos que ainda sofriam sem grande esperança a lei cruel do cativeiro. Durante o tempo que os conservadores permaneceram no poder, a saber, até 1878, a questão ficou suspensa, aparentemente porque realmente chamejava no íntimo das consciências. O mundo marchara demasiado e com ele o Brasil, para que o resultado obtido pudesse ser julgado suficiente. A renovação da Câmara com a subida dos liberais fizera aparecer perante o país outros nomes e outras ideias. Joaquim Nabuco *primus inter pares*, pois se lhe agruparam alguns adeptos, jovem, formoso, talentoso, dotado de uma palavra fácil que sua cultura tornava particularmente atraente, sacudiu a Câmara e teria bastado para abalar a nação se a seu lado não tivesse se destacado José do Patrocínio.

Negro, como Luiz Gama, Ferreira de Menezes, André Rebouças, jornalistas e pensadores de mérito, Patrocínio foi um orador apaixonado e empolgante e um escritor exaltado e frenético. Dele disse um publicista que não houve nota alguma do teclado humano, desde as mais sublimes até as mais soturnas, que não passasse pela sua pena, compondo uma sinfonia terrífica em que subiam as mais altas aspirações espirituais, gemiam as mais angustiosas lamentações da raça desgraçada e reboavam as mais pungentes imprecações. A liberdade, o trabalho, a dignidade da espécie, a resignação, a piedade, o perdão, a caridade, a submissão, a lisonja, a mentira, a calúnia, a confissão da falta cometida, o arrependimento, a fadiga, a dor, a revolta, o crime – tudo passara num turbilhão ferindo todas as gamas, levando a cada ouvido a impressão que o devia fazer vibrar[37]. O romantismo não possuiu na verdade um mais acabado exemplar.

A eleição direta, que os liberais apregoavam como uma panaceia e que foi realizada em 1880 por Saraiva, sucessor de Sinimbu, poderia certamente purificar o sufrágio, convertê-lo em uma expressão mais sincera e mais exata da vontade nacional, mas havia outra coisa mais urgente e mais nobre a tentar, que era a liberdade, mais do que de uma classe ou casta, mas de toda uma raça, cujo sofrimento era mais premente do que o do voto. Um breve trecho tratava-se, aliás, da batalha entre os abolicionistas e os denominados escravocratas, os dois extremos de uma sociedade política, cujo meio era ocupado pelos emancipadores ou abolicionistas modernos, prudentes, oportunistas e conciliadores.

Em toda a última fase da agitação, de 1880 a 1888, reinou um sério mal-entendido que só bem mais tarde se tratou de esclarecer e que então não se procurou desmanchar. O cerne da questão era a indenização, e, no entanto, essa palavra nunca foi claramente articulada, a tempo de ser resolvido o problema. Os abolicionis-

---

37. Tobias Monteiro, *Pesquisas e Depoimentos*, Rio, 1913.

tas puros não queriam ouvir falar nela, o que não faz crédito à sua noção de equidade, à sua previdência econômica e à sua capacidade política: os seus adversários, ou pelo menos os representantes no Parlamento dos proprietários territoriais mais dotados de senso prático, não confessaram francamente que sua resistência cederia se o respeito à propriedade escrava confortasse aquela consequência. A sentimentalidade luso-brasileira é assim tecida de um lirismo abstrato e sua atividade tolhida por um falso acanhamento.

À medida que se urdia tal mal-entendido, desenhava-se e acentuava-se um contraste geográfico entre Norte e Sul, como nos Estados Unidos, se bem que obedecendo a causas diferentes. Os Estados do Norte tinham entrado para a União Americana com o caráter de livres; as províncias setentrionais brasileiras tendiam, a pesar seu, para igual regime porque a gradual decadência da cultura da cana (um instante compensada durante a Guerra da Secessão pelos altos preços do algodão, produto da caatinga e do sertão) provocava uma vinda progressiva de trabalhadores escravos para os cafezais cada dia mais prósperos do Sul. A grande propriedade ali se expandia, quando em outra parte o país minguava. O Ceará especialmente, que em 1877 e 1878 passara por uma das crises de seca mais terríveis da sua lamentável história econômica, sob alternativas climatéricas, preparava-se um tanto forçadamente para justificar o título de "terra de luz" com que Patrocínio lhe acenara quando ali fora em propaganda abolicionista. A "pátria livre" começava a seduzir a maioria dos espíritos. Os gabinetes liberais que se sucediam no poder e que resultavam efêmeros tinham começado por cerrar os ouvidos ao trovejar ainda longínquo, mas tinham acabado de admitir a necessidade de satisfazer a opinião despertada e alerta.

Os ministérios presididos pelo marquês de Paranaguá (1882) e Lafayette Rodrigues Pereira (1883), contando para este fim com as boas graças imperiais, pensaram em avolumar o fundo de emancipação, em estabelecer um imposto de transmissão sobre as vendas de escravos e até em abolir o tráfico interprovincial. Faltava-lhes, porém, o fogo sagrado. As assembleias provinciais do Ceará e Amazonas foram além dos seus programas platônicos e votaram a proibição da exportação de escravos. Logo após ambas as províncias decretaram sua inteira libertação da instituição servil, exemplo que não poucos municípios de outras províncias imitaram. O ano de 1884 marca o auge da campanha. A escolha do sucessor de Lafayete girou toda ao redor da questão. Dos marechais do partido liberal, Saraiva, o que dom Pedro II preferia, não se julgava com força bastante para atingir o alvo sem graves perturbações econômicas e políticas; Sinimbu, o Nestor, considerava o problema já resolvido pela lei de 28 de setembro de 1871; Affonso Celso, o de mais luzes, punha acima de qualquer outra a questão financeira, embora não se esquivando a ampliar a ação da lei de emancipação existente por meio de disposições complementares, uma vez que não afixassem um radicalismo revolucionário. Dantas, mais progressivo, ou mais flexível, ou mais cortesão, segundo o denunciava a oposição reacionária, foi o único com valor para aceitar a tarefa e pôs valentemente mãos à obra, para transformar numa medida governamental o que estava em vias de degenerar numa arruaça. O seu lema foi "nem retroceder, nem parar, nem precipitar".

O conselheiro Dantas possuía, mais do que qualquer outro dos homens políticos do momento brasileiro, o dom do encanto pessoal, aquilo que os americanos chamam o *magnetismo*. Sua aptidão política era notória: tanto sabia cercar-se de homens de inteligência e aproveitar-lhes o engenho, como ocupar-se dos interesses, mesmo dos pequenos negócios dos seus correligionários para quem o chefe do partido deve agir como um *deus ex machina*.

Orador abundante e de recursos, tinha a maneira comunicativa, a faculdade de enternecer, e tocava, na perfeição, o instrumento da simpatia. A cordialidade parecia uma manifestação espontânea da sua bonomia característica. Joaquim Nabuco dele dizia que fazia pensar em Gladstone, pelo liberalismo do seu temperamento de homem de Estado, cada dia mais inclinando a escutar a opinião pública e a empreender reformas ousadas. Em suma, era o homem indicado para chamar a si o sentimento popular, guiar os moços ao assalto e afrontar as dificuldades por pura ambição de glória.

O imperador não só lhe concedeu toda liberdade de ação como lhe prometeu todo o apoio constitucional. Falou-se de um "pacto" entre o soberano e o presidente do Conselho, cujo programa compreendia, além da extinção do tráfico interprovincial e da conversão do fundo de emancipação, para o qual só atribuíam os senhores de escravos, em uma fonte alimentada por um imposto geral, um artigo novo, que era a libertação incondicional dos escravos sexagenários. Segundo o cálculo do governo, o número total da população servil era então de 1.211.946. A matrícula de 1873 acusava 1.541.819, havendo a deduzir 195.348 óbitos, 115.625 alforriados pelos particulares e 18.900 alforriados pelo Estado, por meio do fundo oficial. Muitos dos sexagenários, registrados após a abolição do tráfico africano, não tinham, porém, a suposta idade, e a disposição envolvia "uma negação, se bem que parcial, do direito de propriedade do homem sobre o homem"[38], a qual poderia ser facilmente estendida. Compreende-se que os conservadores "emperrados" e a dissidência liberal que compartilhava sua política recebessem essa inovação perigosa com vibrantes ataques, servindo o célebre "pacto", julgado anticonstitucional e que Dantas explicava como um mero encontro de ideias para tema de diatribes contra o próprio monarca, "eleitor dos seus ministros", na frase de Andrade Figueira.

---

38. Evaristo de Moraes, *Dom Pedro II e o movimento abolicionista*, em *O Jornal*, 2 de dezembro de 1925.

Último retrato de d. Pedro IV, Pedro I do Brasil, em Portugal, pouco antes de sua morte.

O velho espírito republicano recebia, assim, um estímulo inesperado, procedente de arraiais onde não se podia suspeitar que medrassem predileções democráticas.

No Conselho de Estado Paulino de Souza, um dos chefes conservadores aventurou-se na proposta da indenização: conforme ponderou, a propriedade escrava era legal e sua legitimidade não podia juridicamente ser posta em dúvida. A unanimidade, por assim dizer, dos conselheiros – menos um – professava essa opinião, com variantes nos pareceres ou nos meios da solução do problema. A indenização teve o seu instante de possibilidade, mas Affonso Celso desvendou um outro aspecto grave da reforma: a condição servil de fato desapareceria, pois que os escravos de *menos* de 60 anos ficariam *statu-liberi*, aguardando apenas a idade legal para se emanciparem.

Não podendo ser formulada como proposta do Executivo, porquanto criava impostos novos e modificava os existentes, o que constitucionalmente competia à iniciativa parlamentar, a medida foi apresentada como proposta pelo deputado Rodolpho Dantas, filho do presidente do Conselho e herdeiro dos seus dotes. Os sexagenários permaneceriam a cargo dos senhores se ainda lhes pudessem prestar alguns serviços, a cargo do Estado se fossem inválidos. Uma nova matrícula, comportando uma taxa fixa, importava na emancipação *ipso facto* dos escravos que não fossem a ela sujeitos. O valor máximo do escravo de menos de 30 anos era arbitrado em 800$000 (£ 80 ao câmbio par). Estabeleciam-se um imposto sobre a propriedade escrava, 5% nas cidades maiores, de 3% nas vilas e de 1% nos campos; a revisão dos impostos de transmissão da propriedade já qualificada de anômala; e a cessação do seu comércio de uma para outra província.

Tanto mais complicada e tempestuosa se anunciava a situação quanto era das mais precárias a maioria governamental, a qual se deslocava a cada votação. O gabinete só aceitava que fosse posta a questão de confiança a propósito da reforma servil, ponto essencial do seu programa; à oposição isso parecia constituir uma ofensa ao regime parlamentar, desde que um gabinete não passava de uma comissão das Câmaras, que podiam livremente escolher o terreno de combate. A dialética entrou em jogo, os sofismas pululuaram, mas Dantas fez frente aos adversários, recusando-se a travar batalha fora da discussão essencial. O resultado lhe foi, todavia, desfavorável. A maioria hostil contou 59 votos; a minoria fiel, 52. A dissolução estava de antemão concedida e o gabinete o sabia quando o seu chefe a solicitou da Coroa, fazendo ver que a discussão da proposta não fora sequer iniciada e que era o caso de a nação pronunciar-se em última instância. Assim o resolveu o imperador, discordando do Conselho de Estado. No que se concordou foi que, antes de tornar efetiva a dissolução, se tratasse de obter da Câmara os meios de governar, isto é, os créditos necessários à administração, porque a discussão do Orçamento ficara suspensa. Podia-se intitulá-la dissolução a prazo, e contra ela desfecharam golpes desapiedados dois dos mais ilustres deputados conservadores.

Andrade Figueira pretendia que se negasse tudo ao governo, um governo imposto à nação por um "poder faccioso", qual se tornaria a Coroa se se obstinasse em protegê-lo, assumindo a responsabilidade de uma ditadura financeira. "Se os contribuintes – não hesitava ele em exclamar da tribuna – se recusarem a pagar os impostos, eu preferirei esta revolução à revolução da rua, que o governo favorecia contra as gentes de bem." Subia, pelo que se vê, o diapasão, e as palavras refletidas e serenas de Paulino de Souza não lograram deter as sátiras mordazes de Ferreira Vianna contra o chefe do Estado. Paulino declarara com gravidade: "O Partido Conservador dá ao governo o exemplo da prudência, do patriotismo, da sinceridade da sua adesão à causa, que o mesmo governo compromete, da monarquia representativa constitucional no Brasil". *O enfant terrible* da grey, despindo a cordura monástica que simulava prezar, longe de aceitar o sacrifício preconizado no altar dos princípios, repelia a mansuetude como norma política e insurgia-se contra a votação de qualquer crédito como o único meio à sua disposição para extravasar sua indignação contra o "príncipe conspirador".

Os protestos suscitados pela censura injuriosa que anunciara essa expressão não o intimidaram, antes lhe forneceram o impulso de que carecia. A Câmara, ora surpresa, ora tripudiante, teve de ouvir até o fim essa filípica, mais precursora da República do que os artigos estudados de Quintino Bocaiuva ou os discursos declamatórios de Silva Jardim: "Liberais e conservadores, republicanos, homens de todas as seitas, congregados em redor do estandarte da liberdade constitucional, é tempo de sacudir o jugo de uma onipotência usurpadora e ilegal, que arruinou todas as forças vivas da nação... Estou farto de representar um papel nesta comédia política. É um cenário dos mais tristes, em que só se agitam espectros e uma única realidade. Esse poder onipotente e solitário aflige-me, irrita-me, e por mim quero fugir a todas as tentações... Se fosse mais moço, saberia porventura lavrar o protesto com meu próprio sangue, porque a liberdade vale bem

Aurélio de Figueiredo. Comoção e espanto na abdicação de d. Pedro I

tal preço...". A provocação iníqua era digna da oração: "Quarenta anos de pressões, de arbítrio e de vitórias incruentas do poder armado contra a opinião desorganizada do país; quarenta anos de desfalecimentos, de submissões, de murmúrios, de tímidos protestos; quarenta anos de usurpações bem-sucedidas, de liberdade constitucional quase suprimida, terão talvez animado o poder até fazê-lo arrostar a opinião do país e desferir sobre a Câmara o golpe mortal da dissolução. Sobre as ruínas da primazia popular, o novo Cesar caricato ousa insuflar coragem nos que hesitam ou temem, repetindo: *Quid times? Cesarem non vehes!*".

Semelhante discurso, ou antes verrina, contra as "mentiras e perfídias" de um príncipe tão nobre e tão leal não deixava por certo prever que quatro anos mais tarde o orador seria ministro da Justiça de um governo conservador, organizado para abolir a escravidão imediatamente e sem indenização, que ele defenderia com a mesma eloquência. Em 1884 ele ajudara como ninguém mais a arrastar para a arena eleitoral o imperador sem o menor respeito dinástico e sem sombra de equidade, porquanto o monarca queria o pleito nas urnas tão livre e tão franco quanto o de 1880, sob o gabinete Saraiva, em que ministros foram derrotados. Sua fiscalização foi minuciosa, quase impertinente com relação aos atos do governo e dos presidentes de províncias, seus delegados. O senhor Tobias Monteiro, que comentou inteligentemente esses episódios, teve em suas mãos 29 cartas ao presidente do Conselho, nas quais dom Pedro II não cessava de censurar as transferências de juízes (a magistratura era então uma) e de outras autoridades, e as solicitações oficiais de votos; de aconselhar a mais completa abstenção dos pró-cônsules; de prevenir qualquer interferência da força pública, exceto para manter a ordem; de defender a independência de opinião de todo funcionário público. Sua atividade infatigável de tudo inquiria, de tudo se informava, procurando evitar as faltas ou pelo menos reparar os danos. Nunca um chefe de Estado foi mais do que ele pastor do seu povo.

Tornavam-no responsável da espoliação que se dizia preparada com atribuir-lhe a principal iniciativa da reforma. Quando negou a Dantas o ministério, desprestigiado logo por ocasião da verificação de poderes e alvo de uma moção de desconfiança, uma segunda dissolução, o outro lado alcunhou-o de tartufo da emancipação e paladino da escravidão. Proceder diverso da Coroa teria seguramente provocado uma agitação revolucionária, que já se deixava pressentir nas vaias e arruaças, uma vez que já andavam exacerbados os ânimos, tanto se mostrava enfurecida a classe agrícola e tão claramente se desenhava a crise financeira. Já era muito tarde para fazer vingar a ideia de indenização. Questão de pessoas ou questão de princípios o Parlamento manobrava para trás ao manifestar-se persuadido de que o governo não podia "garantir a ordem e a segurança públicas, indispensáveis à solução do projeto relativo ao elemento servil".

A minoria apregoava-se coarcta: nas palavras de Joaquim Nabuco, a Convenção francesa invadida pelas seções da Comuna não se sentia mais ameaçada do que a Câmara brasileira naquele momento. As recordações da Grande Revolução são de um efeito sempre seguro numa assembleia latina. É uma tragédia que prima no repertório.

Fizera-se, contudo, impossível não conceder satisfação à opinião humanitária e mister era achar um acordo para retardar a emancipação imediata e incondicional que se tornara o lema do partido abolicionista depois que os seus antagonistas tinham demonstrado que "disputavam a liberdade ao túmulo", recusando-se libertarem os veteranos da escravidão. Na situação que tinham criado perante o país os conservadores não poderiam ser chamados ao poder. Seria o recuo. Saraiva, o chefe liberal, organizou um ministério de transação, melhor se diria de transição, apoiado pela dissidência do seu partido e poupado pelos contrários, adotando estes o que se poderia chamar um estado de neutralidade benévola. O projeto concebido pelo novo gabinete era uma paródia do anterior: libertava os escravos de 65 anos, em vez de 60; fixava uma tabela decrescente, entre 1 conto de réis e 200.000 réis (talvez umas 15 libras ao câmbio da ocasião), do valor da mercadoria humana, baixando com a idade, e mandava proceder a nova matrícula.

Uma vez apresentado e quando não havia dúvida de ser perfilhado, Saraiva não aguardou nenhuma outra possível manifestação de desconfiança e retirou-se, passando o governo logicamente aos conservadores sob a direção de Cotegipe, presidente do Senado.

Toda tentativa de resistência já podia ser qualificada de capricho. Os interesses particulares dos senhores de escravos mereciam consideração porque em muitos casos nessa propriedade humana consistia no melhor, ou antes, único dos seus haveres para exploração das suas terras. A desorganização geral do trabalho trazendo a ruína econômica do país já deixara, porém, de ser um espantalho. Com a abolição do tráfico verificara-se o acréscimo do desenvolvimento material do Brasil ao ponto de o saldo comercial passar a ser favorável à exportação de 1861 em diante e assim progredir notavelmente depois da emancipação dos nascituros e da diminuição da proporção do braço escravo. Cotegipe era um mestre da política, porque tinha o sentimento dos interesses dos seus concidadãos e das correntes da opinião, mas era igualmente um mestre da ironia, associada a uma notável sagacidade. Suas respostas eram tão prontas quanto eram lúcidos os seus golpes de vista. Muito senhor de si, na tribuna ou no gabinete, ora os irritava com as locuções pitorescas e até plebeias com que polvilhava os seus discursos, pronunciados com uma lentidão calculada e a preocupação das expressões apropriadas. Não se lhe dava de fazer caretas, brincando com a luneta, com o lenço, com o lápis, com os papéis ao seu alcance, não lhe bastando o jogo da fisionomia ladina. Sua fealdade inteligente, sua cara de servidor astucioso da comédia clássica, por vezes se guindava a exterioridades de desdém aristocrático. Sempre dele se esperava uma zombaria, e, por vezes, o que saía dos seus lábios era uma observação profunda, quando não a condenação de uma visão profética que fazia duvidar do seu ceticismo habitual, o qual sobretudo se manifestava por uma maneira muito dele. Com uma constante naturalidade e uma clareza elegante timbrava em ocupar-se com gravidade dos assuntos frívolos e com frivolidade dos assuntos graves[39], dando mostra de uma filosofia de vida contraditória, buliçosa, divertida, ocultando os aspectos sombrios sob os aspectos joviais.

Com relação à questão da abolição, a duração do ministério Cotegipe foi assinalada pela luta final entre o espírito de reação, que queria fazer vingar a imobilidade, e o espírito de progresso, que, mais audacioso, se tornava e dispunha de melhores trunfos. Não mais se tratava da legalidade da emancipação completa, apenas de oportunidade da sua cessação, quanto ao direito, desde 1866, pelo menos, que Perdigão Malheiro estabelecera que a propriedade escrava não era de direito natural e sim criação do direito civil e, conforme acrescentara outro jurista, São Vicente, não correspondia, a um princípio necessário, representando um privilégio, uma exceção feita ao direito comum. A agitação generalizara-se. Do Norte ganhara o Sul. A pena de açoites, ainda no código negro, teve de ser extinta. Os escravos – e o Sul era a região das grandes escravarias – puseram-se a desertar das plantações, a tal ponto que se formaram quilombos e que só em Santos houve numa ocasião 12.000 desses refugiados. Os grandes proprietários de fazendas de café já se resignavam publicamente a que a instituição servil fosse mantida apenas por três anos mais, a

---

39. Affonso Celso, *Oito Anos de Parlamento*.

fim de melhor prepararem o advento do trabalho livre. Alguns alforriavam de uma vez todos os seus escravos. Os senadores liberais aderiam na sua maioria ao projeto de abolição total para a data de 31 de dezembro de 1889, quando ficariam livres os 720.000 escravos ainda existentes. Nabuco e os outros abolicionistas arrastavam o trono para a arena, afrontando o imperador e adulando a princesa regente quando dom Pedro II, enfermo, embarcou de novo para a Europa saudado pelo artigo famoso de Quintino Bocaiuva – *O esquife da Monarquia*. O exército, finalmente, reclamava da Coroa, em nome da humanidade e da caridade cristã, que os soldados não fossem torpemente empregados em perseguir negros fugidos. De indenização não se fazia sequer menção como justa compensação dos prejuízos acorrentados à lavoura pela reforma que se impunha. Era um eclipse total o que devia ocultar a mancha negra.

A princesa dona Isabel, como mulher e mulher de grande coração, era a favor da abolição e não dissimulava suas preferências, antes as patenteava, manifestando-se até de todo alheia a preconceitos de cor. Os republicanos faziam causa comum com os abolicionistas, mas procurando envenenar todos os incidentes, tirar partido deles e englobar na mesma miragem todas as liberdades. Infelizmente para a monarquia, na questão abolicionista, que lhe ia alienar a propriedade agrícola, o arcabouço social do país, enxertou-se por esse tempo a questão militar, ajudando a transformar em política uma crise que devia ser exclusivamente econômica. A regente levada pelos seus sentimentos e por alguns conselheiros de pensamento leviano julgou que procedia com acerto e assegurava o futuro da dinastia, despedindo um gabinete que, defendendo-se, defendia as instituições com a energia calma que era o apanágio do seu chefe, o qual habilmente tratava com indulgência, para não o irritar mais, o espírito de insubordinação e de indisciplina, tão espalhado já, por um efeito atávico, que a prisão, aliás arbitrária, de um oficial reformado levara os seus companheiros de classe na atividade a reunirem-se no Clube Naval e armarem os marinheiros da tripulação de guerra para atacarem de noite os policiais[40].

A correlação da instituição servil com a instituição monárquica é fácil de compreender. Os conservadores mais ferrenhos tinham-se esfalfado em denunciar o soberano, atraindo sobre ele o ódio dos senhores de escravos; agora fora a vez dos ultraliberais denunciá-lo ao rancor popular, concordando uns e outros em apresentá-lo como um tipo de astúcia, de maquiavelismo, de despotismo e de indiferença oriental. A retórica pode ser a mais mentirosa das artes. Ninguém foi mais iconoclasta da grande figura imperial que a sorte proporcionou ao Brasil para prestigiar a nacionalidade do que Joaquim Nabuco, que julgou depois expiar sua falta com alguns anos de fidelidade à memória do regime que ele tanto ajudara a demolir. Em 24 de agosto de 1885 bradara ele da tribuna da Câmara, qual novo Timandro, que "o problema servil, que era de dignidade para a nação, mas de vergonha para o trono, essa tarefa divina e humana que os dois grandes libertadores, o absolutismo e o da república, Alexandre II e Lincoln, tinham resolvido em 24 horas, não merecera do imperador do Brasil nem um minuto das suas preocupações; por amor dela não correra risco algum; 45 anos tinham decorrido sem que houvesse pronunciado uma palavra sequer que a história tivesse podido registrar como uma condenação formal da escravidão pela monarquia, um sacrifício da dinastia em favor da liberdade, um apelo do soberano ao povo em prol dos escravos. Nada, absolutamente nada, e agora que os dez anos próximos, os últimos da escravidão, serão provavelmente também os últimos do Im-

---

40. Tobias Monteiro, op. cit.

pério, nesse espaço de tempo equivalente ao antigo *interregnum* das monarquias eletivas, porque nas monarquias populares, não obstante todas as Constituições escritas, é então que se estabelece definitivamente o direito de sucessão, o imperador, no meio da agitação abolicionista e no dia imediato ao das eleições mais disputadas que jamais tiveram lugar neste país, substitui o partido que comparecera perante os eleitores em nome da liberdade, chamando a si o patronato dos escravos, pelo partido que não se propôs no Parlamento senão a ser o agente e defensor da escravidão, quer dizer, volta-nos as costas, a nós que fomos acusados de ter com ele celebrado um pacto, no próprio dia da derrota que nos devia ser comum e estimular a lealdade de um poder... que não pôde deixar de ter a consciência de que, sacrificando-nos pelo país e pelos escravos, nós servíamos diretamente, se bem que desinteressadamente, à causa do *único* trono americano".

Quando o gabinete Cotegipe teve de se demitir por lhe faltar publicamente a confiança da Coroa, retirada ao seu delegado, o chefe de polícia da Corte, dos três principais vultos do Partido Conservador, dois, o ex-presidente do Conselho e o senador Paulino, entendiam caber aos liberais a vez de governar de novo, mas a princesa regente, que porventura vacilaria entre os diferentes marechais da oposição, pensara desde algum tempo no senador João Alfredo e nem julgou conveniente consultar a tal propósito o barão de Cotegipe.

João Alfredo Corrêa de Oliveira possuía, aliás, muitos predicados para levar a cabo do melhor modo a reforma que já se fizera indispensável. Era como parlamentar um mestre de estratégia, que sabia imolar às vãs vaidades oratórias os triunfos positivos das votações. Sem dispor da autoridade quase sacerdotal, conforme a qualificar o senhor Tobias Monteiro, do senador Paulino de Souza sobre o seu grupo, desfrutava de prestígio mais amplo, proveniente da sua experiência de administração e da sua longa associação no governo com o visconde do Rio Branco, tendo criado a estatística e mandando proceder ao primeiro recenseamento. Como preferia agir a falar, e esse traço é raro entre os latinos e raríssimo entre os latino-americanos, supunham-no geralmente destituído de eloquência, e o senador Silveira Martins, vibrante orador rio-grandense, designou-o um dia da tribuna como membro da Academia dos Silenciosos da Pérsia, mas teve ensejo mais para diante de mostrar que lhe não faltava, quando era necessário, o dom da palavra e que saberia fazer bom uso da sua extraordinária memória, que conservou até depois dos 80 anos, das suas aturadas leituras, dos seus variados conhecimentos de história e de economia política. A sessão legislativa de 1888 foi cheia de imprevisto e de discussões animadas e mesmo violentas pelo feitio pessoal que assumiu. Ficou célebre o torneio entre Lafayette e João Alfredo, no qual o presidente do Conselho brilhou no primeiro plano, revelando-se um orador severo, correto, nunca se deixando apanhar de surpresa, inspirando confiança aos seus partidários, da mesma forma que se sabia impor aos seus adversários.

João Alfredo fora apologista da indenização, mas a ideia da abolição caminhara com demasiada rapidez para que o gabinete, apesar de conservador, julgasse prudente insistir nela. Ficou famosa a frase de Joaquim Nabuco na Câmara de que os escravos não eram liberais, sendo-lhes indiferente que este partido adverso os redimisse do cativeiro. O momento era tal, disse ele num assombro faccioso, que se tornara tão impossível distinguir a voz dos partidos à beira da catadupa dos destinos nacionais quanto ouvir o zumbido dos insetos atordoados que esvoaçavam sobre as quedas do Niágara.

Apreciando os acontecimentos a uma luz costumeira e segundo o critério ordinário do sistema parlamentar, houvera, na verdade, na exigência pelo poder moderador da demissão do magistrado que à testa da polícia se mostrara capaz de fazer frente à desordem e era por isso verberado pelas folhas da oposição e pelos díscolos de farda, uma invasão na esfera do Executivo, responsável pela ordem pública. Fora aliás um simples pretexto da Coroa para substituir um ministério que gozava do apoio da Câmara e do Senado por um outro ministério, reflexo da sua política. O barão de Cotegipe apontou o episódio, em discurso, como "fato único na nossa história parlamentar" e o chefe liberal Silveira Martins deu-lhe o nome de "conspiração do Paço". Joaquim Nabuco justificara como "erro do Imperador" a recusa de conceder ao gabinete Dantas uma segunda dissolução da Câmara e de prosseguir com o mesmo governo até ultimar a abolição, o que na sua opinião teria poupado ao país três anos de agitação estéril ou antes prejudicial à causa monárquica. O imperador, no seu papel de arbítrio constitucional, quisera, porém, sondar o juízo nacional e não afrontar os espíritos conservadores, sob pretexto de que o princípio de legitimidade da propriedade escrava fora declarado moralmente caduco, com a realização de uma reforma de natureza revolucionária, pois que assim suprimia, pela intervenção de um poder superior e alheio às lutas partidárias, o que tinha ainda caráter de legalidade. Resta, aliás, saber se o eleitorado acompanharia a Coroa na sua arriscada iniciativa.

Erro politicamente mais grave cometeu, no parecer de outros, a regente chamando um segundo gabinete conservador para executar a medida legislativa radical a que o primeiro era contrário. O Partido Conservador, esteio principal das instituições, foi assim separado em duas partes e, quando um ano depois os liberais subiram ao poder, viram-se impedidos pelo seu próprio espírito e pelas suas próprias doutrinas de proporem uma indenização que teria ditado silêncio à lavoura e obstado à sua conversão por despeito à ideia republicana, mas que repugnara aos conservadores. Silveira Martins perguntava com razão no Senado onde iriam os liberais fincar sua bandeira reformista se os conservadores desertavam da sua tradicional. "É nada menos do que a estrada da revolução, porque o partido da liberdade não pode ficar atrás daquele ao qual caberia naturalmente a repressão." E ajuntava que todas as reformas estavam de uma vez em debate, mesmo a federação. Foi, com efeito, o que aconteceu.

Os liberais, que tinham com Dantas envidado esforços ingratos, mereciam ter tido a honra de completar a grande transformação social. Os abolicionistas colocavam, porém, seu ideal acima do ciúme dos partidos. Um ano, aliás, havia que João Alfredo, chefe nortista, celebrara aliança com o chefe conservador de São Paulo, Antônio Prado, rico fazendeiro mas partidário devotado da abolição e político tão pouco imbuído de devoção monárquica – o que os ingleses chamavam *loyalism* – que num discurso pronunciado ao tempo em que ocupava a pasta da Agricultura não hesitara em referir-se com desdém aos "ouropéis da realeza". A maioria conservadora da Câmara evoluíra também no mesmo sentido e o projeto de abolição imediata e incondicional, adotado sem discrepância pelo gabinete, foi apresentado no Parlamento em 8 de maio e promulgado no dia 13. Na Câmara, 83 votos o aprovaram, contra 9. Joaquim Nabuco teria até desejado um voto por aclamação, imitado da Convenção Francesa. Como Andrade Figueira, o campeão da resistência legal, seguisse protestando, sem se desviar uma polegada do seu ardor insolente, Nabuco lançou-lhe o epíteto de "coração de bronze"; o outro retorquiu falando dos "corações de lama".

João Alfredo teria estimado, se possível, achar um meio de tornar a situação menos penosa para a classe agrícola. Falara-se um instante em preservar nominalmente a condição servil para um curto prazo, de três a cinco anos, seguido de uma aprendizagem de trabalho livre e remunerado com salário, por parte dos antigos escravos. Qualquer demora ou obrigação, temporária que fosse, não era, contudo, mais admitida pelo entusiasmo popular. Arredou-se até o alvitre da obrigação para os ex-escravos de residirem durante algum tempo nos municípios do seu domicílio, a fim de evitar a vagabundagem e as desordens. Cerca de um ano mais tarde, diante da ruina de muitos plantadores, reapareceu na tela de discussão, trazida pelo barão de Cotegipe e por Lafayette – este, antigo republicano –, a possibilidade da indenização, mas sem a menor esperança de ser atendida a sua reclamação.

Ao ter conhecimento em Milão, onde o prostrara gravíssima enfermidade que quase o vitimou, da consumação da abolição, dom Pedro II exclamou, ao que se conta: *Grande povo!* Uma vez, de regresso, e vendo de perto a situação tensa criada pelo lirismo dos abolicionistas extremados, observou, porém, que se tivesse estado presente as coisas não se teriam talvez passado de igual modo.

Ele não acreditava como apregoava Joaquim Nabuco que se houvesse por tal preço cimentado a união do trono e do povo. Melhores videntes julgavam, ao contrário, comprometida seriamente essa união. Está na memória pública a oração memorável de Cotegipe no Senado anunciando por palavras pouco veladas a república próxima que Ruy Barbosa deixava adivinhar, quando ponderava que a Coroa sacrificara ingenuamente seus interesses, mas que afinal não mais fizera do que "abrir os olhos à luz meridiana e deixar de chicanar com os fatos consumados".

A reforma estava de fato decidida desde que a realeza se ligara à propaganda abolicionista, no dizer do senador Paulino, para quem se buscava tão somente emprestar um simulacro de legalidade a uma medida cuja concepção e cujo alcance eram francamente subversivas. Sabendo que a princesa regente aguardava impaciente no Paço da Cidade para assinar a lei, o chefe conservador que se blasonava de representar "a junta do coice", encurtava seu discurso no Senado para, na sua frase, "não fazer esperar uma senhora de tão alta linhagem". Regente e povo estavam febris. Nunca se vira nem se tornará a ver no Brasil expansão igual de entusiasmo. Foi um delírio. Multidões, embriagadas de alegria, invadiram o recinto da Câmara e do Senado. Por toda parte ouviam-se discursos, cantava-se e dançava-se ao ar livre. Na verdade, era uma vitória da opinião, de todos quantos tinham colaborado com fervor idêntico e com idêntico objetivo: os fazendeiros que tinham reconhecido a necessidade da reforma; os que tinham alforriado em massa seus escravos e introduzido o braço livre; os oficiais que haviam se recusado a perseguir os negros fugidos das plantações; as autoridades que se esquivavam de dar apoio aos senhores queixosos; o povo que protegia os escravos e vaiava os senhores, reclamando a lei de Cristo...

⁂

O Império resgatou pelo mais tocante dos sacrifícios, pelo seu próprio holocausto, o erro da Independência, libertando politicamente o branco sem libertar socialmente o negro, e sobretudo o crime da mãe-pátria, fazendo de sua colônia uma nação de escravos. Bernardo de Vasconcellos, o grande estadista do Primeiro Reinado, da Regência e da Maioridade, que, pondo de lado o seu credo liberal, opôs a coesão conservadora à desagregação federalista, exclamou um dia na Câmara: "Nossa civilização provém da costa da África"; e como todos o encarassem com surpresa, acrescentou: "Sim, a civilização brasileira de lá veio, porque daquele continente veio o trabalhador robusto, o único que sob esse céu africano e num clima mais inclemente então que hoje, poderia ter produzido, como produziu, as riquezas que proporcionaram a nossos pais recursos para mandar seus filhos estudar nas academias e universidades da Europa, ali adquirirem os conhecimentos de todos os ramos do saber, os princípios da filosofia do direito, em geral, e do direito público constitucional que impulsionaram e apressaram a Independência e presidiram a organização consagrada na Constituição e em outras leis orgânicas, ao mesmo tempo fortalecendo a liberdade".

O cruzamento, com efeito, tornou o labor no Brasil incomparavelmente mais resistente, e a dívida moral contraída pela civilização brasileira com a raça negra é mais considerável ainda do que a dívida física, por mais importante que esta seja com a relação à economia nacional; porquanto a emigração europeia veio modernamente colher o que a importação africana semeara e plantara, fecundando o solo virgem. Os negros foram os guar-

François René Moreaux, Ato de coroação e antecipação da maioridade de D. Pedro II.

das constantes, os defensores natos dos estabelecimentos rurais. Podiam alguns evadir-se para escapar às sevícias ou buscar a ilusão da liberdade, mas raros se revoltaram em grupos contra os seus senhores, ou os trucidaram, ou cometeram desacatos, antes ajudavam com todas as suas forças os proprietários a se tornarem abastados e influentes, sofrendo muito embora com esse seu poder. Quando, sob a Regência, a anarquia se alastrou por todo o país, havia uns toques de levantes de gente de cor como a Balaiada do Maranhão e a Sabinada da Bahia, mas não tomaram o aspecto geral de uma guerra de raças. Foram antes movimentos ou suscitados ou explorados pela política. Os agitadores abolicionistas da última década de regime servil, mesmo os menos demagogos dentre eles, aconselharam aberta e malevolamente os escravos a empregarem aquela arma do terror negro e, em acessos de eloquência tropical, evocaram aos olhos dos senhores o espetáculo hediondo dos seus corpos recortados e das suas filhas violadas. Não foram coibidos nas suas atrozes sugestões, mais ameaçadoras do que sinceras, e o desinteresse da Coroa por si protegeu os proprietários, da mesma forma que a isenção de ambições pessoais dos homens da Regência tinha salvado a instituição monárquica encarnada numa criança.

Nada sucedeu que recordasse de longe sequer as cenas de São Domingos. Ao proclamar-se a abolição, os escravos abandonaram na sua imensa maioria as plantações e foram para a cidade prover a seu modo a liberdade concedida, mas não deixando atrás de si um ultraje, uma vingança, quase que saudosos das senzalas que tinham abrigado o seu infortúnio. Sob vários dos seus traços a instituição servil oferecia uma aparência patriarcal. A cordialidade que reinava geralmente – o que não quer dizer absolutamente – entre senhores e escravos prova que a humanidade era a regra comum entre os primeiros, os quais, vivendo em contato diário com os segundos e fiscalizando em pessoa seus feitores, tinham toda vantagem em tratá-los sem dureza e, sobretudo sem crueldade. Foi o ódio que provocou as terríveis represálias antilhanas. Os proprietários viviam pela maior parte na Europa e a administração das suas terras andava entregue a homens sem ternura nem comiseração pelos seus semelhantes, às vezes da mesma raça, para os quais se mostravam algozes. A tortura era no Brasil uma exceção: era a regra ordinária nas colônias inglesas, holandesas e francesas, onde a abolição significou em alguns casos um divórcio trágico com que os mártires despedaçaram o laço. No Brasil foi uma separação amigável de que resultou a pacificação dos espíritos.

O Império e o Exército

CAPÍTULO VI

O Exército brasileiro, altamente dotado de bravura e de patriotismo, nunca foi um modelo de disciplina; denunciou-nos nos começos e nos fins do Império estar atacado do vírus político de que tanto têm sofrido as instituições militares da América Latina. Gerado no meio de pronunciamentos constitucionais, crescido através de motins e de revoltas, só depois da pacificação do Rio Grande do Sul, em 1845, entrou numa fase mais calma e regular. As duas campanhas estrangeiras, contra Rosas, em 1852, e contra Lopez, de 1865 a 1870, aumentaram nele o conceito e a vaidade de sua importância sem lhe inculcar todavia a convicção da disciplina. Sir Richard Burton, que fez justiça às qualidades pessoais e profissionais do soldado brasileiro, elogiando seu denodo e resignação[41], porque ele próprio era um valente e

---

41. Letters from the Battle-Fields of Paraguay, London, 1870.

um estoico, escreveu de Caxias que, declarando finda a guerra ao entrar em Assunção e recusando, por não querer ser "capitão do mato", continuar na perseguição de Lopez, que o conde d'Eu levou a termo, proceder contra a disciplina (*in on unofficer-like way*). Não se furta, entretanto, o grande viajante inglês em dizer de Caxias que, se lhe faltava porventura o gênio da iniciativa, possuía o talento de saber escolher admiravelmente o melhor ponto de ataque e era um excelente organizador; e de Osório que ninguém o excedia em bravura temerária e cordialidade fidalga.

A Guerra do Paraguai, longa e atribulada, com revezes a entremear-lhe as vitórias, estimulou muito o espírito de caserna e criou no Brasil tanto o tipo do *grognard* da comédia, isto é, do veterano resmungão, como o do *miles gloriosus*, da comédia clássica. Ao regressarem do Prata os regimentos triunfantes, parece que o governo do Rio de Janeiro receava da sua parte qualquer acesso de febre militarista ao contágio das aclamações populares. Preocupava-o especialmente a volta dos voluntários e imaginou despi-la de toda pompa, fragmentando as unidades, dissimulando os estandartes, abafando as músicas. Foi o comandante em chefe, conde d'Eu, quem protestou e ameaçou entregar seu cargo se se insistisse no que ele denominava numa carta particular ao visconde de Lage[42] "uma traição para com seus companheiros de armas". O conde d'Eu reconhecia que a situação política do país exigia algumas precauções e que era prudente evitar uma grande aglomeração desses militares saídos da luta armada, devendo proceder-se a um rápido desarmamento e licenciamento, que, aliás, não se lhe afigurava difícil. Ajuntava que não enxergava "entre eles espírito algum político, mesmo porque não tinham quase chefes". Os oficiais pareciam-lhe, com raras exceções, incapazes de desígnios subversivos, nutridos, no seu dizer, "por alguns homens perdidos que primeiro endossaram a farda por

---

42. Carta de 12 de janeiro de 1870, que me foi mostrada pelo doutor Sebastião de Carvalho, filho do visconde de Lage.

Retrato de d. Pedro II durante a maior parte de seu reinado.

especulação, e que agora a arrastam, maldizendo-a e consolando-se das suas obrigações pelo jogo e outros vícios".

O governo, porém, não deixava de ter certa razão, e tanto assim que aqueles que pregavam a República, reorganizando o velho partido, dirigiram-se em primeiro lugar aos militares, que eram os únicos a dispor de força para deitar abaixo o regime. O imperador, apesar de ter acudido a Uruguaiana de espada e poncho, estava muito longe de ser um chefe marcial e não tinha interesse pelos assuntos bélicos. Exagerava-se, porém, esse paisanismo e até contava-se, para intrigá-lo com o Exército que, ao assistir a um desfile de tropas, ele dissera aos que estavam perto, apontando para os soldados, *"assassinos legais"*!

O senhor Salvador de Mendonça, signatário do manifesto republicano de 3 de dezembro de 1870 e membro do diretório do partido, conta[43] que, no grande movimento de curiosidade e de simpatia pela obra anunciada de realização democrática na forma e na essência, se deu um verdadeiro alistamento de forças civis e também militares. O oficial Pompílio de Albuquerque, que foi quem alistou secretamente seus camaradas, apresentou ao diretório um plano de captura, antes da partida do Rio de Janeiro para a Europa, em 1871, de dom Pedro II. A família imperial e as principais autoridades seriam detidas num dia de gala, quando se achassem todas reunidas, e transportadas para a fortaleza de Villegaignon, ao mesmo tempo que duas baterias convenientemente colocadas nos morros lançariam o pânico na cidade.

Notou-se com acerto[44] que a permanência durante cinco anos e mais, contando com a intervenção na Banda Oriental, do Exército regular e dos corpos de voluntários nos países republicanos do Prata, quando esses países eram uma escola de despotismo e de indisciplina, governados por caudilhos – a Argentina come-

---

43. *Coisas do Meu Tempo*, em *O Imparcial*, Rio de Janeiro, 8 de junho de 1913.

44. Tobias Monteiro, *Pesquisas e depoimentos*.

ça a livrar-se da praga –, foi deveras prejudicial à ordem civil do Brasil. A ideia da ditadura militar, cujas raízes são distantes, daí derivou não pouco da seiva necessária à sua florescência. O autor lembra a esse propósito os oficiais dos últimos dias do Império, muitos deles tipos de fanfarrões de quartel com as calças balão, os rebenques presos ao pulso por uma corrente de prata, a cabeleira cacheada e oleosa, o quepe de lado. O movimento abolicionista, que facilmente podia degenerar em revolucionário, permitiu num dado momento que muitos dos seus adeptos se recrutassem nas fileiras das Forças Armadas. Forneciam à agitação o prestígio das suas fardas, ao mesmo tempo que a tornavam genuínas e perigosamente políticas antes do que sociais. O Exército volvia por essa estrada humanitária ao que se tem chamado a sua função cívica ou educadora em detrimento da sua função técnica ou combatente. Esta já passara o período expansivo.

Desde que o Império consolidou sua unidade que os partidos políticos brasileiros se aventuraram ao "imperialismo continental". Assim observa o senhor Vicente Licínio Cardoso, um dos espíritos mais argutos da nova geração[45], observando que aqueles partidos "claudicavam em casa e se mostravam arrogantes, exigentes intimoratos com os vizinhos"... A hegemonia sul-americana passou a ser um objeto definido; a reconstrução do vice-reinado platino, o objetivo supremo a evitar na costa do Atlântico; as "missões civilizadoras" com que a Europa e os Estados Unidos disfarçavam suas ambições, um processo a imitar. O Paraguai foi auxiliado, animado pelo Brasil, para servir de contrapeso à Argentina de Rosas, o qual ameaçava fortalecer a federação sob a sua direção superior, e, por uma ironia histórica, a Argentina de Mitre aproveitou-se do Brasil para destruir o obstáculo do Paraguai que procurava unir-se com Corrientes e Entre Ríos para se fran-

---

45. À Margem do Segundo Reinado, em O *Estado de S.Paulo*, 2 e 3 de dezembro de 1925.

quear o desafogado acesso ao mar, desafiando a tutela de Buenos Aires. Urquiza declarou abertamente na conversa que teve com o senhor Richard Burton, relatada no livro[46], que se Lopez não tivesse invadido Corrientes, a quem aquele último dos senhores feudais platinos considerava parte de sua Mesopotâmia, ele o teria ajudado com 15.000 homens contra os *macacos (sic)*.

E de pouco faltou que o não fizesse: porque receou a aliança de Lopez mais do que a sua inimizade, este já o tendo desapontado uma vez numa prometida investida contra Buenos Aires, o duende da Confederação, e não conhecendo limites à sua ambição, dissimulada com a fórmula do "equilíbrio do Prata", como tampouco os conhecia a ambição de Urquiza, a qual ia igualmente até o devaneio imperial. A expedição paraguaia, fracassada em Uruguaiana, esteve para ser-lhes comum, efetuada em parceria, e o Brasil só não fez do Rio Grande do Sul sua base de operações, adotando a tática defensiva, e penetrou nas repúblicas vizinhas em vez de retirar-se da Banda Oriental porque, em caso de felicidade para as armas paraguaias, Urquiza teria se posto ao lado de Lopez para derrotar e fragmentar o Império, revivendo o plano do Rio Grande do Sul republicano, em vez de aumentar prodigiosamente sua fortuna com o fornecimento de gado vacum e cavalar aos aliados.

Dom Pedro II tomou tanto a peito a campanha, não pelos louros em perspectiva, porque se mancharia muito com o sangue dos seus súditos, mas pelo perigo que corria o Brasil e também pelo seu profundo sentimento pessoal de majestade, apesar de, a outros respeitos, ser um sincero democrata. Não há antinomia nesses traços do seu caráter. Educado numa corte sem pompas e mesmo sem grandeza, era naturalmente amigo do seu povo e estava-lhe igualmente perto do coração, ao qual falava, embora não se rebaixasse com familiaridades e conservasse graças à sua elevação moral a respeitabilidade e com ela a dignidade da sua

---

46. *Letters from the Battle-Fields of Paraguay.*

função soberana. Se não foi um gênio político, foi dom Pedro II superior ao seu meio pelo equilíbrio raro das suas qualidades, mantido num alto nível. Entendia e propunha-se pairar acima dos partidos nacionais, como acima das repúblicas e pseudorrepúblicas de que o Brasil estava rodeado e de que não formava lisonjeiro conceito. Reconhecia no Novo Mundo a valia dos Estados Unidos, porque no seu tempo representavam exclusivamente a tradição de organização constitucional e de austeridade republicana, não se havendo ainda materializado tanto o seu progresso à custa do seu idealismo.

Não querendo conceder quartel a Lopez, o imperador não repudiou expressamente o seu feitio fundamentalmente magnânimo, antes procedeu como defensor perpétuo do Brasil, cuja coesão timbrava em fortificar, com tanto mais afã quanto era ela a obra política da monarquia, favorecida até certo ponto, que convém não exagerar, pelas condições naturais. Euclides da Cunha, com seu faro de sociólogo e historiador, combinando análise e síntese, aventou a sugestão do "tablado geográfico", mostrando que por trás das diferenças na fachada existia, previamente à Independência e ao particularismo colonial, uma singular homogeneidade, uma *base física* de que o São Francisco, todo brasileiro, é o eixo hidrográfico. Nem a toda gente era, contudo, intelectualmente acessível aquele juízo do governo imperial e a luta do colosso brasileiro contra o diminuto Paraguai parecia, à primeira vista, um repto odioso. O próprio Burton, que proclamava estarem suas simpatias com o Brasil porque a missão do "Império democrático", como ele o chamava, era franquear e conservar aberto à civilização o "Mississippi do Sul", o sistema hidrográfico do Paraguai-Paraná-Prata, acabando com as barreiras que pretendiam convertê-lo num monopólio quando devia pertencer ao mundo, acrescentava que "não podia senão admirar a maravilhosa energia e a vontade indomável do presidente Lopez e do seu pequeno país, tão dotado de fibra, um espetáculo que não será esquecido, nem deixará de suscitar entusiasmo enquanto perdurar a história. Os paraguaios combateram e morreram pelos seus lares, pelos campos dos seus maiores, pela sua pátria e pelo seu Deus, pela honra, pela vida, pelos seus direitos conspurcados".

Existia uma condição que favorecia singularmente a interferência dos militares na política: era a sua elegibilidade, mesmo em serviço ativo. Dando-lhes acesso ao Parlamento, quer dizer, à mais notória das tribunas, permitia-lhes, protegidos por suas imunidades, criticarem e atacarem impunemente a administração dos seus chefes hierárquicos. O incidente durante a Guerra do Paraguai, entre Caxias e Zacharias, quando o político conservador se achou na dependência do político liberal, deixara o fermento de uma desinteligência entre o poder militar e o poder civil. Emitindo o parecer que o ministro devia continuar à frente dos negócios públicos, o conselho de Estado salvaguardara os interesses da ordem civil, ao passo que o imperador, preocupado com o andamento da campanha de que dependia muito o futuro do Brasil, tomava partido pelos melindres da espada.

Em 1875 houve um novo gabinete presidido pelo marechal-duque, chefe dos chefes conservadores. Osório (marquês do Herval) foi ministro da guerra em 1878, bem como Câmara (visconde de Pelotas) em 1880 e escolhido senador; vários generais, conservadores uns, liberais outros, foram agraciados com títulos, por propostas dos seus correligionários no poder e, por fim, rompendo-se a tradição dos ministros civis nas pastas militares, a de Guerra e a da Marinha foram confiadas, no gabinete liberal Ouro Preto, o último da monarquia, a oficiais superiores, o marechal visconde de Maracaju e o almirante barão de Ladário. A influência das Forças Armadas contava, portanto, como um elemento assaz importante nos destinos políticos de uma nação da qual escrevera um diplomata alemão, durante a Regência, nos seus relatórios oficiais[47] que "considerava a autoridade legal como um freio imposto à sua vontade e a disciplina como uma tirania", reivindicando a classe militar o seu direito de negar obediência passiva ao governo enquanto atentasse contra a sua consciência ou as suas convicções.

O assassinato, em outubro de 1883, de Apulchro de Castro, redator de *O Corsário*, pasquim insultador das reputações, crime cometido por oficiais não disfarçados, nas barbas da autoridade, em plena Rua do Lavradio, perto da repartição de polícia, onde o jornalista amedrontado fora pedir proteção, denunciara até que grau lavrava a insubordinação no Exército. A oficialidade andava em bom número transviada da sua educação profissional pela cultura de uma doutrina filosófica francesa que nem todos digeriam satisfatoriamente, malgrado o bem ordenado da sua sistematização. O positivismo era Evangelho na Escola Militar, que, oriunda da antiga Escola Central, depois do seu desdobramento, de que saiu a Escola Politécnica, se tornara um viveiro de agitadores – abolicionistas e democráticos. Tenentes e capitães mostravam saber de cor Augusto Comte e Laffite em vez de Jomini e Von der Goltz. Frequentavam seus clubes, discutiam política e literatura, em vez de concorrerem aos campos de exercícios. Faltava-lhes uma verdadeira tradição militar, mal substituída pelas reminiscências das lutas intestinas, primeiro contra o elemento português, preponderante no Exército formado por dom João VI, em seguida contra os próprios nacionais. A campanha do Paraguai foi na verdade a única guerra estrangeira do Império digna do nome.

O modo de recrutamento do Exército constituía um defeito básico e é o responsável pela sua organização defeituosa. Não

---

47. F. Tietz, *Brasilianische Zustände, Nach gesandtschaftlichen Berichten bis zum Jahre* 1837. Berlim, 1839.

existindo o serviço obrigatório, que depois nobilitou o Exército argentino, procedia-se por meio de alistamento, que só se efetuava entre as classes inferiores da sociedade. Nas fileiras do Exército como nas tripulações da esquadra só se viam negros e mestiços de vários tons, além de brancos dos sertões, que todos sabiam bem morrer com as armas nas mãos, inexcedíveis na coragem e na indiferença ao sofrimento físico, mas oferecendo uma matéria-prima de crassa e brutal ignorância para o manejo político. Os oficiais eram para eles meros feitores agaloados, que podiam mandar açoitá-los, que os comandavam no assalto das posições inimigas e a quem com igual desplante obedeciam se apontassem o assalto das posições civis. Os liberais educados pelo Império repeliam tal processo de promoção do partido, declarando por esse tempo pela boca do visconde de Ouro Preto que nunca escalariam o poder por meio de pronunciamentos militares e preferiam o ostracismo perpétuo a aventurarem-se na estrada aberta pelas espadas e baionetas do Exército. Os republicanos não alimentavam, porém, escrúpulos idênticos. Formando uma espécie híbrida de bacharéis de farda, militares pelo ofício, paisanos pela ambição de classe, seduzida pelo mando, os oficiais de Estado-Maior e das armas científicas entregavam-se muito mais aos debates acadêmicos sobre formas de governo do que às matemáticas, à estratégia e a balística e os outros liam pela mesma cartilha.

A Escola Militar redobrou-se de indisciplina após a organização do gabinete Cotegipe, em 1885. Declarou-se francamente hostil à reação conservadora dominante no Parlamento. O menor incidente podia fazer saltar o paiol de pólvora acumulada, e foi o que aconteceu a propósito da questão, muitas vezes discutida, da liberdade ou proibição aos oficiais de tratarem, pela imprensa, assuntos militares sem autorização, no último caso, dos seus superiores. Um inquérito reclamado por um coronel sobre supostas malversações cometidas no seu regimento por um dos seus subordinados, na patente de capitão, no tocante a fornecimentos militares, levantou em 1886 um debate na Câmara que provocou alguns artigos assinados por aquele coronel contra o ministro da guerra, o qual era um civil, conselheiro Alfredo Chaves. Este ordenou que o oficial fosse detido por 48 horas, depois de censurado numa ordem do dia. Toda a tradição administrativa, representada por sucessivos avisos dos anos de 1859, 1878, 1882 e 1885, justificava o ato do ministro, o que não impediu o marechal visconde de Pelotas de defender no Senado a atitude do seu camarada, julgando a leve punição infligida uma ofensa ao Exército e açulando o espírito de classe, tão facilmente melindrado com o apelo feito à honra militar, por ele colocada acima de tudo, *mesmo das leis do país*. O mesmo marechal, cujo renome provinha da perseguição e morte de Lopez no Aquidaban, observara, meses antes, em discurso, que o Brasil não possuía Exército e no que havia com esse nome era nula a disciplina. Para corroborar a sua afirmação até citava o fato de que houvera em 1884 nas fileiras 7.526 prisões, das quais 54 de oficiais, quando o efetivo do Exército não passava de 13.000 homens. Nessas condições, fácil teria sido ao imperador, se não fosse tão honesto, angariar com favores dedicações interesseiras entre os chefes militares e indispô-los, uns contra outros, pela inveja daqueles favores[48].

Outro incidente do mesmo gênero surgiu logo depois. O comandante da escola de tiro de Rio Pardo (Rio Grande do Sul), oficial de ideias republicanas, animoso e talentoso, mas de temperamento irascível e bulhento, como o comprovavam vários episódios, tenente-coronel Senna Madureira, ocupou-se num jornal republicano de Porto Alegre – A *Federação* – de coisas militares, a propósito, de um discurso no Senado em que fora mencionado seu nome, como envolto no caso em discussão. Censurado pelo ministro, respondeu publicamente à repreensão, solicitando um conselho de guerra para provar a injustiça da

---

48. Braz do Amaral, *O Imperador e a Proclamação da República*, em *O Jornal*, 2 de dezembro de 1925.

mesma, o que o governo recusou por se tratar de uma decisão administrativa e de uma pena disciplinar por motivo independente de um tribunal militar, aliás, incompetente para julgar o ato do ministro que se achava à frente do Exército.

Os camaradas do tenente-coronel Senna Madureira, aquartelados em Porto Alegre – no Rio Grande do Sul, onde, por causa da vizinhança da fronteira, estaciona sempre o grosso das Forças Armadas do Brasil –, reuniram-se para protestar contra as resoluções do governo central, sob os olhares indulgentes do marechal Deodoro da Fonseca, comandante das armas da província, isto é, à testa da sua divisão militar e exercendo interinamente a sua administração civil, pela ausência do respectivo presidente. Veterano da Guerra do Paraguai, membro de uma ilustre família de militares, esforçado, querido dos companheiros, Deodoro, que politicamente estava filiado ao Partido Conservador, parecia professar sobre as contribuições dos militares para os jornais opiniões mais severas ainda do que as evidenciadas pelo gabinete Cotegipe porquanto não vacilara em instaurar processos contra um dos seus subordinados que na imprensa se ocupara dos seus negócios privados. A proteção, porém, dispensada a esse oficial pelo chefe liberal da província, o fogoso senador Silveira Martins, e que se manifestara pela chamada do acusado à Corte, indignara muito o marechal, em quem a paciência estava longe de ser uma das virtudes principais. Nesse estado de espírito, suscetibilizado e irritado, foi contra os seus correligionários, recusando-se a levar ao conhecimento do tenente-coronel Madureira a advertência do ministro e declarando-se até solidário com os oficiais signatários do protesto. Essa atitude de manifesta benevolência, ou antes de simpatia ativa, foi imediatamente conhecida em todo o país, tendo a maior repercussão e vibrando um golpe terrível na já tão precária disciplina do Exército. Como Cotegipe escrevia a Deodoro, em termos repassados de bonomia sob uma leve camada de emoção, via-se inopinadamente surgir "um Exército deliberante" com o qual havia que contar.

O orgulho, mesclado de vaidade, como sói frequentemente ser, formava o fundo do caráter de Deodoro, que respondeu de um modo brusco ao presidente do Conselho, insistindo na sua maneira de ver o incidente. Cotegipe dessa vez deu-lhe substituto local, ao mesmo tempo que lhe confiava uma comissão militar importante, a de quartel-mestre general do Exército, apesar da veemente oposição do senador Silveira Martins, que procurou, ao contrário, tornar o marechal responsável perante o Supremo Tribunal de Justiça pelos abusos de poder praticados no Rio Grande do Sul. Uma vez no Rio de Janeiro, Deodoro, cada dia mais agastado e adulado por todos os descontentes, encabeçou o movimento de oposição ao governo e levou a audácia até o ponto de convocar, para um teatro, uma reunião pública de militares, a qual compareceram cerca de 200 oficiais de terra e mar e onde serviu de secretário o tenente-coronel Senna Madureira. Sem discussão, a assembleia declarou que o conflito aberto entre as classes armadas e o ministério não se liquidara de forma airosa para a honra do Exército desde o momento em que subsistiam os avisos inconstitucionais e os oficiais culpados de solidariedade com o seu colega continuavam sob a ameaça de pronúncia. A assembleia apelara ao chefe do Estado para acalmar a agitação e reparar o erro, delegando plenos poderes ao marechal presidente do comício para obter a devida justiça.

 O gabinete usara a tolerância e até a exagerou, submetendo a constitucionalidade dos avisos ministeriais ao parecer do Conselho Supremo Militar, o qual pronunciou uma decisão esdrúxula, estatuindo que os militares, como todos os outros cidadãos, tinham a liberdade de discussão pela imprensa, excetuadas as questões de serviço, *entre militares*, as quais seriam consideradas como injuriosas à disciplina se publicamente aventadas e debatidas. A doutrina subversiva que confinava tal disciplina ao interior dos quartéis, doutrina abraçada pelos agitadores políticos, que dela entraram a fazer cabedal, os republicanos sobretudo, achou-se subitamente legalizada, e a vida pública, com todas as suas vicissitudes e imprevistos, tornou-se carreira aberta aos "cidadãos de farda".

Valendo-se daquela sentença, que os enchia de razão, os oficiais admoestados exigiram que o governo espontaneamente anulasse as notas que manchavam suas fés de oficio, pela razão óbvia de terem sido declarados inconstitucionais os avisos sobre que elas se fundavam e que as justificavam. O governo, por seu lado, confessava-se pronto a fazê-lo, respeitando e obedecendo ao voto de justiça, se os oficiais assim o requeressem.

Outra questão, correlativa com a primeira e tão acre e venenosa quanto ela, enxertou-se assim na perigosa situação de que a reunião no teatro Recreio, posterior a um novo incidente, havia sido a expressão viva. Os inimigos da monarquia, que se avolumavam, encontraram nesses acontecimentos fértil mina a explorar: atrás do Exército e dos seus movimentos quase sempre se pode descobrir no Brasil a especulação dos políticos. Diz bem o senhor Oliveira Vianna que nunca houve no nosso país política militar ou militarismo no sentido de separação consciente e intencional da missão política do Exército da das classes civis[49]. O ponto de honra e o espírito de corpo das classes armadas facilitaram apenas o jogo das paixões e interesses dos "casacas", sendo o Exército, convencido, aliás, da superioridade dos seus predicados, instrumento às mais das vezes e não força propulsora. Desde 1887, entretanto, que Floriano Peixoto, a esfinge da República, muito mais político do que Deodoro, falava na necessidade da "ditadura militar" para expurgar a "podridão nacional".

O ministro da Guerra ficara, entretanto, moralmente injuriado, sem a autoridade precisa para reagir. Não tendo as medidas que propôs sido aceitas pelo gabinete e menos ainda pela Coroa, apresentou sua demissão. O marechal Deodoro da Fonseca fez

---

49. *A queda do Império*, no Tomo Especial dedicado pelo Instituto Histórico à memória de dom Pedro II, 1925.

outro tanto, como que para ficar livre nos seus movimentos. A sedição propagava-se a todo o Exército; as transferências de oficiais só faziam espalhar o mal. A honra do soldado está acima de tudo, declarou do alto da tribuna do Senado o marechal Pelotas, que tinha temperamento de caudilho fanfarrão, e tem de ser desagravada com a lei ou contra a lei. Aquela honra é diferente da do civil, a qual pode ser vilipendiada sem a mesma gravidade. Semelhante critério, transportado para o campo da política, explica o que se chamou a dinâmica desse movimento que derrubou o Império, sem o Império e os seus partidários quase darem por isso e sem o pretender de antemão fazer aquele que fora posto à frente da revolta.

O ministério Cotegipe continuou a não querer pecar por excesso de energia e a aplicar à questão militar os métodos diplomáticos em que seu chefe era exímio. Enquanto o governo contemporizava e poupava a indisciplina, Pelotas voltava do Rio Grande do Sul para prestar o apoio da sua palavra no Senado e do seu prestígio no país às reclamações da sua classe, toda ela vibrando de indignação pela suposta ofensa coletiva. Começava-se a conspirar às escancaras contra o trono e a falar no advento da República purificadora e reparadora. O estado de saúde do imperador, minado pelo diabetes, contribuía para deixar o campo livre a todas as ambições pessoais dentro das classes e dos partidos. O Exército continuava, nas suas expressões, "desgostoso e irritado". Pelotas era nesse momento o mais combativo dos seus chefes: o senhor Oliveira Vianna chama-o o mais arrogante. Deodoro pronunciava-se sempre no último instante em favor da última proposição que o impressionara. Sentia-se bem que a República não lhe era uma solução simpática – ainda não contava que se fizesse com ela – e o que desejava era afirmar seu prestígio e dar uma lição ao governo. Uma saldanhada, não mais. Mesmo em 15 de novembro de 1889 pela manhã, arrependido de compromisso anterior, e o seu intento era sobretudo depor o gabinete Ouro Preto, vingar-se desses ministros que o tinham querido em seu conceito rebaixar; e formar outro ministério, de seu assentimento e talvez com ele na presidência do Conselho. Se o imperador não tivesse descido de Petrópolis para o Paço da cidade, onde o detiveram, e o gabinete não se tivesse posto no quartel-general à mercê da enigmática posto que falsamente assegurada fidelidade de Floriano, a reação teria com todas as probabilidades sido em favor do regime monárquico e nem haveria precisão de consultar-se o país a respeito, como se falara.

A falta de resistência idônea foi que deu afoiteza ao elemento republicano que habilmente tramara o seu fim sob a inspiração de Benjamin Constant Botelho de Magalhães.

Se lhe fosse familiar a história do Japão, Deodoro sonharia talvez com ser o Xogun do Mikado enfermo, o chefe militar do Império. As circunstâncias fizeram-no mais do que isso, eliminando o Mikado e guindando-o a chefe da ditadura militar. Não foi, contudo, sem vacilações, porque seu desconhecimento, de que no foro íntimo tinha consciência das matérias da administração civil, o teria afastado deliberadamente do pináculo do poder se a firmeza da vontade fosse nele superior aos súbitos impulsos do temperamento. Pelotas pelo tempo adiante, quando viu os resultados da mudança, negou ter querido atentar contra a monarquia antes de falecido o imperador e chegou a escrever que a República tinha tido contra si a circunstância de haver sido a obra de um pronunciamento militar, representado pela quinta parte do Exército e ao qual fora alheia à nação, que nada mais fizera do que aceitar o fato consumado com mal justificada indiferença. Do que Pelotas experimentava sobretudo o pesar era de lhe não ter cabido o primeiro papel e de ter somente ficado a meio caminho do cume, como haver perdido toda influência local em benefício dos republicanos positivistas do Rio Grande do Sul, que formavam, com Julio de Castilhos à frente, um clã buliçoso e temerário. Em 1887 ele se colocara sem reticências nem disfarces na vanguarda do movimento militar já claramente sedioso, aliado aos políticos descontentes do regime. Seu nome figurava antes do de Deodoro entre as assinaturas que cobriram o manifesto ao Parlamento e à nação, insistindo pelo reconhecimento do direito que assistia à classe militar. Competiu-lhe o duelo parlamentar com o presidente do Conselho, assim como pertenceu ao outro marechal a tarefa de recolher as adesões das guarnições. As palavras que então pronunciou no Senado continham uma ameaça franca: "Peço encarecidamente ao senhor presidente do Conselho que reconsidere o seu ato, por amor a este país, não em guisa de uma satisfação pessoal, pois sabemos absolutamente o que poderá vir a suceder amanhã, ainda que o senhor presidente do Conselho tenha confiança na força armada à sua disposição. As circunstâncias podem resultar tais que seja bem possível que lhe venha a faltar semelhante apoio. Que o nobre presidente do Conselho reconsidere o seu ato, por amor a este país e quem sabe se por amor às instituições".

Cotegipe respondeu com presença de espírito que o governo, exigindo o requerimento para o cancelamento das notas de censura, "não mais fazia do que exigir o cumprimento de uma formalidade legal para fazer justiça a quem de direito".

O ministério sentiu-se, entretanto, preso num beco sem saída e deveu sua salvação à intervenção dos chefes liberais do Senado que propuseram uma transação, com tanto mais sinceridade quanto nenhum aspirava naquela situação a assumir as responsabilidades do poder. Abrira-se um abismo que tudo podia tragar. Pelotas, aliás, pertencia ao Partido Liberal e não escutara impassível o comovido apelo, a quase súplica do presidente do Conselho para não renegar seu passado glorioso tomando a direção de uma revolta militar. Uma moção, redigida de comum acordo, foi apresentada pela oposição, convidando o governo a cancelar espontaneamente as famosas notas de censura envolvendo penas disciplinares impostas antes da resolução imperial, tomada por efeito da consulta ao Conselho Supremo Militar.

Os militares triunfavam. Seu desejo tinha sido derrubar o ministério e então teriam aceitado requerer a anulação ao novo gabinete que se organizasse. Essa suprema humilhação foi, porém, poupada a Cotegipe, porque as fileiras monarquistas se apertaram por essa ocasião, diante da iminência do perigo, igual para todos quantos estimavam o regime. O instinto de conservação falou mais alto do que o ciúme partidário. As instituições não tiveram, contudo, que esperar senão dois anos para que as engolisse o sorvedouro da indisciplina e rebeldia que, a pretexto da não exclusão dos fardados das regalias comuns do cidadão, tão pitoresca e profundamente caracterizou a desorganização militar da América Espanhola no século XIX até que novos elementos a fossem reformando. No Brasil esbanjaram-se em 15 de novembro de 1889 os últimos dinheiros da soma de desinteresse nacional que, segundo Joaquim Nabuco, sustentava a monarquia no Brasil.

Com o novo ministro João Alfredo a questão militar aparentemente arrefeceu porque o presidente do Conselho inventou a necessidade de uma expedição militar de observação à fronteira de Mato Grosso por motivo de questões bolivianas de limites com o Paraguai e confiou o comando das forças despachadas ao marechal Deodoro. Segundo o visconde de Ouro Preto, foi um meio de "proporcionar comodidades e comissões rendosas aos mais irrequietos e turbulentos" dentre os oficiais. A expedição era, aliás, incruenta e quando o não fosse saberiam todos cumprir o seu dever, embora não seja a coragem exclusivo apanágio dos militares. O visconde de Ouro Preto respondeu ao oficial que o informava de seu próximo fuzilamento: "O senhor verá que para saber morrer não é preciso vestir uma farda". E saberia, de sobrecasaca, cair como um bravo que era.

O Império e a Igreja

CAPÍTULO VII

A Constituição brasileira de 1824 estabeleceu a existência no Império de uma religião oficial – a católica, apostólica, romana. Por seu lado, a Santa Sé reconhecia desde 1827 à Coroa imperial, como à portuguesa, da qual aquela se cindira, o padroado, isto é, o seu direito de conferir benefícios eclesiásticos, e o beneplácito, isto é, a necessidade da sua licença para se publicarem atos da Cúria Romana. Tal fora o sentido da missão diplomática de monsenhor Francisco Correa Vidigal junto ao papa, além da separação disciplinar das ordens religiosas brasileiras das portuguesas com que se achavam até aí irmanadas, e da exclusão de novas ordens regulares estrangeiras. O clero nacional era decididamente liberal e parte dele até maçom. Mais perto estava, em bom número, das prerrogativas do Estado que dos privilégios canônicos, do temporal que do espiritual. O sentimento religioso nas classes ilustradas por sua vez nada tinha de fanático. Mesmo um dom Romualdo de Seixas, arcebispo da Bahia e marquês de Santa Cruz, figura notável do púlpito e das letras na primeira metade do século XIX, que representava o espírito de conciliação e respeito à Igreja no terreno religioso com relação ao texto constitucional, praticava e ensinava a moderação nas relações entre Igreja e Estado. Aliás, o governo imperial não pensava em opor-se às disposições do Concílio Tridentino no tocante aos assuntos eclesiásticos, de fé ou de disciplina, do dogma ou de cânones.

Os clérigos, em geral, levavam uma vida, senão dissoluta, pelo menos escandalosa, pois que a regra do celibato continuava a ser imposta pela Cúria Romana aos bispos e párocos que o Estado considerava funcionários civis segundo o Ato Adicional. O governo da Regência, nesse ponto inspirado pelo padre Feijó, achava, e o ministro dos negócios estrangeiros, Aureliano de Souza e Oliveira Coutinho, o declarava em nota do ano de 1834 ao representante da Santa Sé no Rio de Janeiro, que os soberanos, nos seus respectivos Estados, podiam alterar a seu bel-prazer, em benefício dos seus súbditos, pontos de disciplina como era o celibato clerical, "o qual o governo sabia que não existia de fato, favorecendo enormemente tal estado de coisas à imortalidade pública"[50]. De princípios políticos geralmente muito adiantados, esses padres desempenhavam papel importante nos partidos, quer como eleitores, quer como parlamentares, figurando em número de 23 na legislatura de 1834 a 1837, mestres, portanto, em intriga eleitoral e parte avultada dos debates da Câmara e do Senado.

As ordens monásticas não tinham sido abolidas no Brasil como o foram em Portugal, em 1833, pela ditadura liberal, em satisfação às ideias filosóficas da Revolução e em represália ao

---

50. Documento reproduzido no artigo de Basílio de Magalhães – *Dom Pedro II e a Igreja*, em *O Jornal*, 2 de dezembro de 1925.

apoio prestado ao Rei absoluto. Não gozavam, porém, de inteira liberdade de ação, a qual se lhes foi restringido pelo tempo adiante, desde a anulação, em 1830, de alienações de bens por elas realizadas sem autorização do governo até a suspensão, em 1855, do noviciado, pendente o seu restabelecimento da celebração da Concordata com a Santa Sé. A Igreja era em muitos pontos serva do Estado, estando o clero sob sua alçada em matéria de doutrina e de culto, como o expõe a pastoral coletiva do episcopado brasileiro de 19 de março de 1890, após a separação, pelo governo Provisório da República, da Igreja e do Estado. Por longo tempo, entretanto, o clero brasileiro parecerá acomodar-se perfeitamente com o regalismo, não levando a mal que o governo relembrasse fidelidade ao Concílio Tridentino ou aprovasse compêndios de teologia para uso dos seminários, velando pela organização religiosa que estipendiava. Até 1873 não houve conflito algum sério que perturbasse a paz religiosa da Igreja. O imperador era nisso, como em tudo o mais, tolerante. Educado nos preceitos da Igreja, não era um anticlerical, mas tampouco beato. Foi mesmo frequentemente tratado de voltairiano; mas a comparação não pode ir além do seu comum deísmo, não compartilhando dom Pedro II da malevolência testemunhada pelo filosófico contra *l'infâme*, como chamava a Igreja. Não era o soberano um católico pessoalmente praticante, ou, melhor, militante: como chefe do Estado tinha, contudo, de participar de cerimônias oficiais do culto. Deferente e até generoso nos seus atos, era, porém, emancipado nas suas ideias ou pelo menos independente, como recorda Basílio de Magalhães, que por isso o trata de "católico livre-pensador", como já o tratara Joaquim Nabuco de "católico limitado". Queria, por exemplo, combinar o evolucionismo com o providencialismo, como outros querem combinar achados científicos com tradições bíblicas. Para ele eram estreitos os limites da razão humana e por isso admitia as elaborações metafísicas e não arredava o sobrenatural. Também na base da religião enxergava a moral, "condição de inteligência". Num dos seus belos conceitos, belos como as suas poesias, porque se não continham primores de estilo, encerravam sentimento, que é o perfume da produção literária, escreveu que não separava a fé da esperança, inseparável da humildade cristã, nem da caridade, incompatível com a intolerância pagã.

Como ele, era a grande maioria do Brasil culto: católico sem santimônia, fechado a qualquer propaganda protestante, repugnante à concepção de uma Igreja nacional, mas sem entusiasmo pela disciplina dos claustros, mesmo que ela se houvesse tornado teórica. Pela vida de convento havia tão escassa simpatia quanto pela vida de quartel e esse traço já datava dos tempos coloniais. Conta um viajante inglês, ou, melhor, um residente inglês de Pernambuco, o qual se distingue pela sua observação conscienciosa[51] que, fazendo a cavalo o percurso do Recife ao Rio Grande do Norte, detivera-se em Goiana – foi isto em 1815 – para assistir à tomada do hábito por um novo monge, espetáculo raro, acrescentava, que por tal motivo atraíra muita piedade e outras virtudes: eram focos intelectuais para um país nas trevas do espírito, mas também teatros de gozos materiais, em que a gula não era o único pecado. Alguns monges salientavam-se naturalmente pela sua devoção e moralidade; outros pela sua operosidade e saber, podendo citar-se oradores sagrados como Sampaio e Montalverne, botânicos como Conceição Veloso e Leandro do Sacramento, eruditos como Custódio Alves Serrão e Camilo de Monserrate.

A genialidade não se elevava, entretanto, a essa altura mental e foi preciso a inspiração de Junqueira Freire, nas *Inspirações do Claustro*, antes de desertar a vida monástica, para dotar os conventos brasileiros de uma reminiscência de idealismo. A própria catequese dos indígenas, que tanto sublimou os jesuítas dos séculos XVI a XVIII, não atraía os frades. Também por isso não os cercava a veneração pública: faltava-lhes a auréola da santidade,

---

51. Henry Koster, *Travels in Brasil*, Londres, 1816.

e ao governo o que sobremodo interessava era o patrimônio dos conventos, enriquecidos, sobretudo os beneditinos, pelos benfeitores que buscavam redimir seus pecados. Da fiscalização sobre as corporações da mão morta veio a despender-se a República, entregando às ordens religiosas, mesmo povoadas de estrangeiros, a plenitude e livre disposição dos seus bens, que o Império quisera transformar de propriedades de raiz urbanas e rurais em apólices da dívida pública. Conventos havia donos de fazendas e plantações pessimamente administradas no geral. O senador Nabuco de Araújo quis, em 1855 e 1857, quando ministro da Justiça, ser até certo ponto o Mousinho da Silveira brasileiro regular e não achou para isso oposição nem do episcopado nem da Cúria Romana, porque de fato o claustro servia sobretudo para albergar ociosos e ocasionalmente viciosos. Prestigiando a hierarquia, Nabuco de Araújo regulou o recurso à Coroa e tornou definitivas as suspensões ou interdições impostas aos clérigos pelos bispos. Aliás, a história do Império é abundante em escândalos até financeiros, que exigiam correção e que desmoralizavam os conventos e, portanto, prejudicavam a religião.

Num ou em outro ponto, como no da falada fusão entre os seminários já existentes e as projetadas faculdades de teologia (citado por Basílio de Magalhães), pode ter surgido desacordo entre o poder civil e o poder eclesiástico, mas não foi coisa de tanta importância; e a Santa Sé nunca hostilizou deliberadamente o governo imperial, herdeiro do governo fidelíssimo. Escrevendo ao conselheiro Sinimbu dois anos depois da sua primeira missão a Roma, onde obteve o consentimento pontifical para os casamentos mistos, o barão de Penedo, naturalmente satisfeito de haver removido esse obstáculo, que não era para desprezar-se, à colonização protestante, afirmava que "desejaria bem mostrar com documentos em abono que a Santa Sé fizera por nós desde a Independência o que nunca fizera pelas repúblicas espanholas, concedendo-nos tudo de quanto cumulara o Portugal do rei dom João V, enquanto desde 1826 nós tomamos

Pedro Américo, Batalha do Avaí, o horror da Guerra do Paraguai.

Autorretrato de Pedro Américo na batalha do Avaí, em 1868.

progressivamente um caminho de indiferença e de provocação em matéria de religião. Não me importaria de arranhar as crenças ou antes a falta de crenças dos filosofantes do século XVIII, que predominam mesmo atualmente onde não teriam jamais devido prevalecer"[52].

À parte alguns excessos da plebe movida por agitadores partidários, como em Pernambuco o ataque contra o colégio dos jesuítas, o conflito religioso de 1873 não teve fora do mundo político a mesma repercussão de outras questões, como, por exemplo, o abolicionismo, questão eminentemente social. Não chegou mesmo a tomar o aspecto de um *Kulturkampf*, mas teve graves consequências para o regime monárquico, alienando a Coroa às simpatias de um clero que à influência das doutrinas ultramontanas havia singularmente disciplinado e moralizado e que sob a direção de prelados esclarecidos e virtuosos tinha a peito afirmar seu novo espírito. Foi em todo caso uma luta entre Igreja e Estado; a Igreja tendo como paladinos os bispos do Pará e de Pernambuco, dom Antonio Macedo Costa e frei Vital de Oliveira, aquele um sulpiciano de notável inteligência, este um fogoso capuchinho de 28 anos, educado em conventos franceses; o Estado tendo como principais campeões Saldanha Marinho, o célebre "Ganganelli" de larga cultura jurídica, e Ruy Barbosa, que na introdução da sua versão do *Papa e o Concílio* retornou a tese de Lutero, de diferença entre a primitiva e a atual Igreja de Roma, agora dominada pela Companhia de Jesus e exagerando a autoridade pontificada.

---

52. Carta de 7 de março de 1860, no arquivo particular do barão de Penedo.

O pomo da discórdia foi a incompatibilidade subitamente acentuada entre o papado e a maçonaria, condenada formalmente por Pio IX numa encíclica de 1864, a encíclica encerrando o *Syllabus*, e que não obteve o beneplácito imperial. As lojas maçônicas floresciam no Brasil e sua participação tinha sido muito grande na organização do movimento que precedera e engendrara a Independência. Membros do clero a elas pertenciam e nelas desenvolviam grande atividade, e o caráter político dessas sociedades tinha se distinguido um pouco do seu caráter filantrópico. De antirreligiosa sua natureza passara a irreligiosa. Membros de irmandades e de ordens terceiras figuravam entre os irmãos das lojas sem nisso enxergarem incompatibilidade com suas crenças. Dom Pedro I, iniciando com o nome mexicano de Guatimozin quando príncipe regente, chegara a grão-mestre. O espírito revolucionário tinha indelével certo espírito avançado que podia ser grato ao Supremo Arquiteto, mas que o não era à Cúria Romana. Sobre alguns espíritos, não raro, exercia apelo o feitio misterioso e teatral que as lojas tinham habilmente conservado, e a outros falava a conveniência de um amparo mútuo. Sentimento aterrador tinha cessado de inspirar e o governo do país bastante se recrutava nas suas fileiras, em que fraternizavam os defensores do trono com os democratas e os carolas de procissões com os tíbios e até os irreverentes. No momento do conflito religioso ocupava a presidência do Conselho de Ministros o visconde do Rio Branco, grão-mestre do Grande Oriente da maçonaria brasileira, circunstância que não pouco concorreu para a acuidade da luta.

O primeiro incidente ocorreu, aliás, no Rio de Janeiro em 1872, com o discurso maçônico do padre Almeida Martins, a quem o bispo diocesano, dom Pedro de Lacerda, intimou, sob suspensão, a abjurar a maçonaria, o que determinou um levante de broquéis contra a Igreja, aconselhado em forma moderada pelo chefe do governo e da maçonaria e por ela patrocinado na forma violenta que assumiu. O bispo, aliás, recuou, ou melhor, parou no trilho tomado, não punindo o sacerdote que, desafiando a proibição, celebrou uma missa mandada rezar por uma loja maçônica. A luva foi, porém, levantada pelo bispo de Pernambuco, por esse tempo empossado e que, recebido com desconfiança pelos maçons, rompeu impávido as hostilidades, vedando o seu clero de oficiar em cerimônias da seita. O zelo do prelado levou quase todos os padres maçons a abjurarem – os dois recalcitrantes foram suspensos – mas não sucedeu outro tanto com as irmandades que mantiveram a sua dualidade de pensar, embora tratados os seus membros de excomungados. Em resposta, frei Vital suspendeu das suas funções religiosas as confrarias rebeldes e pronunciou interdição sobre capelas delas dependentes, até a expurgação das irmandades.

Acompanhou-o na sua cruzada o bispo do Pará, adotando idêntica atitude, que o governo legalmente não podia aprovar, desde que as bulas contra os adeptos da maçonaria, que era uma associação mundial, não tinham sido placitadas. Apelando particularmente para frei Vital, o ministro do Império, conselheiro João Alfredo, fez-lhe ver que melhor seria, dadas a repulsa e a agitação consequente que já lavrava, não levar ao extremo a regra canônica e considerar que não havia proveito para a religião em perseguir uma instituição "entre nós inocente e até benéfica a certos respeitos" como a maçonaria. Se o ministro do Império achava inconstitucional o proceder dos dois bispos, eles achavam anticanônico o recurso à Coroa, interposto pelas irmandades e perfilhado pelo parecer do Conselho de Estado pelo fato de confrarias e prelados representarem por um lado um poder espiritual, mas dependerem, por outro, do poder temporal da nação de quem eram cidadãos os irmãos e os bispos e do qual recebiam estes a sua pensão. Os maçons incriminados não tinham a consciência da sua culpa porque nos seus ânimos se abrigavam de preferência outros propósitos que o de agressão à Igreja Católica, e para o culto representava uma perda material sensível a sua eliminação, porque a abastança e generosidade de alguns era para as confrarias uma fonte, a mais farta, de receita.

Dos dois lados faltava verdadeira disposição conciliatória pelo fato de serem irreconciliáveis os pontos de vista. Se era intransigente o espírito regalista, não menos ou porventura mais o era o espírito canônico. O governo não queria ser desprestigiado e tinha ao seu alcance os meios legais; os bispos queriam ser obedecidos e usavam para tanto os anátemas da Igreja – contra as irmandades, não contra a maçonaria, que nem os próprios monarcas poderiam mais exterminar, observava frei Vital em sua carta ao conselheiro João Alfredo, ajuntando com bom senso que se a maçonaria não reconhecia a autoridade da Igreja, devia abandoná-la aos seus fiéis. O papa a condenara expressamente, o que era bastante para um católico, não sendo o poder temporal juiz competente na parte religiosa. O bispo de Pernambuco já como que aspirava ao martírio pela fé e nem tinha a consolação de ser apreciado e amparado pelo representante da Santa Sé, o internúncio Sanguigni, que lhe dava o vergonhoso conselho de fugir em visita pastoral, deixando ao vigário geral a ignomínia da capitulação, e lhe acenava até com dinheiro do governo a pretexto de despesas de caridade e outras[53].

Macedo Costa e frei Vital são grandes vultos do nosso episcopado, mas frei Vital é mais do que isso, uma das grandes figuras morais da nossa história. Em religião não é permitida a transigência, mesmo porque a religião não é uma instituição política; e se ela ganhou com o conflito foi justamente porque se mostrou intolerante. Um escritor protestante, Fronde, nota que só o ceticismo é tolerante. A Santa Sé, habituada às práticas diplomáticas, deu prova de uma primeira contemporização levantando por um ano as excomunhões incorridas pelos maçons, a qual, aliás, de nada serviu. Do que se tratava não era tanto do domínio espiritual, como no domínio do direito público, sendo

---

53. Cartas publicadas pelo senhor Viveiros de Castro no volume comemorativo do Instituto Histórico (1925).

essencial fixar dois pontos: se, dada a natureza mista das confrarias, era lícito à autoridade religiosa, ampliando sua esfera de ação, impor-lhes novas condições pela sua exclusiva iniciativa, sem concorrência ou aquiescência da autoridade temporal, e se, dada a lei básica do Brasil, podia em caso algum dispensar-se a homologação imperial para os rescritos pontifícios. No caso das irmandades, estava até firmado pelo governo que o compromisso, sobre o qual o bispo se arrogava poder absoluto, não podia ser alterado sem proposta dos associados, dos quais constituíam outros tantos atos voluntários. Pretendiam elas que lhes cabia eliminarem, querendo, irmãos com recurso para o temporal, como juiz de capelas. Num regime de religião de Estado, a supremacia não pode ser independente e sobretudo ilimitada fora do domínio restritamente espiritual, e num regime constitucional não pode haver uma condenação sem processo com audiência e conhecimento da parte, devendo os interditos ter caráter pessoal e não pesar igualmente sobre inocentes e culpados.

A discussão jurídica podia prolongar-se indefinidamente, e não faltam certamente ao governo jurisperitos argutos e boas razões para apoiar seu ponto de vista, tanto mais quanto o prelado se excedera não só na sua jurisdição como na linguagem, qualificando o beneplácito de "doutrina herética, falsa e perniciosa".

As coisas foram mais longe, como era de prever. Os dois bispos reiteraram suas instruções aos curas e vigários para suspenderem todas as solenidades religiosas e fecharem os templos onde nas confrarias irmanassem católicos e maçons, dando assim por julgado que estes conspiravam contra a religião. O governo imperial, apoiado nas "antigas temporalidades portuguesas" e na Constituição brasileira, ordenou-lhes que, conformando-se com o parecer da maioria do Conselho de Estado, levantassem os interditos, e como ambos negassem a legitimidade do recurso à Coroa das confrarias e contestassem ao poder civil "autoridade para dirigir funções religiosas", e como também o clero preferisse por seu turno agir de acordo com a disciplina eclesiástica e obedecer aos seus superiores diocesanos, passou a medidas mais diretas. Invadindo, para fazer respeitar a autoridade temporal, a esfera religiosa, ordenou aos magistrados civis e outros clérigos a procederem às funções do culto independentemente da vontade dos prelados. Mais do que isso, contra o voto de Nabuco de Araújo no Conselho de Estado, que, não obstante defender a soberania brasileira ao ponto de aconselhar a deportação dos bispos como nociva a sua presença de representantes de outra soberania à paz pública, opinava em desfavor do processo porque dificilmente "uma questão de consciência será elevada à categoria de crime",

Retrato de d. Pedro II, d. Tereza Cristina e as princesas Leopoldina e Isabel

promoveu o ministro do Império perante o Supremo Tribunal de Justiça acusação criminal contra frei Vital e dom Macedo Costa por atos infringentes da Constituição e do Código Criminal.

Incursos, por manifesta pressão do governo sob o Poder Judiciário, no artigo 96 do Código, consequentemente por "terem obstado ou impedido de qualquer maneira o efeito das determinações dos Poderes Moderador e Executivo" – o que Viveiros de Castro, íntegro juiz da Corte Suprema da República, contesta formalmente porque os bispos "apenas se recusaram a ser eles mesmos os executores do provimento dos recursos interpostos pelas irmandades" –, foram presos e julgados em 1874. Contra os membros do clero que os tinham acompanhado também foram instaurados processos nos respectivos tribunais. Como havia, porém, que satisfazer ou sossegar a consciência da maioria da população católica, impressionada pela firmeza inabalável dos dois prelados e lamentando o encerramento de não poucas igrejas e capelas nas duas dioceses, o governo imperial resolvera ao mesmo tempo, em agosto de 1873, mandar a Roma, em missão especial, o barão de Penedo, a fim de obter da Santa Sé conselhos de paz aos pastores e às suas ovelhas e a reprovação dos atos de insubordinação que tinham comprometido a até então constante serenidade da atmosfera religiosa do país, que nem por isso, entretanto, tomou aspecto geralmente tormentoso e apenas se nublou e em um ou em outro ponto degenerou em ligeira tempestade.

Atuando sobre os sentimentos existentes no fundo da alma nacional e ali depositados pelas tradições religiosas seculares, a resistência dos bispos e dos seus dependentes eclesiásticos provocou algumas desordens no interior de províncias do Norte. O fanatismo católico moveu um certo número contra os adeptos conhecidos ou suspeitos da maçonaria; no Recife elementos populares açulados pelas folhas livre-pensadoras ultrajaram e maltrataram padres, especialmente os jesuítas estrangeiros; as autoridades tiveram de recorrer à força para manter a ordem e garantir proteção aos ameaçados do ataque, já depois de haver vítimas de agressões, bem como para perseguir os arruaceiros de todo gênero.

Eram esses motins o reflexo das múltiplas discussões na imprensa e também no Parlamento, onde conservadores puros, como Ferreira Vianna, Candido Mendes e Paulino de Souza, e liberais moderados, como Zacharias, se declararam campeões das doutrinas ortodoxas dos prelados perseguidos, pronunciando-se contra um governo que, no dizer daqueles oradores, praticava um verdadeiro abuso de autoridade intentando ação criminal contra altos e dignos da Igreja que em nada ofendiam as leis civis com sua defesa dos direitos eclesiásticos, os quais se referiam exclusivamente a assuntos espirituais e eram agitados em redor de uma questão de crenças religiosas. Ao lado do ministério de rótulo conservador e de fato anticlerical, tomou assento o antigo liberal convertido à fé republicana Saldanha Marinho, cujo pseudônimo literário, o que os ingleses chamam, usando da expressão francesa *nom de plume*, recordava o nome do pontífice Clemente XIV que em 1773 foi levado pelos governos latinos católicos da Europa a abolir a Ordem de Jesus. Seus artigos copiosos e vigorosos deram matéria, colecionados, para quatro volumes *in-octavo*.

Em seus lúcidos e incisivos comentários do estudo já citado, Viveiros de Castro diz que todos os participantes nessa questão erraram – os dois bispos por falta de tato político, a Santa Sé a princípio por dubiedade, o internúncio por cartesianismo diplomático, o governo imperial por vingativo capricho, o enviado brasileiro a Roma por maquiavelismo, a suprema magistratura nacional por subserviência ao Executivo violador da lei penal. Para todos existem, contudo, razões atenuantes. Assim, frei Vital de Oliveira, ao alçar o pendão na sua diocese de Olinda contra a maçonaria, vibrava de indignação, conforma lembra o doutor Luiz Cedro numa igualmente recentíssima publicação[54], pelos ataques, que considerava torpes, contra o dogma, promovido pelo papa Pio IX, da Imaculada Conceição. Pastor diligente, ele queria preservar o seu rebanho desses "pastos envenenados".

Quanto mais os maçons insultavam a Igreja, alguns deles conspícuos nas irmandades e cujos nomes foram acintosamente publicados, tratando-a de "cadáver pútrido", e ao papa, chamando-o "sultão da infalibilidade", mais irredutível ela se mostrava contra qualquer composição que revivesse a antiga condição de indiferença, geradora ocasional de semelhantes "heresias e blasfêmias". Não se lhe afigurava mais possível "lamentar o mal em silêncio, como em silêncio ocorria a estranha justaposição de caracteres – católico romano e maçom –, e, diante do pretexto de não disporem as confrarias de poderes para afastar do seu seio os heterodoxos, recorreu à aplicação das penalidades religiosas que cabia dentro da sua competência episcopal.

A maçonaria brasileira prestara, na verdade, relevantes serviços à causa da Independência nacional e não visava deliberadamente à sua organização destruir a religião católica; mas o ultramontanismo romano, mais acentuado ainda depois da perda pelo papa do seu poder temporal, isto é, dos Estados Pontifícais, despertara entre os maçons, livre-pensadores, uma reação que os dois prelados combateram com armas que acabaram por ferir as leis do país e a Constituição. Se o regime da religião estabelecida e do padroado não é o melhor para a Igreja porque tende fatalmente a subordiná-la, era em todo caso o vigente no Império. Apenas o padroado, que fora uma concessão da Santa Sé, se

---

54. *Um Bispo de Olinda*, no volume comemorativo do primeiro centenário do *Diário de Pernambuco*, 1925.

transformou na frase de Candido Mendes, mestre em direito canônico, em tutela proveniente do direito majestático exercido pelo imperador como "protetor da Igreja do Brasil", uma expressão de sabor galicano e uma proteção que passou a "inspeção vexatória" e que aqueles bispos tiveram em última instância a coragem temerária de querer suprimir, não contando sequer para isso com o consciente fervor religioso do país ou mesmo com o concurso ativo de toda a hierarquia eclesiástica. Era mister, portanto, para o governo imperial ter de ir a Canossa.

A própria Cúria Romana não guiou como devia os dois eminentes ministros do altar: nem os desviou da luta com o poder temporal, nem lhes deu apoio incondicional. As suas primeiras instruções foram obscuras, as últimas foram contraditórias. Não se chega a saber bem se a Santa Sé louvava o zelo apostólico dos prelados, ou se achava preferível poupar as confrarias contaminadas pelo "vírus maçônico". Toda a discussão suscitada pela missão Penedo e em que terçaram armas o diplomata e o bispo do Pará girou afinal em volta dessa incerteza ou talvez da tergiversação do cardeal Antonelli, secretário de Estado.

A missão Penedo foi por algum tempo enigmática e hoje, apesar de esclarecida nos pontos controversos e feliz para o agente, não pode ser considerada uma negociação lisa e sincera, se é que as há em diplomacia. Não constituiu, como alguns a tacham, um *ultimatum* do governo imperial à Cúria Romana, embora tivesse um sabor muito parecido de rompimento o tom desabrido da nota de 1º de março de 1874, respondendo ao ministro dos Negócios Estrangeiros ao macio apelo do internúncio, em nome dos direitos da Igreja, para a violada imunidade eclesiástica dos réus e para a incompetência do tribunal civil para julgá-los. A nossa chancelaria, declarando que a competência do Supremo Tribunal "não dependia do juízo de nenhuma autoridade estrangeira, fosse ela qual fosse", tratou cruamente o protesto do representante da Santa Sé de "impertinente e nulo". Como dizia na Câmara dos Deputados Ferreira Vianna, criticando a nota, igualmente falecia ao governo brasileiro competência para qualificar de *nulo* o protesto de um soberano, aliás, o chefe da Igreja Católica.

Não foi tanto um ultimatum porque lhe faltaria sanção bélica, mas foi uma inabilidade. Solicitar a coadjuvação da Santa Sé quando os bispos iam ser forçados a sentar-se no banco dos réus era simplesmente impedir moralmente o Sumo Pontífice de entrar nas vistas do governo imperial, as quais tomavam uma cor anticlerical senão antirreligiosa. Penedo já ia prevenido pelas suas instruções das intenções drásticas do gabinete, resolvido a empregar os mais enérgicos meios legais: à sua missão não importava a suspensão da ação das leis. Queria a reprovação do procedimento dos bispos e de antemão recusava, repelia mesmo, uma transação. É pouco crível que o ministério maçom quisesse praticar a loucura de declarar guerra aos católicos do país, não somente castigar os bispos.

Consumado diplomata, Penedo fez um uso discreto das suas instruções. Ocultou o processo dos bispos e deu à sua presença um caráter todo pacífico e cordato. Apenas habilmente salientou os males que para a religião resultariam da perturbação do culto e do desprestígio dos seus serventuários. O governo imperial só aspirava a restabelecer a boa inteligência entre a autoridade civil e a autoridade eclesiástica. Os bispos tinham pecado por excesso de zelo; só o Santo Padre os podia eficazmente refrear nessa senda funesta para a Igreja e para a fé. O memorando de Penedo é de 27 de outubro de 1873: em 20 de dezembro anunciava ele para o Rio de Janeiro o êxito de sua missão.

Por ordem de Pio IX o cardeal Antonelli escreveu uma carta oficial aos bispos de Olinda e do Pará desaprovando a sua atitude e mandando que levantassem os interditos sobre as igrejas das respectivas dioceses. Da leitura que lhe foi feita da carta, redigida em latim, disse Penedo ter-lhe ficado gravada na memória a frase do exórdio: *Gesta tua non laudantur*. A carta, porém, não foi publicada; foi destruída por determinação da Santa Sé aos seus destinatários em vista do processo instaurado, e quando mais tarde viu a luz a frase, cuja revelação tivera a maior repercussão, era ligeiramente diferente na letra ainda que absolutamente não no espírito, integralmente idêntico[55]. Dom Macedo Costa escreveu que à maçonaria – a "perniciosa peste" de que falava Antonelli na sua carta – couberam todas as honras do triunfo.

Acusou o bispo o barão de Penedo de ter enganado a Cúria Romana, dissimulando a perseguição, o que o diplomata contesta mesmo em presença da afirmativa de Antonelli, que nesse ponto deve ser acreditado, pela própria evidência dos fatos. A Santa Sé não suspenderia o efeito da sua carta de reprovação se tivesse prévio conhecimento do propósito do governo imperial contra os dois membros do episcopado brasileiro. Numa encíclica papal, mais tarde expedida, deplorava-se a guerra oficial iniciada na Hungria e no Brasil contra os prelados católicos e prometia-se que o Santo Padre os sustentaria com toda a sua autoridade moral. A chancelaria brasileira teve de se defender dizendo que a Cúria Romana havia sido invocada, não para regular a conduta de um governo que assegurava como era do seu dever os direitos do Estado, mas para prevenir discórdias intestinas, quem sabe se conduzindo a um cisma, em detrimento da religião católica. O governo imperial exagerava tendenciosa e ardilosamente o perigo, que nunca assumiu a possibilidade de um rompimento. Os únicos a padecerem provocações foram os dois intrépidos pastores, e Viveiros de Castro tem razão em dizer que até sofreram da má vontade do cardeal secretário de Estado que nunca deveria ter reeditado a carta, e que se alguém merecia o *Gesta tua non laudantur* era Antonelli.

---

55. "Sua Santidade de modo algum pôde louvar os meios por vós empregados para atingirdes ao fim a que propúnheis." (tradução do bispo do Pará)

O julgamento dos dois bispos foi um acervo de iniquidades. Viveiros de Castro, com sua inexcedível autoridade, escreveu[56] que o "governo preteriu as fórmulas processuais e postergou as disposições legais reguladoras da espécie". Os recursos à Coroa deviam ter sido precedidos de recursos para o superior eclesiástico; nem procurou entender-se com a Santa Sé "numa matéria quando muito de natureza mista". Joaquim Nabuco, pouco simpático aos prelados, diz mesmo que "nem se compreende que a última palavra da liturgia pertença ao ministro de Estado e não ao chefe da Igreja", se bem que os maçons brasileiros vivessem inteiramente da maçonaria revolucionária e internacional "e a Cúria Romana admitisse e tolerasse o nosso regime constitucional". Era uma questão que não podia ou antes não devia ser tratada "a golpes de interditos, nem a golpes de resoluções imperiais". O funcionamento das irmandades no tocante às cerimônias do culto era, aliás, assunto de caráter religioso. Entretanto, a denúncia do procurador da Coroa arrastava frei Vital às gemônias, fazia dele sob o tênue véu da linguagem jurídica um rebelde escandaloso, um quase anarquista despótico dos piores tempos da tirania espiritual na sua modalidade eclesiástica. O libelo de Justiça requeria contra ele o grau máximo das penas previstas no Código pelo seu crime inafiançável – seis anos de prisão com trabalho forçado. O tribunal usou de parcialidade manifesta pela acusação contra a defesa, qualificada pelo promotor de *intrusa* por ser espontaneamente tomada e não constituída pelo réu. Essa defesa, assumida por Zacharias e Candido Mendes, mostrou, porém, que desobediência não é rebeldia, pois o não cumprimento de uma ordem não implica ação violenta. Violento era um governo que "ameaçava os católicos brasileiros com os poderes conferidos pela legislação do país se o Santo Padre não desaprovasse formalmente o procedimento dos bispos". Não havia de resto preceito algum legal que impusesse a esses a obrigação de exe-

---

56. Ensaio citado no volume comemorativo do Instituto Histórico.

cutar o provimento dos recursos à Coroa. Ao juiz de direito cabia "a hipótese de recusas de cumprimento, a execução da resolução imperial como sentença judicial". Na opinião de Viveiros de Castro nem desobediência se deu, visto que os bispos não foram intimados pela autoridade judiciária competente.

O Supremo Tribunal não demorou com o processo, pela nulidade do qual e incompetência da corte de Justiça votou apenas o membro barão de Pirapama (Cavalcanti de Albuquerque). Um bispo e depois o outro foram condenados no grau médio, a quatro anos, assim equiparada a crime comum a sua atitude defensável do ponto de vista religioso.

A intransigência dos condenados persistiu após a sentença. Encarcerados, manifestaram-se pela validade e confirmação dos seus interditos e pela escolha de curas e vigários igualmente em desacordo no assunto com o poder civil a fim de ocuparem as paróquias cujos titulares tivessem sido condenados, bem como os governadores de dioceses, a penalidades judiciárias. O conflito não terminou imediatamente, embora insignificantes tivessem sido os protestos mesmo entre o episcopado, limitando-se ao arcebispo primaz e aos bispos dom Viçoso e dom Lacerda. Frades, irmãos terceiros, membros de confrarias, sacerdotes, deputados filiados nos dois grandes partidos constitucionais, todos guardaram o mais prudente silêncio, tão caracteristicamente nacional entre a gente de posição quando se trata de prepotências do governo, com o qual é de boa política, quer dizer, da melhor conveniência viver na santa harmonia. Nesse caso, aliás, o exemplo da conformidade veio de Roma, nos primeiros e nos últimos arrancos da dureza oficial brasileira. Joaquim Nabuco acha mesmo que o menos inclinado à indulgência, o mais voluntarioso na perseguição foi o próprio imperador, em crise de majestade, como na guerra contra Solano Lopez, quando ofendida aos seus olhos de soberano a dignidade nacional.

A comutação imediata da pena em prisão simples era uma medida de tino político, como tal acertada. A nossa monarquia católica revivera íntegro o Evangelho, mas não tinha o que lucrar com incluir os dois bispos no martirológio da Igreja. Ainda assim, em 1890, dom Macedo Costa, então metropolita do Brasil e indigitado cardeal, apontava para o "trono afundado de repente no abismo que princípios dissolventes, medrados à sua sombra, em poucos anos lhe cavaram enquanto o altar ficava de pé". A anistia só foi concedida um ano depois, em 1875, quando a regência fora parar pela segunda vez por ausência do imperador nas mãos piedosas da princesa Isabel, com o ministério Caxias, gabinete de conciliação conservadora, no poder. O cancelamento dos processos abrangeu naturalmente os governadores dos bispados e outros eclesiásticos envolvidos no conflito. Logo em seguida, por disposição papal, eram os interditos levantados, não obstante acompanhada a ordem das costumeiras condenações da infiltração maçônica nas confrarias religiosas e no domínio espiritual privativo da Igreja. Aberto o portão da fortaleza de São João, frei Vital retirou-se do país, visitou Roma e faleceu três anos depois, em 1878, aos 34 anos, no convento dos Capuchinhos de Versalhes, um dos dois mosteiros franceses em que estudara e fora noviço. Não devia envelhecer quem tão impávido cruzado fora: o Brasil católico dele guardou a lembrança no verdor dos anos, ereta a figura de templário, o rosto pálido adornado por uma bela barba negra que a maledicência maçônica dizia ser tratada com brilhantina, como as suas finas mãos eram perfumadas com sabonete de Houbigant.

Não se lhe dera a dom Pedro II alienar do trono os seus três sustentáculos máximos – a grande propriedade, a oficialidade do Exército e o alto clero. O regalismo da Constituição Imperial foi neste último caso mais poderoso do que o sentimento católico da terra da Santa Cruz.

O Império e as finanças

CAPÍTULO VIII

País sem capitais, o Brasil estava forçosamente destinado a ser um país vivendo financeiramente de empréstimos. Durante a época colonial, o ciumento exclusivismo da metrópole não lhe permitia senão o cultivo de produtos tropicais e subtropicais – o açúcar, o café, o algodão; a exploração, muito severamente fiscalizada e onerada com a tributação do quinto, do ouro, e a dos diamantes, arvorada em monopólio da Coroa e sujeita a um contrato ou ruinoso ou fraudulento. À colônia era vedada uma indústria regular que pudesse fazer concorrência à da mãe-pátria, assim como uma agricultura variada e livre: nem trigo, nem arroz, por exemplo, que eram artigos de tráfico do reino, o vinho sobretudo, representando a mais considerável das suas exportações. A terra vivia gastando hoje o que lucrara na véspera. O benefício maior, o que avultava era o dos comerciantes portugueses, que depois passou para os negociantes ingleses quando, por ocasião das guerras napoleônicas e da trasladação da Corte para o Brasil, os portos foram franqueados ao intercurso mercantil universal e os navios britânicos passaram a transportar eles próprios suas mercadorias que as embarcações portuguesas anteriormente carregavam para além-mar.

Foi esse um período de despertar do gosto e da energia na possessão. Ensaiaram-se novas culturas, as mais exóticas – o cânhamo, o chá, a seda; imaginou-se toda espécie de inovação vegetal e animal – os pinheiros protetores contra as dunas, os carneiros fornecedores de lã, os dromedários e até as lhamas destinados a facilitar os transportes. Tudo isso não ajudou a criar um saldo de capitais, embora se houvesse, com a liberdade do comércio e a ampliação da lavoura, organizado uma riqueza nacional. A vida, já pelo clima, já pela fertilidade do solo, foi sempre relativamente fácil para os pobres dispostos a trabalhar e a lutar contra os múltiplos obstáculos e contratempos: não era edênica, mas tampouco inóspita. Foi sempre cara e árdua, apesar da condição do trabalho servil, para os que experimentavam necessidades de luxo ou sequer de conforto, que, aliás, é frequentemente mais difícil do que o luxo.

Com a Independência surgiu a nova nacionalidade que dom João VI tinha vindo modelando com sua presença, e com a sua formação soberana se deu um sério aumento de despesas, a começar pelas concernentes à defesa pública. Desde então, tornou-se indispensável recorrer à disponibilidade estrangeira. Os dois primeiros empréstimos, de £ 1.333.000 e £ 2.352,000, realizados em 1824 (13 de agosto e 7 de setembro), viram-se, contudo, reduzidos, respectivamente, a £ 1.000,000 e £ 2.000,000, pois que a sua emissão se fez a 75 e 85, com o juro de 5 por cento. Os últimos empréstimos do Império foram em abril de 1888, e em setembro de 1889, ao tipo de 97 e 90, com juros de 4 ½ e de 4 por cento, na importância de £ 6.297,000, o primeiro, £ e 19.837,000, o segundo, o que, somando com os 110.000 contos do empréstimo interno de

27 de agosto de 1889, tipo de 90, juro ouro, perfazia um total de cerca de 38 milhões esterlinos, destinados a suprimir os gastos gerais da abolição da escravidão sem indenização aos senhores e a pôr o país no caminho do industrialismo pelo aparelhamento do trabalho livre.

 O Império recorreu largamente aos capitais estrangeiros, mas sem abusar. O pior é que, mesmo assim, usando com parcimônia do seu crédito de nação ordeira e progressiva, tomava emprestado sabendo que não poderia reembolsar o débito se tivesse de fazê-lo num determinado prazo, pois não possuindo capitais, tampouco possuía o Brasil numerário. O papel-moeda sempre foi economicamente a sua praga. Metais nobres nunca houve com desafogo na circulação. A prata era rara e vinha de fora, trazida em parte pelo contrabando do Sul. O ouro era todo exportado para a Europa. O bronze só podia servir de moeda divisionária ou para as pequenas transações, as compras diárias. Os conselheiros do rei dom João VI recorreram a um expediente da Idade Média: recunhar a prata em circulação, emprestando às moedas um valor superior, o que assegurava ao governo um lucro de 20 por cento, e combinaram-no com o recurso por excelência dos tempos modernos, as emissões fiduciárias. O Banco do Brasil, fundado durante a estada da Corte real no Rio de Janeiro para favorecer as operações de crédito, foi levado a emitir além das suas garantias, sacando sobre o futuro do país, que as novas circunstâncias prometiam tornar-se brilhante. Em 1820 as notas desse banco em circulação subiam a 8.600 contos, e o decreto real, reconhecendo como dívida nacional os adiantamentos feitos ao governo pelo estabelecimento de crédito de sua lavra, não era de natureza a modificar as dificuldades financeiras do momento. Estas, acrescidas pela revolução republicana de Pernambuco em 1817 e pela agitação liberal transmitida de Portugal, tinham produzido uma forte baixa do câmbio, o qual, ao ser proclamada a Independência, descera a 48 dinheiros: o par era então 67 ½ dinheiros.

As notas bancárias tinham curso na capital: um pouco em Minas Gerais e em São Paulo. O valor exagerado dado às moedas estrangeiras originava falcatruas. Por meio das fábricas clandestinas, a moeda falsa confundia-se com a legítima, se legítima havia. O contrabando tomara a mais o caráter de interprovincial. Importava-se calculando em ouro e prata e desobrigava-se em cobre, e este, adulterado como andava, não pagava realmente os preços estipulados nem ao produtor, nem ao revendedor, nem ao exportador. Pode-se avaliar como a falta de escrúpulo, favorecida por tal situação, se espalhou e se tornou comum. Com o receio escondiam-se tesouros, retirados, portanto, da circulação. Sob a Regência, fixou-se um limite ao poder liberatório do cobre e estabeleceu-se o regime das notas do Tesouro para resgate facultativo da moeda metálica, estendendo-se a circulação fiduciária, até aí regional, a todo o Império[57]. Com essa extensão desenvolveu-se a indústria das notas falsas, com sede principal no Porto, origem de várias fortunas particulares. A crise do cobre foi vencida, mas nunca o foi a do papel-moeda.

Martim Francisco, dos irmãos Andrada o que era afamado pelo seu talento de financeiro, de que deu as primeiras provas por ocasião da Independência, vindo a dar outras e mais sazonadas durante a Regência, achava-se deportado em Bordéus quando o governo imperial encetou o sistema dos empréstimos estrangeiros e rispidamente o condenou na sua correspondência, denunciando tal política como "o abismo das nações". Sua probidade combativa revoltava-se contra os agenciadores de

---

57. Calóeras, *O Brasil por 1840*, em *O Jornal*, número comemorativo de 2 de dezembro de 1925.

tais negócios, intermediários à cata de comissões, que especulavam contra o Estado em proveito dos seus próprios interesses, e nestas palavras visava e buscava ferir Barbacena, enviado diplomático e financeiro de dom Pedro I, dirigindo simultaneamente as negociações para o reconhecimento do Império e para a atração de capitais estrangeiros.

Soam por tal modo estranhas as palavras daquele economista ideólogo nos meios práticos e positivos da atualidade que é pelo menos curioso recordá-las: "Estou convencido, escrevia ele, de que um empréstimo contraído por um Estado qualquer é um sintoma da prodigalidade do seu governo, ou a morte desse espírito da ordem e da economia que constituem as primeiras bases de toda boa administração financeira: que os empréstimos ajudam a excitar a sórdida cobiça dos cidadãos e a adormecer nos seus corações o sentimento desinteressado do amor da pátria; que as despesas denominadas extraordinárias são pílulas doiradas, engolidas por povos ignorantes, porque nenhuma há que não haja sido de antemão prevista pelos olhos perspicazes da política e a qual não se possa dar remédio fora do cancro dos empréstimos...".

Ajuntava Martim Francisco que recusara um empréstimo em condições bem melhores do que aquelas a que Barbacena ia compelir o país. Sua tarefa teria, aliás, sido bem difícil se ele tivesse tido de combater ou abafar todos os apelos que desde então foram feitos à bolsa dos banqueiros de Londres ou à algibeira dos poupadores nacionais. Em 1827, três anos depois de sua invectiva, já a dívida interna subia a 31.000 contos, ao mesmo tempo que o Banco do Brasil prosseguia com suas emissões sem lastro metálico. Impressionada com esse estado de coisas, agravado pela cunhagem da falsa moeda de cobre, a Assembleia Legislativa ordenava a liquidação do Banco do Brasil, após haver-se severamente manifestado desde sua instalação, em 1826, contra as comissões *ousadamente* embolsadas pelos diplomatas de negócios que eram convidados a restituir as somas "indevida e criminosa-

Bandeira do Império do Brasil, segundo reinado

mente recebidas", ao mesmo tempo que o governo era instado a chamá-los à responsabilidade e puni-los.

O exercício de 1829-1830 viu-se a braços com um déficit orçamentário de 7.387:953$000, e só tendo o governo à sua disposição, por assim dizer, aquela moeda de cobre depreciada, decretou o curso forçado das notas do Banco do Brasil, que justamente nesse ano deviam ser recolhidas e destruídas. Déficit e papel-moeda trouxeram por consequência maior baixa do câmbio e elevação dos preços dos gêneros alimentícios. A situação financeira era a seguinte: a dívida externa elevava-se a 18.957:155$554, a interna a 38.105:704$370, sendo 13.584:889$370 de dívida consolidada e 24.520:815$000 de dívida flutuante, em que figuravam as notas do banco pela importância de 19.905:128$000. O governo procurou obviar ao mal, diminuindo os gastos, tornando mais severa a percepção dos impostos, permitindo a livre entrada de ouro e prata em moedas ou em barras e entregando à Caixa de Amortização os fundos disponíveis em metais nobres para resgate das notas bancárias. O equilíbrio orçamentário não se realizou, contudo, inteiramente com semelhantes providências, mas o exercício de 1830-1831, que foi o último do primeiro reinado, encerrou-se com um déficit consideravelmente menor, de 2.263:128$499, não impedindo em todo caso o câmbio de descer a 20 dinheiros.

O novo regime tinha de mostrar sua sinceridade e sua capacidade. Mediante novas medidas administrativas e de uma franca hostilidade ao papel-moeda, o governo, tendo mesmo resolvido arrematar a metade dos direitos da alfândega e dos consulados para aplicar o excedente a restringir a circulação fiduciária, a situação acabou por oferecer uma sensível melhoria. O primeiro Orçamento apresentou um saldo de 2.163:173$200, sendo a receita calculada em 15.000 contos e a despesa em 12.836:826$800. Houve, porém, que recorrer-se a uma emissão de 3.000 contos em títulos da dívida pública, o que significa que a receita era em demasia modesta para as crescentes necessidades da administração. Procedeu-se a uma excelente disposição de saneamento financeiro, liquidando o primeiro Banco do Brasil. Em 1821, na ocasião em que o rei dom João VI lhe acudiu, não só declarando o compromisso oficial do seu governo com o estabelecimento de crédito que sobretudo desempenhara o papel de uma caixa subsidiária do Tesouro, como confiando-lhe o que restava no erário régio de brilhantes brutos e lapidados, alfaias e outros objetos em ouro, prata e pedras preciosas, pertencentes à Coroa, o déficit propriamente do banco era de 7.500 contos, pois que não possuía este mais em cofre do que 1.315:439$000 para fazer face à troca das suas notas, elevando-se as mesmas naquele ano a 8.872:450$000.

A Regência, que empregou seus melhores esforços para regular a confusão financeira, mudou o padrão monetário, de 67 ½ para 43 1/6 dinheiros, e deu às suas notas do Tesouro, que substituiu as do banco, curso forçado (lei de 1833). O valor da oitava de ouro de 22 quilates foi fixado em 2.500 réis e a moeda de cobre foi retirada da circulação com um desconto de 5 por cento, criou-se simultaneamente um novo Banco do Brasil, com o capital de 20.000 contos, um quinto das ações pertencendo ao governo. Seu principal fim era substituir pelas suas notas, igualmente de curso forçado, as notas do Tesouro, o que arrecadava o mal do papel-moeda oficial, mas não podia evitar a depreciação progressiva do meio circulante, pela razão inversa da valorização do meio circulante da Inglaterra, onde o curso forçado das notas do banco fora abolido em 1819, retornando-se os pagamentos em espécie metálica. A desvalorização monetária no Brasil havia sido de 60 por cento num período de vinte anos, de 1812 a 1831, com uma subida proporcional no valor dos produtos agrícolas e gêneros alimentícios. A partir de 1821 as notas do Banco do Brasil só eram recebidas com um abatimento de 110 por cento com relação à moeda de prata e de 190 por cento com relação à moeda de prata e de 190 por cento com relação à moeda de ouro. Este, aliás, desaparecera quase completamente de circulação; a prata fizera-se extremamente rara e o cobre, senhor exclusivo da circulação, banira, graças à diferença de valor real entre os dois metais, a moeda de prata em uso nas províncias aonde não chegava o papel-moeda bancário.

Esse problema do cobre foi dos mais sérios com que o governo teve de arcar nessa ordem de ideias, mormente pela circunstância de que o governo não era o único a emitir essa espécie de moeda e que particulares juntavam as suas emissões. Chegou-se a escrever que as últimas subiram ao dobro das primeiras e é possível que assim fosse, pois que era muito larga a margem de lucro. Para o Tesouro o negócio era tentador. Comprava as folhas de cobre a 500 ou 600 réis a libra e, uma vez cunhada a moeda, a libra de metal passava a valer 1.280 réis, e até mais: 1.920 e 2.560 réis nas províncias de S. Paulo, Goiás e Mato Grosso. Foi na Bahia que as emissões clandestinas tomaram maior desenvolvimento, sendo essas moedas, quase tão finas como uma folha de álamo e grosseiramente cunhadas, conhecidas, por uma sugestão onomatopaica, pelo nome de *chenchen*. Durante o Primeiro Reinado o seu ágio sobre o papel-moeda era de 10 a 40 por cento e contribuíam assim para a carestia da vida[58].

O relatório apresentado em 1832 à Câmara dos Deputados pelo ministro da Fazenda procurou naturalmente tornar o imperador e seus conselheiros culpados de todos esses erros e faltas. "Não foi a revolução, dizia o ministro, que determinou a crise; a revolução só fez desvendar os males que existiam anteriormente e que de há muito corroíam nossa prosperidade. O desaparecimento dos metais preciosos, o esgotamento do banco, a alta de todos os valores, destruindo o equilíbrio do comércio e de todas as relações sociais, a taxa de juros elevada a um ágio extraordinário, o câmbio quase reduzido a zero, o luxo superior às fortunas individuais mas reclamado por uma corte que com ele mascarava seu pouco mérito, a iniquidade da Justiça, a corrupção dos costumes, o peculato dos funcionários, a afeição da Coroa para com certas pessoas, a guerra injusta e imprudente, a depredação de certos homens favorecidos, a emissão extraordinária da moeda sem valor e a continuidade de certas práticas abusivas, a prodigalidade de tratados que deram um golpe mortal no nosso comércio, navegação e indústria, e enfim o estado – seja-me relevada a expressão – de inchaço e não de saúde, o estado violento e contrafeito, eram os males existentes que excitavam os murmúrios de nacionais e de estrangeiros."

Desse estado se foi curando o país com o restabelecimento da ordem e a moralização da administração. Se a Regência foi íntegra, não o foi menos a Maioridade. A política utilitária

---

58. Felisbello Freire, *As Crises Financeira, Comercial, Econômica e Monetária no Brasil*, séculos XIX e XX, artigos de *O País*, em 1913.

iniciada pelo marquês de Paraná em 1853, o qual pessoalmente não acreditava muito na utilidade das estradas de ferro, mas buscava pacificar a política pela indústria, desviando para esta o dinheiro antes empregado no tráfico de escravos, depressa ofereceu no reverso da medalha a representação do jogo de bolsa que foi sua consequência natural, numa antecipação reduzida do *encilhamento* dos primeiros meses da República. Numa terra de papel-moeda, as especulações tendem todas a caracterizar-se pela inflação, quer dizer, pelas emissões exageradas sobrecarregando a circulação fiduciária, frágil base da economia nacional. O próprio ministro da Fazenda de 1857 e 1858, que era Souza franco, deixou-se arrastar nesse declive. Pela sua teoria, um único banco não bastava para as necessidades da circulação, que o movimento dos negócios exigia mais ativa: era mister decretar favores idênticos, não somente comanditárias, garantindo suas emissões com apólices da dívida pública e ações de companhias de estradas de ferro, em vez de restritamente com moeda metálica. Foi o mesmo erro financeiro que se repetiu com a República.

Espíritos gozando de grande autoridade na matéria, como Salles Torres Homem e Itaboraí, combateram então a perigosa doutrina perfilhada por Souza Franco e de antemão descreveram o que ia suceder depois do que Itaboraí denominava um "carnaval financeiro", a saber, o abuso do crédito, a jogatina desenfreada, e desvalorização do papel-moeda do governo, a baixa do câmbio, os prejuízos do comércio legítimo. A expressão de Itaboraí não era uma infeliz figura de retórica. Foi um entrudo. Notas promissórias sem data fixa de pagamento eram permutadas por notas do Tesouro, por via de companhias de títulos atraentes e enganadores, varrendo diante de si com gritos de alegria selvagem as notas do Banco do Brasil garantidas por uma reserva metálica equivalente à metade do valor da sua emissão. Essa reserva foi elevada de um terço no momento da crise, quando os outros bancos emissores estavam a cabo dos seus recursos de capital.

A confiança do imperador no gabinete ficou muito abalada com tais resultados de sua gestão financeira e Olinda foi, no fim de 1858, substituído por Abaeté, antigo liberal histórico, e por um grupo de conservadores – Salles Torres Homem, Nabuco de Araújo, Silva Paranhos, Manoel Felizardo –, ministério que tratou de pôr as finanças do país em melhor pé, estimulando, porém, contra si os interesses dos especuladores e dos agentes de negócios dolosos, que repercutiram dentro do recinto parlamentar. Salles Torres Homem referiu-se num discurso a "esses excessos lamentáveis de que a tribuna legislativa ainda não tivera o exemplo, mesmo nos períodos mais tempestuosos de nossa história política". A agitação dentro e fora do Parlamento foi tal contra as cautelosas medidas do ministro da fazenda, Torres Homem, qualificadas de *bancarrota*, que o imperador recusou ao gabinete o adiamento por ele solicitado, das Câmaras, o que provocou sua substituição por um ministério presidido por Ângelo Ferraz. Este, aliás, após haver defendido a inteira liberdade de crédito, mudou de ideia com o sério inquérito executivo a que procedeu e esposou, com sua costumada versatilidade, as vistas de Itaboraí e Torres Homem.

O projeto Torres Homem, aprovado pela Câmara por 61 votos contra 50, reservava exclusivamente ao corpo legislativo a faculdade de decretar bancos emissores; obrigava os que tinham sido fundados a pagarem suas notas em ouro, se assim o exigissem os portadores, fixando, no entanto, o prazo de três anos para satisfazerem essa disposição; proibia todo aumento nas emissões, forçando os bancos a retirarem da circulação num prazo de seis meses toda a importância emitida depois de maio de 1859, data do projeto, e nomeava um fiscal para assegurar a execução da lei. Ângelo Ferraz esforçou-se por fazer o Senado adotar o projeto com ligeiras modificações e conseguiu o seu intento, mas, ao serem submetidas as emendas à Câmara, levantou-se de novo a antiga oposição dirigida pelos liberais históricos. A aprovação das emendas, por 70 votos contra 21 de liberais e alguns raros conversadores, o grosso do partido, tendo efetuado sua conversão, contribuiu enormemente para a impopularidade do ministério, cujo chefe se viu exposto às piores calúnias por motivo da sua *apostasia* (conforme a apregoaram), e para o triunfo dos liberais nas eleições de novembro, o comércio da capital tendo tomado sob seu patrocínio as candidaturas vitoriosas de Teófilo Ottoni, Saldanha Marinho e Francisco Octaviano.

Segundo a exposição do presidente do Conselho, a situação financeira era a seguinte: em 1853, havia em circulação 48.000 contos em notas do Tesouro; em 1857, 10.000 contos tinham sigo resgatados pelo Banco do Brasil, que emitira 20.000 contos das suas notas, garantidas por uma reserva metálica; em 1859, havia sempre os 38.000 contos de notas do Tesouro, mais 31.000 de emissões de bancos. O câmbio descera de 27 24 para ½ dinheiros – o padrão agora era 27 – e o Banco do Brasil não podia mais pagar em ouro as notas das suas emissões.

❧

A liquidação dessa pequena orgia financeira se deu em 1864. A lei de 1860 tinha restabelecido o nível do câmbio e mantido o privilégio da emissão do Banco do Brasil contra pagamento em ouro, mas não pudera normalizar as especulações bolsistas nem saldar as dívidas dos particulares. A crise sobreveio quatro anos depois, agravada por más colheitas que determinaram um desequilíbrio da produção, portanto, de riqueza, acarretando a falência de várias casas bancárias até então muito acreditadas, e, como tais, responsáveis por avultados depósitos. Entre elas contava-se a casa Souto. O abalo foi considerável; a corrida aos bancos foi tão tumultuosa que as autoridades tiveram de protegê-los; o comércio paralisou-se inteiramente e a lavoura sofreu a maior repercussão porque dependia para seus gastos de exploração dos seus correspondentes estrangeiros, sobretudo portugueses, que lhe acudiam as dificuldades. O governo teve de intervir independente do Parlamento, que estava fechado, e fez isso decretando medidas especiais para as falências e liquidações da Bolsa, uma em favor dos banqueiros, dos quais alguns tinham continuado a emitir notas ao portador ou títulos nominativos a prazo fixo, e outras em favor dos criadores, em muitos casos as vítimas. Afora a moratória, o curso forçado das notas do Banco do Brasil, conjugado com a triplicação das emissões desse estabelecimento de crédito, provocou a baixa do câmbio e a imediata carestia de todos os gêneros.

A Guerra do Paraguai, iniciada pela expedição do Uruguai, seguindo-se a esse período de crise, não podia deixar de exercer uma influência nefasta sobre as finanças brasileiras. Sob o gabinete Olinda (1865-66) a situação tornou-se ameaçadora. Um empréstimo externo foi negociado em Londres em condições vexatórias; títulos da dívida interna vendiam-se a preços ínfimos, e notas do Tesouro a prazo eram emitidas vencendo juros extraordinários, onerando de toda a forma a dívida flutuante. Zacharias, ao tomar conta da pasta da fazenda, em agosto de 1866, tratou de pôr alguma ordem nessa confusão financeira. Revogou a faculdade de emissão do Banco do Brasil, fixando prazos para a amortização das suas notas, e retirou dos seus depósitos o ouro que lá se encontrava e que foi calculado em 25.000 contos. O banco foi indenizado pela criação de uma carteira hipotecária, destinada a garantir as dívidas da classe agrícola, cujas letras descontadas não mais se pagavam, apesar dos seus endossos comerciais. Continuou, entretanto, o governo a vender apólices da dívida pública de juro de 6 por cento a baixo preço, inferior de 30 por cento de 6 por cento a baixo preço, inferior de 30 por cento ao seu valor nominal: a emitir notas promissórias de Tesouro de juro de 7 e 8 por cento; a aumentar consideravelmente a circulação do papel-moeda e a agravar os impostos. O câmbio naturalmente descia sempre por causa da superabundância da moeda fiduciária e das grandes dificuldades com que lutava a administração pela falta de recursos e excesso das despesas. O governo tentou atenuar o mal mesmo por meio de grandes medidas, como a liberdade da navegação de cabotagem, a qual reduziu muito os fretes marítimos costeiros, que se tinham tornado extraordinariamente onerosos, e a abertura ao tráfego universal sob pavilhões amigos do Amazonas e seus principais afluentes e do São Francisco, que a grande cachoeira de Paulo Affonso intercepta como que para garantir a integridade nacionalista do sertão e que banha a região mais histórica do Brasil.

Zacharias inspirou-se nos conselhos do eminente financeiro Itaboraí, chefe conservador, o qual, em julho de 1868, lhe sucedeu como presidente do Conselho e ministro da Fazenda. Foi mesmo a autoridade de que gozava em matéria econômica este homem de Estado uma das razões que determinavam o imperador a chamar ao poder o Partido Conservador, ao qual, aliás, pertenciam o comandante em chefe do Exército em operações, Caxias, e o da esquadra, Joaquim José Inácio, visconde de Inhaúma. O sítio terrestre de Humaitá, de que os nossos navios, antes dos couraçados, não se podiam, desajudados pela força militar, apoderar pela via fluvial, vedada a passagem do Rio Paraguai pelas correntes de ferro e pelas baterias dispostas em diferentes alturas e somando quase 200 canhões, tornando assim senão inexpugnável, pelo menos em extremo dificultosa a captura desse local já anteriormente fortificado, em tempo do primeiro Lopez, foi o momento mais difícil da longa campanha, depois do revés de Curupaiti. O local era excelentemente situado do ponto de vista estratégico, defendido por uma guarnição de 8.000 homens açoitados por trás de paliçadas e trincheiras habilmente dispostas por europeus peritos em balística, especialmente o húngaro Morgenstern. Não constituía, porém, uma fortaleza regular: era antes um largo campo entrincheirado, como lhe chama Burgton e contra as quais foi impotente o ímpeto de Massena[59].

---

59. *Letters from the Battle-Fields of Paraguay*, London, 1870.

Já vimos como a política ameaçou comprometer gravemente as operações no Paraguai. Caxias ressentiu-se sobretudo dos ataques da imprensa a soldo do gabinete Zacharias e foi preciso que o Conselho de Estado usasse de toda sua habilidade para resolver o conflito, tendo o marechal só consentido em retirar seu pedido de demissão depois de receber plena e devida satisfação do ministro da Guerra, que lhe exprimiu toda a confiança do governo. O perigo de novos atritos entre o gabinete e o seu delegado militar no estrangeiro não cessou, porém, de preocupar seriamente o imperador durante o resto do tempo em que a liga de conservadores dissidentes e de liberais – os liberais de cor mais radical faziam oposição juntamente com os conservadores tradicionais – conservou seu poder vacilante.

Uma vez mudada a situação política, Itaboraí fez prodígios nas finanças. O déficit dos três últimos anos tinha sido de 245.000 contos, coberto pelos expedientes apontados: a receita não se elevava, e isso mesmo penosamente, senão a 64.000 contos. Haveria em todo caso margem de recurso para os empréstimos, se os títulos não tivessem baixado, os da dívida interna eram de 180.000 contos, quando a externa não atingia mais do que 15 milhões esterlinos, mas havia também uma dívida flutuante de 83.000 contos em notas promissórias do Tesouro, vencendo juros de 6 a 8 por cento, e o papel-moeda do governo subia a algarismos enormes que deviam saldar-se em ouro, e era impossível reduzi-las no ponto a que chegara a campanha. Burton diz que só no Paraguai travou conhecimento com as moedas de ouro brasileiras. Itaboraí começou por emitir mais 8.000 contos de papel-moeda para as despesas urgentes e buscou em seguida consolidar a dívida flutuante, cujos prazos de pagamento o afligiam à vista de um erário vazio e ameaçado de bancarrota. Um empréstimo doméstico que tentou, do valor de 30.000 contos – os títulos, de 6 por cento de juro, tendo direito a uma amortização de 1 por cento de juro, tendo direito a uma amortização de 1 por cento em ouro, ao câmbio par de 27 dinheiros –, foi emitido a 95 e coberto três vezes. Esse êxito financeiro deu-lhe coragem para emitir ainda 45.000 contos em títulos da dívida interna, resgatáveis em papel, à taxa de 75, uma melhoria, portanto de 10 por cento sobre as emissões anteriores; para diminuir o número das notas do Tesouro e seu juro; para pagar o ouro retirado dos depósitos do Banco do Brasil, e para saldar a dívida do governo com o Banco, causada pela amortização anterior do papel-moeda, permitindo a este estabelecimento do crédito servir as necessidades do comércio. Naturalmente todas as suas medidas se basearam sobre uma percepção mais rigorosa das receitas do Estado e sobre uma economia mais severa nas despesas.

Em 1870, imediatamente depois da campanha que custara ao Brasil 600.000 contos, 24.000 homens mortos e outros tantos estropeados, feridos ou doentes (o Império despachou para o Paraguai um total de 83.000 homens), as receitas, segundo a exposição oficial feita ao Parlamento, tinham subido a 94.000 contos – 30.000 contos de diferença para mais –, o câmbio passara de 14 para 20, a dívida flutuante diminuíra sem novos empréstimos, as apólices denotaram uma progressão constante e considerável no seu valor, e o Orçamento para o exercício a seguir-se se anunciou com um saldo de 5.000 contos que Itaboraí recomendava fosse destinado à amortização do papel-moeda. A faculdade de emissão foi novamente retirada do Banco do Brasil, cujos acionistas puderam desde então eleger seu presidente. O governo reservou-se, entretanto, o direito de examinar, caso lhe conviesse, as contas e operações desse estabelecimento de crédito, o que se obrigava a uma amortização gradual das suas notas em circulação e angariava maior liberdade para ocupar-se de transações mercantis. Em 1873 o gabinete Rio Branco reduziu, porém, a cota a amortizar das notas do banco em troca ou compensação pela seção hipotecária que fora fundada para auxílio à lavoura.

Para liquidar as despesas da campanha, o sucessor de Itaboraí na Fazenda, Salles Torres Homem, que fez parte do gabinete São Vicente, contraiu em Londres um novo empréstimo. A política sempre popular dos progressos materiais foi, porém, adotada pelo gabinete imediato, presidido pelo visconde do Rio Branco e que durou de 1871 a 1875, quando ainda mal cicatrizadas as feridas da guerra e o erário sem repousar sobre um fundamento sólido. Os saldos da administração Itaboraí e dos empréstimos que se sucederam depois da sua retirada do poder foram aplicados a aformoseamentos da Corte, à expansão das estradas de ferro e das empresas de navegação por meio de subvenções e garantias de juros, ao aumento do número dos tribunais, dos vencimentos dos funcionários públicos, do subsídio dos deputados e dos soldos do Exército, e à criação de novas repartições e de novos serviços administrativos. Reapareceu o déficit e a realidade financeira dissipou a ilusão econômica. Acresce que o ano de 1875 surgiram dificuldades comerciais e corriam rumores pouco tranquilizadores acerca da solvabilidade de certas casas bancárias que especulavam sobre negócios industriais, no país e no estrangeiro, tornando assim problemático o pagamento necessário dos seus compromissos e a eventual entrega, quando reclamados, dos depósitos pelos quais eram responsáveis

A crise precipitou-se e abriu-se justamente no momento em que o ministro da Fazenda comprava cambiais sobre Londres, de considerável importância, por intermédio da casa Mauá e C.ª Irineu Evangelista de Souza (Mauá) era um banqueiro de grande iniciativa, muita atividade e real probidade; mas seus negócios tomaram num dado momento uma feição desastrosa e as letras vendidas pelo seu estabelecimento de crédito não foram honradas em Londres quando ali apresentadas. Sua falência arrastou a de outras casas bancárias e toda a praça do Rio de Janeiro se ressentiu do descalabro.

O próprio Banco do Brasil experimentou um pronunciado abalo, pois que era credor das casas que tinham suspendido pagamentos, e seus depósitos sofreram naturalmente uma brusca diminuição.

O governo teve de recorrer a uma emissão de papel-moeda e conceder empréstimos a prazo fixo a alguns dos bancos comprometidos. A operação foi feita sobre a garantia de apólices da dívida pública e de letras do Tesouro e com a obrigação rigorosa de amortizar-se a emissão logo depois da liquidação das dívidas (lei de 29 de maio de 1875). A situação normalizou-se, mas o câmbio, que subira a 24, caiu. Sob o gabinete imediato (Caxias-Cotegipe) facilitou-se a ação dos bancos de crédito real e o ministro da Fazenda, que era Cotegipe, esforçou-se vivamente pela realização de economias mediante o andamento das despesas menos urgentes; pelo restabelecimento do equilíbrio orçamentário, comprometido pela política dos melhoramentos materiais, tendo para isso de recorrer fatalmente aos impostos e aos empréstimos, e pela valorização do papel-moeda, depreciado pela suspensão da sua amortização, iniciada por Itaboraí.

Nos últimos anos da monarquia dois ministros, um conservador (Francisco Belisário de Souza) e outro liberal (Affonso Celso), se distinguiram especialmente pela sua competência financeira. Ao cair o Império, o câmbio estava acima do par, circulando a libra esterlina, mas dando-se a preferência ao papel-moeda nacional, que de inconversível passava a ter ouro por lastro. A dívida pública era limitada, o quinto ou sêxtuplo no seu total da receita do Estado que de 16.000 que somava na maioridade, subira a 175.000 contos. A dívida flutuante achava-se quase extinta e reduzia-se folgadamente o júri da dívida externa de 5 para 4 por cento.

O Império e o desenvolvimento econômico

CAPÍTULO IX

O Império herdou do regime colonial, ou mais precisamente do Brasil-reino, uma situação embaraçosa do ponto de vista aduaneiro. Ao chegar ao Brasil, o rei dom João VI abolira o sistema de monopólio nacional que até então prevalecera nas relações comerciais da antiga colônia, abrindo os seus portos ao comércio internacional. Fechados como se achavam os portos portugueses por motivo do bloqueio continental e das consequências marítimas dele derivadas na luta entre a Inglaterra e a França, era mister, sob pena de fazer cessar todo tráfego mercantil do Reino Unido, franquear os portos brasileiros. A solução impunha-se deste modo, independentemente das sugestões ou resoluções deste ou daquele, e o governo britânico por ela insistia especialmente porque a vantagem seria toda dos seus cidadãos, desde que era a Inglaterra senhora dos mares.

Uma taxa de 24 por cento *ad valorem* foi pelo governo do Rio de Janeiro estabelecida para todas as importações do estrangeiro, com uma taxa diferencial de 16 por cento para as importações de Portugal, um terço, portanto, de favor. Pelo tratado de 1810 a Inglaterra obteve, porém, uma condição superior à da metrópole – que o foi até 1816 –, sendo seus artigos sujeitos à taxa de 15 por cento. A reciprocidade desse regime de verdadeiro favor, pois que era exclusivo, não passava de ilusória: os gêneros brasileiros análogos aos produtos das colônias britânicas, tais como o açúcar e o tabaco, eram aduaneiramente excluídos do mercado inglês. A única vantagem para o Brasil do convênio Linhares-Strangford foi tornar a vida mais barata. O comércio britânico não derivou todos os proveitos esperados e calculados por causa da especulação que acompanhou as novas condições mercantis num mercado virgem de contato estrangeiro, da oscilação no valor dos produtos resultante da situação caótica da Europa e da depressão geral no mundo dos negócios que se seguiu às guerras napoleônicas, cujo ciclo foi tormentoso.

Preocupações protecionistas já transpiravam dessa política econômica de duas caras, uma de franquia comercial, a outra de sacrifício dos interesses econômicos aos interesses políticos. Em 1811 o governo do Rio de Janeiro reservou a navegação de cabotagem nas costas brasileiras para a bandeira mercante portuguesa e já estabelecera antes a isenção de direitos para a importação de matérias-primas e de máquinas.

O Império, fosse com o objetivo de mais facilmente obter o reconhecimento da Independência do Brasil, fosse no intuito de obviar ao despotismo mercantil britânico, estendeu o regime de favor dos 15 por cento a outras nações, a começar pela França, pelo tratado de 6 de junho de 1826. A diplomacia francesa trabalhava desde 1816 para romper o monopólio comercial estabelecido em favor da Inglaterra. O tratado de 17 de agosto de 1827 reafirmou a essa nação a taxa de que gozava desde 1810, mas já deixara de ser preferencial para ela e a França, pois que foi sucessivamente estendida a Áustria, Prússia, Dinamarca, Estados Unidos, Países Baixos etc. O regime de liberdade mercantil, outorgado pelo real decreto de 28 de janeiro de 1808, ficou assim de fato anulado em detrimento de alguns países menos dispostos a reconhecer a independência e soberania das nações do Novo Mundo ou fora do círculo das relações diplomáticas entretidas pela apregoada sociedade nas nações cultas. Aliás, não durou muito tal situação anômala.

Em 24 de setembro de 1828, Bernardo de Vasconcellos, o estadista mais dotado de talento, construtor da primeira metade da época imperial, fez restabelecer a igualdade das nações no mercado brasileiro, concedendo-se a todas as mercadorias, sem distinção de procedência, a tarifa dos 15 por cento ad valorem. Era uma conquista positiva do espírito liberal, de surpreender a velha Europa.

Ao mesmo tempo que caducavam os tratados do comércio, com a cláusula da nação mais favorecida, as despesas do governo aumentavam e as condições financeiras reclamavam novas ou maiores fontes de receita. A das alfândegas, imposto por excelência indireto, era a mais fácil de alterar-se e promover-se no crescimento. Em 1836 a Regência foi compelida a recorrer ao imposto de exportação, o qual, pela lei Calmon, se fixou em 8 por cento; impunha-se, porém, uma revisão da tarifa aduaneira para torná-la mais inclinada à proteção e mais bem impregnada de espírito fiscal. Em 1844 desaparecia o livre-câmbio e o Brasil tinha, sob o gabinete Alves Branco, sua primeira pauta protecionista. Os direitos sobre a maior parte dos artigos de importação eram elevados a 30 por cento, o que de resto ficava ainda abaixo das taxas então geralmente cobradas na Europa.

O desenvolvimento econômico era o reflexo natural de seu desenvolvimento econômico e derivava proveito dessa política aduaneira que continuava a poupar as matérias-primas. As despesas, contudo, subiam sempre: o imposto territorial era não só difícil de perceber como impopular, portanto impolítico; os dois partidos recrutando-se em última instância nas fileiras dos proprietários rurais. Desde 1857 que se começou a recorrer aos impostos adicionais, e em 1860 chegou-se à tarifa Angelo Ferraz, que proclamava continuar a proteger a indústria nacional, sem excluir a concorrência estrangeira e, consequentemente, prejudicar o consumidor; mas principalmente visava a melhorar o sistema de cobrança das taxas, as quais eram pela maior parte mantidas a 30 por cento. As modificações dessa pauta referiam-se, sobretudo, à classe das matérias-primas, de que começaram algumas a ser taxadas, e aos gêneros alimentícios, de harmonia com as alterações sobrevindas nos seus preços no estrangeiro. Reconhecia-se que esses preços tinham geralmente subido desde a tarifa específica de 1857.

A pauta imediata data de 1869 e foi obra do gabinete conservador Itaboraí. Era ainda mais pronunciadamente protecionista e particularmente suntuária. O aumento dos direitos versava em especial sobre os objetos de luxo – porcelanas, cristais, tabacos etc.

Como a época era de continuadas flutuações do câmbio, com as avultadas despesas causadas pela Guerra do Paraguai, adotara-se uma tarifa até certo ponto móvel: anualmente devia proceder-se à revisão da proporção *ad valorem* oscilante entre 30 e 40 por cento. Em 1874 o gabinete Rio Branco mudou esse estado de coisas num sentido antes fiscal que protecionista, dividindo as mercadorias em 36 classes, corrigindo certos valores oficiais e consolidando muitas taxas, percebidas à razão de 30, 20, 10, 5 e 2 por cento de imposto adicional.

Os gabinetes liberais a partir de 1878 fizeram adotar várias medidas aduaneiras com o intuito de aumentar os recursos do erário, aperfeiçoar o sistema de cobrança das taxas e proteger os interesses industriais (tarifas Affonso Celso e Saraiva). Também se pôs em prática em 1878 uma pauta especial para as alfândegas do Sul (Rio Grande, Porto Alegre, Uruguaiana e Corumbá), a fim de desanimar o contrabando que desde os mais remotos tempos coloniais se fazia quase às escancaras entre os territórios espanhol e português e que prejudicava altamente os interesses do Fisco nessa região limítrofe. O remédio não curou, contudo, o mal, o qual continuou a grassar quase com a mesma intensidade. Quando, em 1885, os conservadores voltaram ao poder com o gabinete Cotegipe, o ministro da Fazenda, Francisco Belisário, preparou e presidiu a aplicação de uma tarifa abertamente protecionista, que tratou de diminuir as taxas sobre as matérias-primas necessárias às indústrias nacionais e refez inteiramente a classificação das mercadorias, tomando em consideração a qualidade das importações e discriminando os gêneros de produção semelhantes aos brasileiros. As receitas fiscais cresceram muito porque a nova taxa era de 48 por cento e a indústria nacional derivou animação e lucro. A última tarifa do Império foi a de 1889, no tempo do gabinete João Alfredo, o ministério da abolição. Era uma tarifa móvel, acompanhando o câmbio e, por conseguinte, o valor da moeda brasileira, e ao mesmo tempo que sobrecarregava os impostos fixados sobre as manufaturas estrangeiras, competindo com as nacionais, suprimia as taxas sobre os produtos químicos, no intuito de favorecer a agricultura.

O protecionismo cedo, pois, se insinuou na política aduaneira no país, apesar do estado embrionário das indústrias, que verdadeiramente não se desenvolveram senão nos últimos anos do Império, depois da abolição da escravidão, instituição que acorrentava o país quase exclusivamente à agricultura; apesar também das opiniões liberais em matéria econômica de muitos dos homens de Estado e, sobretudo, do próprio soberano, o qual de preferência se inclinava ao livre-câmbio, já porque suas tendências filosóficas lhe o aconselhavam, já porque o virtual monopólio da produção do café e da borracha – ainda se não fazia sentir a concorrência da borracha das Índias Orientais – que o Brasil conquistara pelo jogo único da sua riqueza, desafiava a competência estrangeira.

Pedro II, sua foto constante nos livros escolares da República, idoso e visivelmente cansado.

Havia por baixo da prosperidade financeira do fim do Império um relativo mal-estar econômico que a tornava mais aparente do que real. A abolição arruinara muitos agricultores do Norte, no geral adiantados com os seus correspondentes e apenas dispondo de atrasados aparelhos de trabalho, tendo os senhores de engenho de lutar com a moléstia da cana e com os preços baixos do produto pela produção cubana e europeia. Não contavam eles com outro braço senão o do liberto, e este por algum tempo quis gozar de liberdade. Os trabalhadores que desciam da caatinga para substituir os da mata faziam falta nos algodoais ou eram enxotados de uma crise para outra. O Sul ia desenvolver-se, em contraste, graças ao imigrante, o italiano especialmente, que afluiu a São Paulo e tornou uma realidade nos cafezais o mito do Eldorado.

O negro foi durante o Império o grande fator do progresso nacional, como o colono europeu o está sendo presentemente, embora produzindo uma condição de desequilíbrio no todo brasileiro porque sua ação abraça apenas uma seção do país, quando a do africano e seus descendentes enxertados no tronco português era uma condição viva da homogeneidade econômica e portanto social. Dom Pedro II não era, aliás, grande amigo da colonização estrangeira: era em demasia nacional para isso. De imigração amarela, que no seu tempo queria dizer a chinesa, porque o Japão ainda não entrara na fase de expansão, nem queria ouvir falar: foi ele quem mais contribuiu para fazer gorar o plano Sinimbu. Da branca receava no seu vibrante patriotismo que distinguisse sobre o caráter histórico da população e lhe emprestasse um ar cosmopolita. A colonização era, porém, fatal se o Brasil quisesse progredir, corresponder à sua grandeza territorial e aos seus destinos, e por isso nunca cessou esse assunto, durante o século XIX, de reclamar a atenção dos homens públicos.

Data do tempo de dom João VI (1819) a primeira tentativa com os suíços de Nova Friburgo, sem falar na experiência exótica com *chins* cultivadores de chá na fazenda de Santa Cruz. Data, do tempo de dom Pedro I (1824) os segundos ensaios alemães, no Rio Grande do Sul – os primeiros foram na Bahia em 1818 –, mal orientados, porém, e mal praticados. Ao tempo de dom Pedro II pertencem outras experiências, algumas felizes, outras desastrosas.

Foi o senador Vergueiro quem deu em São Paulo o primeiro exemplo real de colonização particular pelo sistema da parceria, tradicional da lavoura do café, com os meeiros de fora. Esse sistema requer, porém, para o seu bom funcionamento, que pode até ser ótimo, perfeita honestidade porque as vendas se realizam por intermédio dos proprietários, sendo estes credores dos colonos pelos adiantamentos feitos, e não podendo os devedores abandonar as fazendas senão depois de desobrigados da sua dívida, sempre crescente com os juros, o que os transformava praticamente em servos da gleba. O arbitramento estipulado nos contratos para os casos de desacordo e cuja decisão estava nas mãos das autoridades idôneas para o julgamento operava necessariamente em favor dos proprietários e não dos colonos. O resultado foi o famoso rescrito Von der Heyde, de 3 de novembro de 1859, proibindo o engajamento de emigrantes da Prússia para o Brasil, proibição depois adotada por Baden e por Wurtemberg e, finalmente, depois de 1871 estendida a todo o Império.

A escassez de braços, escravos ou livres, tem sido o maior empecilho à expansão brasileira adequada às suas possibilidades, isto é, aos seus recursos; o aumento da produção não tem estado em proporção, nem com o crescimento da população, nem com o dos gastos do Estado. Acresce que pela gradual diminuição do tráfico negreiro até sua completa extinção, subiu o valor do escravo a ponto de não haver mais correlação entre o seu preço e o seu serviço, encarecendo assim a produção, resultado que os desafetos da Inglaterra diziam ser precisamente o que ela desejava para a natural valorização dos gêneros das suas colônias. Carvalho Mourão, citado por Vicente Licínio Cardoso, menciona que no último decênio do Império o débito médio que pesava sobre os engenhos e algodoais do Norte era de 60 por cento, pelo menos, do valor das terras, maquinismos e escravos, e que no Sul, das 773 fazendas de café, 726 estavam hipotecadas. É claro e óbvio que a presença do escravo prejudicava a vinda do trabalhador livre e não devemos esquecer que a tradição, três vezes secular, era do trabalho servil. Nos últimos tempos de escravidão a exportação de braços foi grande do Norte para o Sul. O sul dos Estados Unidos, refazendo-se da guerra, tinha recomeçado a produzir o algodão cm larga escala, e na Europa se havia desenvolvido consideravelmente a indústria do açúcar de beterraba.

Escreve com razão o senhor Vicente Licínio Cardoso que os projetos de colonização eram oficiais e artificiais em vez de serem particulares e espontâneos, e as histórias de colonização, apenas histórias administrativas. Os primeiros ensaios tinham sido feitos com gente intencionalmente engajada por agentes sem muitos escrúpulos e com antigas praças dos poucos disciplinados batalhões estrangeiros. Durante a Regência, como resultado da suspensão das subvenções e apesar do Ato Adicional ter outorgado às províncias a promoção e o fomento da colonização estrangeira, a importação desta baixou pela falta de iniciativa, pela escassez de fundos e pela desordem que lavrava em quase todo o país. O número de imigrantes europeus no período regencial não passou de 2.569, quando de 1818 a 1830 tinha sido de 9.455. No decorrer do Segundo Reinado os núcleos coloniais foram-se sucedendo em maior escala, em outras províncias que não São Paulo, sendo adotado o sistema da pequena propriedade rural e cooperando no seu relativo desenvolvimento e o governo, companhias interessadas na matéria e particulares. Em Minas Gerais o malogro da companhia de Mucury (1847) parece ter por longo tempo impopularizado a imigração, mas em Santa Catarina foi assinalado o êxito da Hanseática, fundadora dos centros florescentes de Joinville e Blumenau. O número de emigrantes chegados no reinado de dom Pedro II foi de 806.265[60].

Colonização requer facilidade de transporte, mas as enormes dimensões do Brasil, a falta de capitães nacionais e o natural retraimento de capitães estrangeiros para empresas daquela natureza, as dificuldades materiais, a começar por uma cadeia de montanhas a galgar logo perto do Litoral do Sul, na parte mais povoada e rica, não permitiram o desenvolvimento das estradas de ferro tão rápido e amplo quanto seria desejado. Ainda assim, o Império deixou a maior rede ferroviária da América do Sul, com 9.000 quilômetros em tráfego, o telégrafo submarino funcionando para a Europa sete anos depois do dos Estados Unidos, que tiveram a iniciativa do cabo submarinho, uma dívida pública de menos de um quinto da dívida atual e uma circulação de papel-moeda de menos de um décimo da presente[61].

Para a vida industrial, que ainda não temos robusta, possuíamos o ferro, que em tempo de dom João VI se começou a explorar, mas o carvão vinha-nos da Inglaterra justamente com o modelo parlamentar. Faltava-nos originalidade, mas há cópias mais ou menos felizes, e a nossa não se acha entre as últimas.

A primeira estrada de ferro do Brasil foi a de Mauá (Porto da Estrela) a Raiz da Serra (15 quilômetros), inaugurada em 10 de abril de 1854 e devida à iniciativa de Irineu Evangelista de Souza, benemérito da indústria e do comércio nacionais, a quem o senhor Alberto de Faria acaba de consagrar um livro de justiça. A segunda, de capitais ingleses, foi o trecho do Recife ao Cabo (31,5 quilômetros) da Estrada de Ferro de São Francisco, inaugu-

---

60. Clemente Branderburger, *Imigração e Colonização sob o Segundo Reinado*, em *O Jornal*, 2 de dezembro de 1925.

61. Alberto Faria, *Dom Pedro II na Nossa Vida Econômica*, em *O Jornal*, 2 de dezembro de 1925.

rada em 9 de fevereiro de 1858. A terceira foi o primeiro trecho da Central (dom Pedro II), da Corte a Queimados, com a extensão de pouco mais de 48 quilômetros, inaugurada em 29 de março de 1858.

A primeira linha telegráfica aérea, do Rio a Petrópolis, foi inaugurada em 1857 e as comunicações para o Sul foram, sobretudo, ativadas por causa da Guerra do Paraguai. Em 1889 o Império possuía 10.969 quilômetros de telégrafos terrestres, com 182 estações, diferentemente de 1861 quando tinha apenas 65 quilômetros e 10 estações. Nesse ano transitaram pelas linhas 233 telegramas com 5.544 palavras: em 1889 o número de telegramas era de 657.382, com 7.914.432 palavras.

A navegação desenvolveu-se muito. De 1822 a 1837, na proporção de 31 por cento; de 1839 a 1874, na proporção de 50 por cento para os navios nacionais e de 101 por cento para os estrangeiros; com referência à tonelagem, na proporção de 130 por cento para os navios nacionais e de 414 por cento para os estrangeiros, nesse último período. Escreve o senhor Ramalho Ortigão[62] que "do movimento do comércio interior não temos estatísticas que permitam fazer-se dele ao menos uma ideia aproximada: quanto às do comércio exterior, comparando os algarismos de 1833 com os de 1889, vê-se que o vulto dos valores passou a representar seis a sete vezes o que então se registrou".

Segundo este especialista em assuntos financeiros e econômicos, o movimento regular da constituição de sociedades comerciais e industriais promovidas por iniciativa particular teve princípio em 1851, ano em que se incorporaram 59 sociedades novas, com o capital subscrito, em conjunto, de perto de 317.000 contos, sendo catorze bancos, duas companhias agrícolas, quatro ferroviárias, três de navegação, uma de seguros, sete de tecidos, 28 diversas, e dezoito, das quais a metade bancárias,

---

62. Capítulo V do volume I das *Contribuições para a Biografia de Dom Pedro II*, editadas pelo Instituto Histórico e Geográfico Brasileiro em 1925.

elevaram seus capitais de 93.500 contos. Os bancos figuram nesses 410.000 contos com 343.500 contos. Foi nesse ano de 1889 que o crédito brasileiro "tão consolidado se apresentava, com o câmbio acima do par e o ouro afluindo largamente à circulação", que o governo imperial tratou de tornar conversível a moeda fiduciária circulante[63].

COMÉRCIO EXTERIOR — Importação: 860.999 contos papel.
Exportação: 212.592 ≥ ≥
Total: 473.591 ≥ ≥
Diferença para mais na importação: 48.407 ≥ ≥

COMÉRCIO DE CABOTAGEM — Importação: 71.472 ≥ ≥
Exportação: 67.171 ≥ ≥
Total: 138.643 ≥ ≥
Diferença para menos na exportação: 4.301 ≥ ≥

---

63. Ramalho Ortigão, capítulo citado.

O Império e a política exterior

CAPÍTULO X

A Grã-Bretanha nunca exerceu sobre o Brasil a espécie de protetorado que sob o disfarce de aliança de há séculos exerce sobre Portugal, encontrando nuns tempos certa resistência, em outros maior docilidade. A verdadeira razão da falta de reconhecimento do governo de dom Miguel, herdeiro natural da Coroa, está na sua relativa independência. Gozou, porém, aquela nação no Império de privilégios que fazem pensar nos que as potências ocidentais da Europa impuseram no Oriente com o regime das capitulações. Em virtude do tratado de comércio de 1827, não era lícito ao Brasil aumentar os direitos de importação de 15 por cento, estabelecidos sobre as mercadorias inglesas mesmo quando fossem aumentados sobre as mercadorias de outras procedências. As presas efetuadas por contrabando de escravos eram a começo julgadas por comissões mistas anglo-brasileiras, com sede no Rio de Janeiro e em Serra Leoa, na costa da África, mas ao passo que os cidadãos brasileiros eram sujeitos na Inglaterra aos tribunais ordinários, as causas civis e criminais dos súditos britânicos no Brasil eram da alçada privativa de um juiz conservador britânico, escolhido pelo governo inglês entre os desembargadores brasileiros. A Missão Ellis, em 1842, pretendeu mesmo, posto que sem resultado, porque o sentimento público se lhe opôs fortemente, obter a criação de um tribunal misto para os litígios ocorrentes no Império entre ingleses e brasileiros e entregar o julgamento dos navios negreiros apresados somente a magistrados britânicos. Em troca prometia o diplomata que o seu governo concederia favores especiais ao comércio nacional na Grã-Bretanha.

A oposição política contra toda nova convenção, especialmente dirigida contra o ministro dos Negócios Estrangeiros, Aureliano de Oliveira Coutinho, determinou a organização em 1843 do primeiro gabinete em que Carneiro Leão (Paraná) foi figura preponderante, com um pessoal todo diferente do anterior gabinete, minado por desinteligências e desconfianças entre alguns dos seus membros. Com o tratado de 1827 tendo caducado em 1844, o governo imperial pôde ocupar-se das suas necessidades financeiras elevando as taxas de importação sobre as manufaturas estrangeiras sem distinção, o que foi obra do ministério que sucedeu ao de Carneiro Leão, mas não pôde impedir a desforra britânica do malogro da Missão Ellis.

Foi o caso que o secretário de Estado dos Negócios Estrangeiros, lorde Aberdeen, apresentou e obteve a adoção do *bill* que traz na nossa história o seu nome à mercê do qual foram abolidas as comissões mistas anglo-brasileiras; transferido exclusivamente para os tribunais britânicos o julgamento dos navios negreiros, cujos capitães e tripulantes passavam a ser considerados como piratas e como tais tratados pelas leis britâ-

Industrialização em 1880: Brasil na vanguarda da modernidade

nicas, e autorizados os cruzadores britânicos a não respeitarem nem as águas territoriais nem sequer o solo brasileiro na sua perseguição do tráfico africano.

O ressentimento da população brasileira foi muito vivo por essa ofensa estrangeira, a maior, aliás, jamais feita aos seus brios de nacionalidade e procurou-se mesmo *boicotar* as mercadorias inglesas. O Bill Aberdeen, que o seu próprio autor qualificava de argelino, destinado a gente bárbara, azedou todo o intercurso diplomático entre os dois países, até que veio o rompimento de 1863, conquanto a influência britânica se fizesse sentir direta e indiretamente na política doméstica para assegurar a extinção definitiva do tráfico, realizada pela lei de 14 de novembro de 1850. Tornaram-na efetiva a perseguição, prisão e julgamento dos seus transgressores, assim anulando a própria ação do governo brasileiro a tão discutida lei de exceção internacional. Até então a vigilância dos cruzadores britânicos tinha ido de encontro à resistência unida dos senhores de escravos, dos traficantes negreiros e das autoridades, contando todos com a benevolência do governo imperial que os oficiais da real Marinha inglesa desafiavam e humilhavam, exercendo em terra violências contra as pessoas suspeitas de conivência no tráfico e levando o atrevimento até atirar sobre as fortificações do litoral.

De começo o Império tinha contado muito com a simpatia britânica porque a cisão do Reino Unido favorecia os interesses comerciais ingleses, e da Inglaterra se importou o constitucionalismo como sistema de governo; mas a tendência de aproximação política foi mais pronunciada para o lado da América do Norte. Das repúblicas neoespanholas distanciavam o Brasil antipatias peninsulares herdadas e transplantadas e prevenções filiadas na sua natureza imperial que parecia prenunciar absorções e emulações.

Os Estados Unidos não levaram a mal que o Brasil se tornasse independente sob a forma monárquica, mesmo porque a nossa monarquia não pretendeu fazer causa comum com as europeias no sentido reacionário e antes aderiu expressamente ao "sistema americano", que pode comportar variantes nas suas unidades. A monarquia foi a fórmula da coesão nacional, mas o seu espírito era e se queria que fosse genuinamente constitucional. Quando o temperamento voluntarioso do primeiro imperador deu ao regime um feitio autoritário, e os interesses da sua dinastia em Portugal o arrastaram para o campo de luta na Europa, o Brasil deu mostra de querer desviar-se um quase nada da rota marcada pela Doutrina de Monroe, mas não passou de uma nuvem no horizonte internacional.

Apesar de algumas controvérsias, mesmo irritantes, relativas a presas marítimas, franquia fluvial e outros assuntos do ramerrão diplomático, as duas grandes uniões do Novo Mundo, a americana e a brasileira, entenderam-se sempre perfeitamente e não houve melhor agente dessa *"entente cordiale"* do que dom Pedro II. A clausura do Amazonas foi apenas prolongada mais do que convinha ao pavilhão americano, mas não determinou propriamente ultrajes.

Pelo contrário, a sombra do Bill Aberdeen, ameaça constante de intervenções contra uma soberania estrangeira, se projetou sobre todas as relações entre Inglaterra e Brasil. A Inglaterra envolvia suas reclamações numa vestimenta arrogante, e o Brasil cada vez experimentava maior desagrado. O visconde de Jequitinhonha, que era conhecido pelo seu desembaraço na tribuna parlamentar, não hesitara em empregar no Senado esta linguagem: "A Grã-Bretanha quer exercer uma onipotência, quer dominar o Brasil; quer que este reconheça um patronato vergonhoso, indigno de nós, e que deve merecer da nossa parte a mais forte, enérgica e desmedida resistência". Alguns anos depois, quando o caso do *Trent* e dos enviados da Confederação, tirados à força pelos federais de bordo daquele paquete britânico, levou a Inglaterra e os Estados Unidos ao ponto quase de guerra, o governo de Londres pensou na utilidade que lhe adviria de cultivar boas relações com o Império. Em caso de hostilidades, como as que estiveram para romper, confessava lorde Malmesbury no Parlamento, o Brasil seria para a Inglaterra no Atlântico o que seria a Sardenha no Mediterrâneo. Antes do incidente anglo-americano da Guerra de Secessão, que a Inglaterra favoreceu quanto possível a Confederação, o aspecto das coisas não deixava pensar na necessidade da cordialidade anglo-brasileira que o incidente Christie pelo mesmo tempo comprometia gravemente.

Nos rascunhos das cartas inéditas do barão de Penedo, ministro plenipotenciário do Império em Londres durante mais de um quarto de século (de 1855 a 1888), com um intervalo de poucos anos, aos políticos mais importantes do tempo no seu país, de quem ele havia sido colega na Academia de Direito e na Câmara antes de aceitar a missão dos Estados Unidos, encontra-se frequentemente a impressão da desconfiança e da queixa nutrida pelo Brasil, da atitude britânica[64]. "Sob pretexto das nossas velhas faltas (que foram numerosas), a legação britânica tem assumido um tom de censura, de política, de domínio insuportável, escrevia ele a Silva Paranhos (Rio Branco) em 6 de maio de 1856... Não há mais negócio algum, por mais ridículo que seja, que não nos valha uma injúria por parte da legação britânica. Casamentos mistos, detenções policiais, tudo é objeto para uma nota, que sempre é insolente."

O Bill Aberdeen não fora ainda revogado, como o desejava o governo imperial, e Penedo, que chamava aquele *bill* de "a cabeça de Medusa", não sabia muito como tratar do assunto. "Até aqui me abstive de falar nessas matérias com lorde Palmerston por múltiplas razões. Por quê fazê-lo? Esse diabo de homem é um *Mephistopheles negrophilo*, que por ninguém se deixa convencer, insolente, intratável quando se lhe fala de pretos." Em 1860 ele assim resumia a situação numa carta a Sinimbu: "Para ab-rogar o Bill Aberdeen fala-se de um tratado de comércio, mas nós não o queremos; propõe-se uma convenção para julgar as proclamações por motivo de presas por meio de uma corte mista, com sede no Rio: apenas se começa executá-la, é suspensa escandalosamente e sob pretextos frívolos; ao mesmo tempo se expede essa velha raposa de Christie para atormentar-nos com a abertura do Amazonas, a solução da questão dos direitos de nacionalidade e de

---

64. Borrador emprestado pelo Dr. Arthur de Carvalho Moreira, filho do barão de Penedo e secretário de legação.

funções consulares; por outro lado se procura fazer-nos a boca doce lisonjeando o nosso amor-próprio mediante um projeto de aliança permanente para os negócios do Prata".

Em 1859 a França e a Inglaterra tinham proposto uma mediação oficiosa aos governos da Confederação Argentina e da província de Buenos Aires, isto é, a Urquiza e a Mitre, e o Foreign Office pensava agrupar-lhe o Brasil "certamente, escrevia Penedo a Sinimbu, ministro dos Negócios Estrangeiros do gabinete Angelo Ferraz, com o fim de nos algemar e impedir de ter uma política fora dos interesses europeus". Penedo, entretanto, não acreditava muito naquela mediação, que aliás dependia dos beligerantes, e antes julgava ser o boato destinado a acalmar os portadores de títulos de Buenos Aires e os especuladores da Bolsa.

O negócio Christie, do nome desse diplomata inglês que dele foi diretamente responsável, é o mais desagradável, porventura, que tem transitado pela chancelaria brasileira. O barão de Penedo dava uma informação exata sobre a personalidade do ministro britânico quando o qualificava de "extraordinário indivíduo, que aprendeu a diplomacia no território de Mosquito", onde de fato esteve acreditado e deu o que falar.

A Christie compõe-se de dois incidentes diferentes, somente ocorridos simultaneamente e que por isso aparecem justapostos. Entre a legação britânica e o nosso Ministério dos Negócios Estrangeiros houvera troca de correspondência bastante áspera a propósito de uma barca inglesa, *Prince of Wales*, que naufragara num ponto deserto da costa do Rio Grande do Sul e cuja carga, declarava a legação, fundada nas informações do cônsul britânico, fora pilhada, havendo mesmo suspeita que tripulantes tinham sido assassinados. O inquérito das autoridades brasileiras estabeleceu que com efeito se dera crime de roubo dos salvados, isto é, dos caixões que as ondas atiraram sobre a praia, cometido por malfeitores desde então refugiados no Uruguai e cuja extradição fora solicitada, mas que não se encontrava indício algum de homicídio. O ministro Christie, sem aguardar a resposta decisiva do governo do Rio de Janeiro, exigiu que um agente britânico tomasse parte no processo intentado e reclamou uma indenização. Estava neste ponto a controvérsia quando sobreveio o outro incidente, provocado por três oficiais da Marinha de Guerra britânica, da fragata *Fort*, que, à paisana e em completo estado de embriaguez, tinham desafiado todo um posto policial e passaram a noite no xadrez com companheiros pouco desejáveis. Uma vez, reclamados pelo vice-almirante, chefe da divisão naval, foram postos em liberdade sem que se lhes instaurasse processo. O ministro Christie julgou, porém, indispensável pedir satisfação pelo ultraje de que tinham sido vítimas seus compatriotas, passando das recriminações às ameaças.

Nas suas cartas particulares ao marquês de Abrantes, ministro dos negócios estrangeiros, o barão de Penedo não cessava de emitir a opinião de que Christie era de temperamento irascível e que tinha pessoalmente em vista prestar serviços relevantes em benefício da sua carreira, mas que entrava nos planos do governo britânico "coagir-nos e mortificar-nos" para obter um tratado de comércio. O naufrágio da *Prince of Wales* deu-se no mês junho de 1861 e o caso dos oficiais do *Fort*, em junho de 1862. Em 5 de dezembro de 1862 recebia Abrantes um ultimato de Christie, exigindo a indenização previamente por ele arbitrada para o negócio do roubo da carga, e, pelo que dizia respeito à prisão dos três oficiais, o castigo rigoroso da sentinela pelos mesmos insultada, a demissão do alferes que os recolhera ao xadrez, censuras ao chefe de polícia da Corte e ao seu subdelegado e plena satisfação pelo ultraje.

O prazo para a execução do ultimato expirara em 20 de dezembro: a 31 navios de guerra ingleses apresentavam cinco embarcações mercantes brasileiras empregadas no comércio de cabotagem, quando se aproximavam da barra para entrar no porto do Rio de Janeiro.

Uma vez consumada a afronta à nação, Christie julgou tanto mais prudente declarar que aceitaria o arbitramento para os dois incidentes, quando nenhuma consequência mais poderia resultar e a polícia e a tropa tinham tido a maior dificuldade em conter o furor da população que queria atacar a legação britânica, o consulado e as casas de comércio inglesas, as quais fecharam as portas, seus proprietários ocultando-se dos arruaceiros. Consultado a respeito, o Conselho de Estado resolveu opinar pela aceitação do duplo arbitramento, mas o ministro preferiu pagar imediatamente, sob protesto e invocando a coação em que se sentia, a indenização pela barca naufragada e saqueada, a qual foi fixada pelo próprio Christie em £ 3.200.

A chancelaria brasileira entendia, aliás, que não assentava a dignidade do país empregar árbitros na solução de questões tão mesquinhas, que versavam exclusivamente sobre interesses pecuniários e não mexiam com a honra nacional.

O outro incidente foi, porém, submetido ao arbitramento do rei Leopoldo I, da Bélgica, por uma convenção assinada no Rio em 5 de janeiro de 1863. A decisão foi dada em 18 de junho do mesmo ano e foi favorável ao Brasil, se bem que não fosse completa a satisfação que nos era devida dessa conclusão. A hipótese de uma provocação brasileira foi de todo arredada pelo árbitro e ficou reconhecido que as autoridades do Império tinham todas elas cumprido seu dever, e mesmo que o não tinham cumprido por inteiro porque puseram em liberdade os oficiais da Marinha de Guerra britânica sem darem andamento ao procedimento legal que devia seguir-se. O governo imperial não pôde, contudo, obter qualquer reparação, como a reclamou do governo britânico, pelos atos de verdadeira prepotência praticados pelo seu agente diplomático e pelo vice-almirante em plena paz, nas águas territoriais brasileiras, com violação de todos os tratados e de todos os princípios do direito das gentes. Navios de guerra britânicos não podem errar ou pecar e, portanto, nenhuma indenização foi concedida pelos prejuízos ocasionados por aquelas iníquas represálias contra a nossa Marinha mercante. Lorde John Russell avocou toda a responsabilidade do proceder dos agentes do seu governo, declarando que tivera unicamente por desígnio obter seguranças para a propriedade e vida dos súditos britânicos que tivessem a desventura de naufragar na costa brasileira, ao mesmo tempo que forçar o respeito devido às pessoas dos oficiais da Marinha real. Seguiu-se entre os dois países um rompimento de relações diplomáticas, ao qual puseram cobro os bons ofícios da legação portuguesa em Londres, depois de haver o governo imperial recusado um primeiro oferecimento de mediação da parte do rei de Portugal, dom Luiz, sobrinho de dom Pedro II, pela boa razão de que a iniciativa de uma conciliação deve emanar do ofensor e não do ofendido. O governo britânico acabou, com efeito, por tomar tal iniciativa e acreditou junto ao Imperador o seu ministro em Buenos Aires, Thornton, que era *persona grata* por antecipação, tendo-se mostrado favorável à política brasileira nas diferenças que precederam a Guerra do Paraguai. O diplomata inglês foi apresentar suas credenciais no acampamento mesmo de Uruguaiana, onde dom Pedro II acabava de receber a rendição do corpo de Exército paraguaio, composto de 12.000 homens, que tentara a invasão e ocupação do Rio Grande do Sul.

As questões de política exterior condensadas sob o epífito de negócios do Prata podem desdobrar-se em duas categorias: o respeito dos princípios e dos tratados e as reclamações por violências e princípios e dos compreendendo, portanto, matéria de direito internacional público e de direito internacional privado. De ambos os lados se ouviam queixas contra a indulgência dispensada aos emigrados políticos, os platinos em terras brasileiras e os rio-grandenses em terras platinas; contra socorros positivos facultados a rebeldes estrangeiros, contra a participação de forasteiros em discórdias de caráter puramente doméstico;

finalmente por devastações, no decorrer das lutas civis, de propriedades de nacionais situadas fora das pátrias respectivas, nomeadamente estâncias brasileiras na Banda Oriental.

O governo imperial proclamava a cada passo sua neutralidade, mas de fato sua intervenção estava sempre imanente, fosse para defender e manter a independência e soberania do Uruguai, depois que teve de aceitá-la, fosse para garantir a livre navegação dos rios Paraguai, Uruguai e Paraná, indispensável às comunicações do litoral com o vasto *hinterland* de Mato Grosso, separado da costa mais ou menos povoada por uma enorme região deserta.

O ditador de Buenos Aires, Juan Manuel de Rosas, sonhou reconstituir o antigo vice-reinado do Prata, criado na segunda metade do século XVIII e que abrangia, além da Argentina, as atuais repúblicas do Uruguai, Paraguai e Bolívia (alto Peru).

O Uruguai deveria ser o primeiro elo dessa recomposição histórica, e Rosas ali encontrou um aliado condescendente na pessoa de dom Manuel Oribe, candidato à presidência, a quem prestou seu auxílio e que o Brasil naturalmente arredava em proveito do seu concorrente Rivera.

Graças aos socorros de Buenos Aires, Oribe chegou a dominar quase toda a campanha do Uruguai, enquanto a facção contrária se conservava em Montevidéu, onde os representantes diplomáticos do Brasil, da França, da Inglaterra e da Espanha a rodeavam de certo prestígio moral.

A missão à Europa, em 1844, de Miguel Calmon du Pin e Almeida (marquês de Abrantes), havia estabelecido um acordo de vistas e mesmo de ação com os governos de Luiz Felippe e da rainha Vitória, mas o bloqueio franco-britânico, empreendido separadamente, não deu o resultado esperado e foi suspenso. O Brasil tinha, aliás, de atender a um jogo mais cerrado, porque não só tinha de combater rios meridionais pelo fato de estar na posse das suas margens inferiores e caber-lhe, portanto, tal direito, como de vigiar o estado de guerra além da fronteira, o qual alimentava uma agitação perigosa na província apenas pacificada do Rio Grande do Sul (1845) e lesava grandemente os interesses de numerosos brasileiros fixados na antiga Província Cisplatina do Império e diariamente expostos aos vexames, hostilidades, espoliações e exigências dos partidários de Oribe.

Rosas acreditara no Rio de Janeiro um agente diplomático dos mais hábeis, dom Thomas Antonio Guido, perito em espionagem, mas o ministro dos Negócios Estrangeiros do Império, Paulino de Souza (visconde do Uruguai), estava perfeitamente à altura de sua tarefa. Entrando em inteligência com os *caudillos* das províncias argentinas de Entre Ríos e Corrientes, hostis ao predomínio de Rosas, no qual enxergavam uma absorção, porque o seu rótulo federalista dissimulava uma arisca centralização política, chamou também a si os ditadores do Paraguai, cuja soberania fora reconhecida pelo Brasil em 1844, e da Bolívia, preocupados em resguardarem a autonomia dos seus países, e sustentou pecuniariamente a resistência da praça de Montevidéu. Uma vez que o governo imperial declarou que não mais trataria dos negócios orientais senão *in loco* e com os beligerantes, reclamando, porém, sem resultado junto a Oribe plena satisfação pelas depredações, confiscos e violências de que cidadãos brasileiros tinham sido vítimas, chegando alguns a ser recrutados para o serviço militar do Uruguai, Rosas assumiu uma atitude agressiva, exigindo por sua vez reparação por uma incursão brasileira no território oriental.

Depressa romperam as hostilidades, o Brasil confiando o comando das suas forças, concentradas no Rio Grande do Sul, ao general Caxias, pacificador da província, e o comando da esquadra ao almirante Grenfell, um dos companheiros de lorde Cochrane, por ocasião da organização da Marinha nacional. Os *caudillos* de Entre Ríos e Corrientes não mentiram à palavra dada; um general uruguaio bandeou-se para o lado contrário; as fronteiras da Bolívia e do Paraguai guarneceram-se de contingentes militares das suas nacionalidades, e as consequências foram a fuga de Oribe, sem dar combate, e a derrota do ditador argentino pelo Exército aliado, composto de 24.000 homens, dos quais 4.000 brasileiros, que tomaram parte da Batalha de Monte Caseros, travada contra 20.000 soldados de Rosas, o qual se refugiou na Inglaterra, vindo a falecer em Southampton, após um exílio bastante longo, que durou até 1877.

A política de intervenção nunca aproveitou ao Brasil. Em 1827 os unitários argentinos comprometeram o seu futuro político anuindo à anexação da Cisplatina e, diante da revolta do sentimento platino, teve o Império de renunciar à própria ficção de suserania que quisera conservar sob pretexto de salvar a independência da nova nacionalidade, quando ameaçada, ou de salvaguardar a sua coesão. A Europa, primeiro invocada em 1830 pelo marquês de Santo Amaro, esquivou-se desde então a desafiar a Doutrina de Monroe, e por seu lado o Brasil e a Argentina tiveram por um momento um interesse comum – o de evitarem a formação de um Estado composto do Rio Grande do Sul, da Banda Oriental, de Entre Ríos e de Corrientes, que seria o começo da desagregação prática do Império, tanto quanto uma barreira oposta à formação da *Greater Argentina*. A concordância era, porém, negativa: no terreno afirmativo recomeçava a divergência. Apenas a Argentina queria reincorporar fragmentos da fundação política colonial do vice-reinado, e o Brasil transformá-los em satélites seus.

A intervenção do Império contra Rosas não lhe trouxe vantagem alguma com o Uruguai; antes não fez senão agravar a desconfiança contra as suas apregoadas ambições, as quais pareceram revelar-se sem disfarce ou atenuante por ocasião da Guerra do Paraguai. A América Espanhola e a Europa raciocinavam logicamente à vista de sucessivas intervenções operadas

Pessoas do século XIX: Muita expressão com raro sorriso.

e deduziam sua conclusão da desproporção em vigor e em recursos que havia entre o Império unificado e imenso, com uma força toda sua, se bem que latente, e pequenos países onde grassava uma desordem sangrenta. A suspeita alcançava mesmo a esfera do governo britânico, ou melhor, este a partilhava.

Uma carta particular de lorde John Russell a um compatriota e amigo seu, escrita no ano de 1859 e que se acha mencionada e até reproduzida na correspondência do barão de Penedo com seus amigos políticos do Brasil, dizia que estava no interesse da Grã--Bretanha e de todas as potências marítimas preservarem a paz no Rio da Prata, porque a Inglaterra não nutria desígnio algum de anexação contra esses territórios, motivo pelo qual não lhe ocorria transformar jamais a mediação em intervenção; mas que as intenções do Brasil eram diversas e que dele havia que recear como Estado de raça portuguesa, oposto às repúblicas espanholas.

Penedo ajuntava na sua carta, que era de 5 de novembro de 1859, que tal desconfiança era uma opinião estereotipada no Foreigh Office havia muito tempo, e que fora trazida do Rio da Prata para Londres por lorde Ponsonby, o qual desempenhou um papel importante nas negociações que se seguiram à guerra de 1825, de que resultou a independência do Uruguai, admitida pelo Brasil e pela Argentina, reconhecida e patrocinada pela Inglaterra.

A Guerra do Paraguai foi uma consequência da política brasileira de intervenção, combinada com o exclusivismo ofensivo do segundo Lopez, diferente do exclusivismo defensivo do primeiro herdeiro imediato do regime de isolamento de Francia. Para assegurar o êxito de sua combatividade, já dominando a seu arbítrio a navegação do Rio Paraguai, já assegurando seu assento entre os chefes das potências mais fortes da América do Sul, Solano Lopez montara uma máquina bélica junto à qual parecia minguada a força brasileira de 16.000 homens, dispersa pelas guarnições das províncias, desajudada de fortificações e de navios. Faltava-lhe apenas o pretexto do rompimento que forneceu a situação anárquica do Uruguai, prolongando-se depois de 1851. Prosseguiram tão sangrentas e desleais como antes as lutas entre *blancos e colorados* – o Brasil apoiando este último partido e o outro sendo-lhe violentamente hostil –, assinaladas por episódios tão repugnantes e desumanos como o Massacre de Guinteros.

Os brasileiros residentes além da fronteira do Rio Grande do Sul, entre os rios Quarahim e Negro, que somavam mais de 30.000, entre donos e trabalhadores de estâncias, sofreram muito pessoalmente e nos seus bens com a desordem resultante da aditação política e social. Ninguém escapa em tais circunstâncias aos efeitos funestos da epilepsia revolucionária. Propriedades foram saqueadas, gados *vacum* e cavalar roubados, peões recrutados à força para o serviço militar. As queixas repetidas dos seus nacionais, nos quais entrava, como sempre acontece em semelhantes ocasiões, o elemento da especulação, induziram o governo imperial a despachar para Montevidéu, em missão especial, o deputado e ex-ministro José Antonio Saraiva, político de importância. Seguia-o uma divisão naval, ao mesmo tempo que uma divisão militar estacionava perto da fronteira.

O presidente Aguirre, que acabava de entrar em funções em 1864, procurou, em vez de contemporizar, enrolar a situação, manifestando-se contrário ao governo do general Mitre em Buenos Aires e solicitando diplomaticamente o apoio do Paraguai e da província argentina de Entre Ríos, a cuja frente se achava Urquiza. Foi mesmo a esperança da aliança com Lopez que levou Aguirre a tergiversar com relação não só às reclamações brasileiras, as quais se tinham tornado, aliás, tão precisas e integrais quanto rigorosas e humilhantes, como ao projeto do plenipotenciário imperial de provocar uma quebra da tensão existente, e em seguida uma inteligência entre as facções em luta armada. A esse projeto tinham aderido o governo de Buenos Aires e o ministro inglês Thornton, no seu caráter de representante de uma potência que figurava a título igual entre os que tinham avocado a garantia da independência do Uruguai.

O oferecimento da mediação conjunta não produziu, entretanto, resultado prático, porque o presidente Aguirre e seu ministro dos Negócios Estrangeiros Herrera estavam longe de agir de boa-fé e só procuravam retardar as negociações, prontos, aliás, a desprezar todo ajuste que não pudesse ser finalmente obstado. Esse ajuste realizou-se, com efeito, sendo assinado em 20 de junho de 1864 por J. A. Saraiva, Thornton, o ministro dos Negócios Estrangeiros da Confederação Argentina, Elizalde, o general Flores, chefe da insurreição uruguaia, e dois companheiros de Aguirre: baseava-se na plena anistia e em novas eleições livres, mas não foi executado pelo governo *blanco*, contra o qual ameaçavam rebelar-se por esse motivo seus próprios partidários e que, por fim dominaram a situação, exigindo que flores se desarmasse em primeiro lugar, licenciasse seus soldados e entregasse as armas e munições de guerra. A verdade era que Sagastume, em missão junto a Lopez, comunicara que este oferecia sua mediação ao Brasil, declarando ao mesmo tempo que, no intuito de salvaguardar o interesse do equilíbrio político no Rio da Prata, não consentiria numa invasão do território oriental por tropas brasileiras.

O plenipotenciário imperial fez frente a esse conluio apresentando um *ultimatum* a vencer-se no prazo de seis dias para a submissão às reclamações e respectivas reparações, sob pena de intervenção armada. A nota lhe foi devolvida sem resposta, o que determinou uma partida de Saraiva, demonstrações ultrajantes para o Brasil, o rompimento das relações diplomáticas, o início das hostilidades por meio do bloqueio dos portos uruguaios, o apresamento de navios e a marcha militar sobre Montevidéu. Esses acontecimentos coincidiram com a queda no Rio de Janeiro do gabinete Zacharias a propósito de um projeto de subsídio a uma companhia norte-americana de navegação mercante, e com a organização do ministério de cor liberal mais pronunciada presidido pelo conselheiro Furtado, então presidente da Câmara. Saraiva, considerando sua missão terminada, entregou sua demissão e o imperador recomendou Paranhos (Rio Branco) como seu sucessor junto aos governos do Rio da Prata.

O novo plenipotenciário ainda tentou recorrer à conciliação, no intuito de poupar ao Uruguai vexames e humilhações que incitariam contra o Brasil todos os ódios orientais. A solução diplomática de Rio Branco, querendo retirar do Paraguai um aliado incondicional, aberto ou disfarçado, sobrepujou a solução militar representada e preconizada por Tamandaré, embora a convenção de 20 de fevereiro de 1865 fosse desautorizada pelo governo imperial. Não podendo obstar às manifestações de apoio dadas por Lopez, Rio Branco vira-se forçado a ratificar as instruções belicosas expedidas pelo seu predecessor, ao mesmo tempo que reconhecia ao general Venâncio Flores, chefe da revolução *colorada*, a qualidade beligerante.

As hostilidades locais não podiam ser de longa duração, dada a desigualdade das forças. O ato mais importante fora, em 2 de fevereiro, o bombardeio seguido da tomada de Paissandu sobre o Rio Uruguai, bloqueado fluvialmente o porto, sitiado por terra e valentemente defendido por cerca de 1.000 homens, cujo comandante, Leandro Gomes, foi barbaramente decapitado pelos soldados da facção contrária como castigo por suas próprias atrocidades. Toda a república Oriental – Mercedes, Salto, Montevidéu – depressa caiu em poder dos aliados brasileiros – *colorados*, ao mesmo tempo que Lopez se decidia a prestar o auxílio ao governo de Aguirre, começando por capturar e anexar à sua esquadra um navio mercante brasileiro que se dirigia para Cuiabá. Tripulação e passageiros, entre eles o presidente nomeado para a província de Mato Grosso, coronel Carneiro de Campos, foram feitos prisioneiros. Não contente com essa violação do direito das gentes, Lopez destacou uma esquadrilha e uma coluna de tropa de linha, de 6.000 a 7.000 homens, para assenhorearem-se da província de Mato Grosso, empresa das mais fáceis, mas que acarretava a vantagem de distrair para aquele interior longínquo a preocupação da defesa nacional. Por fim, um corpo de Exército forte, de 12.000 homens, foi mandado invadir a província do Rio Grande do Sul por Itaqui e dirigir-se em seguida para Montevidéu, onde se juntaria ao partido *blanco*.

Lopez não foi, contudo, o único a atentar contra o espírito, pelo menos do direito das gentes. Auxiliando uma revolução no Uruguai, o governo imperial cometia uma intervenção, embora procurasse justificá-la, e desrespeitava a neutralidade. A intervenção paraguaia, ofensiva como se tornou da nossa soberania, não era fundamentalmente mais ilegal. Se o Paraguai, nos seus conchavos com Aguirre, procedeu secretamente, o Brasil também assim procedera, tendo firmado, em 1859, um convênio secreto, ainda que temporário, com a Confederação Argentina pelo qual esta nos facultava a livre passagem pelo território de Corrientes no caso de guerra com o Paraguai. Verdade é que o Paraguai sustentava uma doutrina obsoleta e antiprogressiva, qual a clausura de rios de curso comum a vários países.

Família Imperial brasileira, pessoas quase comuns, de hábitos e vestimentas simples, na frente de casa.

Escolhendo para o ataque o momento em que estava preparado e em que lhe parecia achar-se o inimigo pouco disposto a medir-se em longa guerra, o Paraguai apenas fazia seguir os princípios políticos europeus. A independência de Corrientes, Entre Ríos e Rio Grande do Sul dos laços que prendiam esses territórios à Argentina e ao Brasil teria sido um golpe de mestre... se se houvesse realizado. A traição é, porém, inseparável da guerra e, como dizia o marquês de Pescara ao legado papal, é impossível aos homens servirem Marte e Cristo ao mesmo tempo. A presunção de Lopez com relação à sua superioridade militar era, entretanto, tamanha que não hesitou em romper igualmente com a Argentina, que lhe recusara, invocando os deveres da neutralidade, a permissão de atravessar Corrientes para penetrar por este outro lado na República Oriental. Despachando um exército de 24.000 homens para forçar a passagem, Lopez, como vimos, contara erradamente com a colaboração de Urquiza.

Foi semelhante agressão temerária que deu origem ao Tratado da Tríplice Aliança, negociado e assinado em Buenos Aires pelo terceiro plenipotenciário brasileiro, o deputado liberal Francisco Octaviano. Rio Branco fora destituído porque, tendo presidido à capitulação de Montevidéu, não fez figurar no tratado qual Flores foi investido do governo interino, devendo seguir-se uma nova eleição, as cláusulas relativas às indenizações brasileiras. O plenipotenciário imperial exigira, contudo, de Flores esse compromisso por um ato separado e reservado versando sobre a liquidação das antigas reclamações e o castigo dos autores dos recentes ultrajes. Figurava-se-lhe o mais urgente e necessário encerrar todas as negociações pendentes sem suscitar outras dificuldades ou levantar novos obstáculos, com o fim de estabelecer em Montevidéu um governo amigo e aliado que pudesse ser de valia para o Brasil na guerra que se anunciava.

Ninguém, contudo, previa que a campanha viesse a prolongar-se por cinco anos. Mitre, o generalíssimo dos exércitos aliados por virtude do tratado de 1º de maio de 1865, foi o primeiro a enganar-se, vaticinando a tomada de Assunção dentro de três meses. Só ocorreu no começo de 1869 pelas forças do duque, então marquês de Caxias. O esforço de resistência do Brasil, de todo desaparelhado para uma guerra que de algum modo se previa, teve de ser extraordinário. O Império já se tinha com efeito por esse tempo desiludido da sua quimera de debilitar a promissora Confederação Argentina por meio da criação de uma potência rival, senhora do Paraná e do Paraguai, portanto da Bacia Superior do Prata. Contra Rosas ajudou Urquiza, deixando-se arrastar pela habilidade de Lamas, encarnação dos inimigos de Oribe, e a Carlos Antonio Lopez serviu Pimenta Bueno (marquês de São Vicente) de mentor, "mais se parecendo, entretanto, o discípulo com Ulysses do que com Telemaco"[65]. Ao Paraguai prestaram serviço a nossa diplomacia e a nossa engenharia, ocupando-se Pimenta Bueno de preparativos bélicos, ele próprio relatando a participação efetiva que teve na elaboração dos planos das defesas de Humaitá e da estrada estratégica do Passo da Pátria a Assunção. Oficiais brasileiros de terra e mar serviram de instrutores aos paraguaios e colaboraram com engenheiros militares e navais europeus nas fortificações nos arsenais e nos estaleiros onde no fim de contas se preparava a agressão contra o Império.

O Brasil não podia aspirar aos foros de conquistar, mas não queria ver crescer ao seu lado outro gigante. No seu íntimo calculava que Urquiza e Lopez se neutralizariam, opondo um ao outro os seus ciúmes de independência e sonhos de grandeza. Já em 1852, Urquiza fora seduzido pela diplomacia brasileira com

---

65. Oliveira Lima, *Um Século nas Relações Internacionais do Brasil (1822-1922)*, em *O Estado de S.Paulo*, 7 de setembro de 1922.

a perspectiva de suceder a Rosas, para o que sabiam os tentadores que lhe faltava o estofo, correndo a Confederação o risco de dissolver-se sob a ação do federalismo rural e de perder a democracia gaúcha a consciência política e social do povo. A *"petite entente"* manipulada pelo Brasil não passou, porém, de uma fantasia que se esfrangalhou de encontro ao progresso argentino. Já em 1856 o Império se comprometera a não fomentar a fundação de novas nacionalidades em menosprezo da autoridade legítima das existentes e com mutilação dos seus territórios tradicionais. Em 1859 sobreveio a crise argentina da qual derivou para a República uma maior coesão.

A ação imperial podia em rigor assistir a justiça, mas faltava o desinteresse, e o ditador paraguaio, ao protestar contra a intervenção armada do Brasil na Banda Oriental, sentia pulsar por si a simpatia decorrente de um estado de alma coletivo, europeu e americano. É fato que a intromissão brasileira era muitas vezes solicitada do próprio Uruguai pela facção ameaçada de perder o mando, e não contrariava aquela simpatia a circunstância de serem algumas das controvérsias originadas em episódios da escravidão.

No Uruguai não havia escravos, mas, mercê do tratado firmado pelo Império, cabia-lhe a obrigação de entregar os que viessem do Brasil buscar o abrigo do seu território, onde aos respectivos senhores era lícito virem buscá-los, protegidos na sua reclamação, que o sentimento de humanidade considerava afrontosa, pelas autoridades brasileiras agindo independentemente do recurso diplomático, fórmula respeitadora da soberania.

Do lado a lado escasseava boa vontade, e com os agravos de nacionais brasileiros eram correlativos os melindres uruguaios pelo virtual protetorado que sobre eles pesava. A tutela é sempre penosa para um povo brioso, e a questão, ao tornar-se aguda, foi mal encaminhada, não abundando em Saraiva a maleabilidade que sobrava em Rio Branco. Este era, porém, dotado de um descortino largo bastante para medir a inconveniência de um *Greater Paraguai*, sem o contrapeso do feudo de Urquiza, constante da região mesopotâmica com que o quisera brindar a diplomacia imperial.

O Paraguai jogava com instrumento de um povo valente até a loucura, passivo até o sacrifício e fanatizado até a inconsciência. Demais, a diplomacia mental teria porventura capacitado Lopez de que o Brasil e a Argentina, de mãos dadas com tal objetivo, maquinavam dividir entre si, para selarem o seu acordo, as duas repúblicas menores. No Brasil tanto havia a recrutar soldados como a improvisar esquadra capaz de romper os obstáculos. Os dois gabinetes formados em 1865 e em 1866 – o último gabinete Olinda, em que Angelo Ferraz foi ministro da Guerra, e o terceiro gabinete Zacharias, em que Paranaguá ocupou a pasta da Guerra e Affonso Celso a da Marinha – trabalharam com tanta atividade quanto êxito a levantar corpos de voluntários, expedir navios construídos em mesquinhos estaleiros, numa palavra organizar a vitória que o número de gente disciplinada, a audácia conjugada com a ambição, a situação topográfica quase inacessível, as mil dificuldades da campanha, tanto fluvial como terrestre, prometiam, senão asseguravam ao Paraguai. Angelo Ferraz, a quem coube a honra de receber em Uruguaiana, ao lado de dom Pedro II, a rendição do coronel Estigarribia, permanecera a princípio no gabinete Zacharias, acedendo às vivas instâncias do presidente do Conselho, mas entregara sua demissão quando, num momento de angústia para as forças aliadas, Caxias, seu desafeto pessoal, foi chamado ao comando em chefe das forças aliadas.

Mitre teve bastantes repugnâncias que vencer da parte dos seus compatriotas para entrar num acordo que conjugava com os brasileiros os esforços argentinos dirigidos contra irmãos de raça.

O Império, procurando os meios de esmagar com maior segurança a tirania de Lopez, obedecia afinal ao instinto de conservação da sua nacionalidade, arredando ou antes abafando uma ameaça aos seus destinos que assumira gravidade; mas ainda prosseguiu na sua política já tradicional de proteção às duas repúblicas menores na previsão de perigos mais sérios por parte da maior. Mais tarde, na República, o barão do Rio Branco, herdeiro da habilidade paterna, quis acentuar com a concessão ao Uruguai do condomínio da Lagoa Mirim a surda hostilidade à Argentina que vinha de 1825, fazendo sobressair aos olhos do estrangeiro a diferença entre o proceder franco do Brasil nessa questão de soberania das águas limítrofes a intransigência da República platina no tocante à jurisdição das águas do estuário. Também, depois de vencido Lopez, a diplomacia brasileira ajudou em Washington a causa do

Senado Brasileiro, no dia da edição da lei Áurea.

Paraguai na controvérsia relativa ao território do Chaco, submetida à decisão arbitral do presidente Hayes. O Paraguai passou ao campo de rivalidade entre as duas grandes nações da América do Sul, e essa rivalidade surgiu logo depois da paz, imposta ao vencido com manifesto, posto que oficialmente silencioso, desprazer dos outros países neoespanhóis, que mais desconfiavam da ambição brasileira do que se revoltavam contra as "atrocidades" de Lopez. Para conciliar a Bolívia, o Império celebrara com ela, em 1867, o convênio que lhe assegurava a posse do Acre e protegeu-a depois, desejando que lhe fosse de preferência atribuído o território litigioso da margem direta do Paraguai acima do Pilcomayo, previamente ressalvado.

Os aliados tinham de antemão, pelo tratado de 1 de maio de 1865, regulado entre si as questões de limites com o Paraguai, e por ele a Argentina fizera jus a estender sua fronteira até a Bahia Negra; mas, argumentando o governo de Buenos Aires com o generoso e inopinado princípio de direito internacional de que a vitória não concedia semelhantes regalias, e tendo ficado estabelecido pelo tratado preliminar da paz que ao Paraguai era dado discutir as pretensões contrárias ao seu interesse a integridade, abriu-se de par em par a porta à desavença. O Império entendeu negociar separadamente com o governo provisório instalado sob seus auspícios em Assunção, garantido embora aos participantes do tratado de aliança a liberdade de navegação dos rios e as indenizações de guerra, que ficaram afinal no papel. A Argentina ocupara entrementes Vila Ocidental e o Brasil, pretendendo também repudiar o direito de conquista, consagrou o seu protetorado sobre o Paraguai pelos tratados ditados por Cotegipe com o desplante que Joaquim Nabuco chamou o seu *"coup d'éclat"*. Era a vez do negociador argentino pugnar pelo país vencido, julgando uma violação da sua soberania à proibição de erigir novas fortificações, a qual é corriqueira nas pazes europeias. Não era, porém, exagerado considerar o protetorado brasileiro um prolongamento da guerra pela aliança – na frase de uma das notas de Tejedor, ministro do exterior da administração Sarmiento – do vencido com um dos vencedores contra o aliado da véspera, quando era facultado ao Império manter uma ocupação militar indefinida no Paraguai sob pretexto de garanti-la, contra a Argentina evidentemente.

De 1869 a 1875 foram anos de grande tensão nas relações argentino-brasileiras. O pró-cônsul imperial em Assunção, que manipulara o governo nominal do Paraguai, fora Rio Branco, o qual nunca perdera de vista o objetivo da hegemonia no Sul. O conde d'Eu, genro do imperador, que comandou uma última fase da guerra – a perseguição de Lopez na região montanhosa do país que Burton acusa Caxias por haver descurado como militar, embora talvez com tino político –, não tinha experiência senão de caráter bélico. A função diplomática coube a outros, mas o papel superior pertenceu a Mitre, espírito isento de preconceitos nativistas, que na proscrição aprendera a tolerância internacional e não nutria contra o Brasil as prevenções de Tejedor nem as de Cotegipe contra a Argentina, as quais, segundo Joaquim Nabuco, se equivaliam. Apreciando os tratados de 1872 como um erro do Império e não como uma ofensa internacional contra a República, e julgando satisfatória a linha divisória do Pilcomayo com a ilha do Cerrito ou de Atajo, Mitre fazia de algum modo o jogo dos seus adversários domésticos, figurando de condescendente, mas certamente servia à causa da paz e da justiça. Tendo com sua missão ao Rio de Janeiro restabelecido a anterior aliança sem sacrifício dos tratados firmados em separado, e sem continuar a fazer arma de combate da não ratificação do protocolo sobre o arrasamento das fortificações paraguaias, o antigo generalíssimo dos aliados transportou-se para Assunção, acompanhando as negociações e o plenipotenciário brasileiro Araguaia, o qual sustentou o ponto de vista paraguaio de estender-se o arbitramento até o Rio Barmejo.

Joaquim Nabuco, pretendendo, aliás, salientar a atitude do conselheiro Nabuco de Araújo, seu pai, que se esforçava por manter a concórdia, tanto como jurisconsulto como na qualidade de chefe liberal, tratou a política brasileira do momento de "temerária". A imprensa tachava a expansão argentina de audaz e o governo estava por trás dela. Foi um milagre que não resultasse um rompimento da missão Tejedor ao Rio de Janeiro em 1875, terminada pela partida brusca do diplomata, cujo acordo, negociado em separado com o representante paraguaio, foi rejeitado ainda sob a influência do prestígio brasileiro. Nesta última fase o imperador, não obstante zelar com o seu costumado afã o pudor nacional, fez acentuadamente causa comum com Mitre a manutenção da harmonia entre as duas nações. O último ato internacional do Império foi a assinatura em 7 de setembro de 1889 do tratado submetendo ao arbitramento do presidente dos Estados Unidos a questão das Missões.

É voz corrente no Brasil que a Guerra do Paraguai, sobretudo, foi de bom proveito para a República Argentina, e até certo ponto é verdade que ela lucrou positivamente com o abatimento de um país que politicamente se queria contrapor à sua expansão, e que saiu esfrangalhado da tentativa, e com os fornecimentos da campanha – cereais e carnes, o produto da sua lavoura e da sua criação – durante anos.

Mauá, que foi no Império o homem de todas as iniciativas utilitárias e cuja *faculté maîtresse* era o descortino econômico, não enxergou a guerra como favorável aos nossos interesses e buscou evitá-la, elevando-se pessoalmente à pujança financeira internacional e colocando-se no Uruguai como uma estátua de Rhodes diplomático, simbolizando a grandeza do Brasil e seu predomínio platino.

O papel de Mauá na nossa formação foi agora objeto de um trabalho entusiasmado do senhor Alberto de Faria, que o põe ao lado de dom Pedro II e de Caxias como os três maiores agentes da unidade nacional. No seu livro, de cujas provas teve a gentileza de facultar-me a leitura, ele mostra o banqueiro intervindo eficazmente na defesa da Cisplatina autônoma contra a absorção argentina, uma vez a causa de Montevidéu abandonada pela França, e assim colaborando na obra de Paulino José Soares de Souza, de impedir a realização do plano unificador de Rosas. A política de Mauá era a de franca intervenção, e ele próprio desassombradamente declarava repelir a abstenção. "Sou daqueles", escrevia em 1864, "que pensavam dever o Brasil exercer no Rio da Prata a influência a que lhe dá direito sua posição de primeira potência da América do Sul...". Estava, pois, talhado para agente do nosso imperialismo, e na sua concepção este tinha de buscar-se na conquista econômica, operando pelo que hoje se chama a diplomacia do dólar. Sabe-se que tal diplomacia tira proveito também ao país explorado, aproveitando de seus recursos e até regularizando sua administração[66]. A diplomacia do patacão teria porventura evitado a chacina. O progresso material poderia ter desviado a luta e aplicado as energias ao fomento em vez de aplica-las para a destruição.

A verdade é que o governo *blanco* do Uruguai tinha numerosas culpas no cartório, mas que o estado de espírito brasileiro era em 1864 propenso à intervenção armada em favor do movimento revolucionário de Venâncio Flores, no qual se alistaram não poucos dos nossos nacionais que habitavam o Estado Oriental em número de 40.000, um quinto da população, possuindo propriedades cuja extensão territorial cobria mais de um quarto da República. Em semelhante disposição de ânimo periga o sentimento da medida ou da proporção, e o senso da equidade tende a assombrar. Se de lado a lado havia agravos que oficialmente eliminavam a

---

66. Escreveu Alberto de Faria que "seria difícil encontrar nesse período que vai de 1857 a 1868 alguma empresa ao progresso da República vizinha em que Mauá não estivesse interessado ou como promotor ou como fornecedor de capital".

neutralidade, a atmosfera platina era rubra, e a rio-grandense tinha com ela pontos de contato que facilmente se restabeleciam. O Brasil, porém, tomado coletivamente, tinha ultrapassado essa fase de barbárie, e a feição imperial representada pelo soberano e pelo sustentáculo militar da ordem civil que foi Caxias era de brandura e clemência. Esse traço teve o seu quinhão na revolta da opinião contra desumanidades do quilate da tragédia de Guinteros e mais tarde contra as execuções sumárias ordenadas por Lopez. Sucessos posteriores à República, que o senhor Alberto de Faria relembra, mostram que no Brasil a influência da Coroa e especialmente de quem a cingia contava muito nessa demonstração de cultura, que nunca foi, desde 1840 pelo menos, caracterizada pelas represálias e sim pela magnanimidade.

O merecimento de Mauá como político inspirado por negócios de alta monta que redundavam no prestígio e grandeza do seu país foi preferir assentar a ação da diplomacia imperial na paz e execrar a solução guerreira. As vantagens trazidas pela guerra são facilmente aleatórias e frequentemente enganosas. O senhor Alberto de Faria teve por isso lucidez ao perscrutar a generosidade, embora haja quem a possa tachar de mais prática do que idealista, do espírito de larga envergadura, sobretudo num meio ainda refratário a uma orientação assim definida, que queria atribuir à sua pátria a preponderância econômica no continente, convertendo Montevidéu no verdadeiro limite sul do Império que deixara de ser com a independência da Cisplatina e entrevendo com um alcance surpreendente, no Amazonas o escoadouro do Peru cisandino e da alta Bolívia, e em Paranaguá, com sua vasta baía, o da baixa Bolívia e do Paraguai. Thiers, na Câmara Francesa, ao tempo dos atritos com Rosas e do bloqueio do Prata, notara que Montevidéu estava comercialmente "fadado a um desenvolvimento que Buenos Aires não podia esperar". Os estadistas, por mais conspícuos que sejam, não raro se enganam.

Em 1864 Mauá estava com a minoria, que muitas vezes é que tem razão. E, no dizer do seu biógrafo – pode-se mesmo qualificá-lo de panegirista –, a maioria era nesse caso desoladora. A maré da indignação crescera e o banqueiro, se não era o único a divergir da solução do ultimato, foi quase o único a querer opor-lhe o dique do bom senso, desdenhando a acusação de que, se o governo brasileiro deixasse de corresponder aos apelos frenéticos de proteção dos seus nacionais estabelecidos no estrangeiro e ali envolvendo-se em lutas políticas, a razão estava no patrocínio dispensado aos interesses do seu agente financeiro, consubstanciados com os do partido *blanco*. Nem faltavam da parte do Rio Grande as ameaças separatistas. Mauá achava que o Brasil tinha deveres a cumprir, uma posição internacional a zelar, mas sem exagero de força ditado por versões exageradas. Saraiva levava instruções que não se conciliavam com esse modo de ver, mas pôs-se ou antes tratou de pôr-se ao diapasão indicado por Mauá. O desconcerto proveniente cá e lá de instrumentos mais estridentes não o permitiu, entrando Saraiva a ser atacado no Brasil como um agente em demasia indulgente; e por um instante trator de sê-lo, obtendo pela persuasão o que fora despachado a alcançar pela ameaça. Só lançou o ultimato quando certo da boa vontade, senão da cooperação da República Argentina, onde Mitre encarnava o elemento favorável, mas Urquiza representava o elemento duvidoso, erguendo-se por trás dele o espantalho de Lopez. Segundo o senhor Alberto de Faria mostra, Mauá foi depois a vítima da sua própria atitude política irmanada no começo com a do governo imperial[67].

A Guerra do Paraguai significou para a República Argentina a consolidação da sua unidade, portanto trouxe-lhe uma

---

67. A esta parte associa-se no livro a parte financeira, tratada com abundância de pormenores e rematada de fato pelo abandono pelo governo brasileiro da reclamação diplomática junto ao governo uruguaio que teria salvado Mauá da falência a que se viu coagido em 1878, depois da moratória solicitada no Rio em 1875. O bom direito do banqueiro e a denegação da justiça por ele sofrida foram objeto de acalorada e hábil defesa por parte do ministro plenipotenciário do Brasil em Montevidéu, Araújo Gondin, de quem Zaballos falava com a maior simpatia e deferência.

Imigrantes da Alemanha e Luxemburgo na colônia d. Leopoldina, no Espírito Santo.

vantagem positiva, e pode dizer-se que vital. Cessou todo o perigo, que começara com Artigas, de ficar subtraída à influência de Buenos Aires a região mesopotâmica, e também Santa Fé, e o Paraguai entrou para sua esfera de atração, da qual desde a independência se afastara. Urquiza, ligando-se contra Rosas com os adversários de Oribe em Montevidéu, e com o Brasil, cuja obsessão era a reconstituição do vice-reinado platino, converteu-se no eixo da concentração propriamente argentina, da qual Buenos Aires continuou por algum tempo a ser o elemento dissolvente, querendo ser o elemento predominante dotado do que Urquiza chamava "um veto arbitrário", mesmo porque pelo seu porto transitava todo ou quase todo o comércio exterior. Nessas dissensões intestinas passou a figurar como mediador o herdeiro da ditadura paraguaia, o qual inspirou o pacto de São José de Flores, em 1859, por virtude do qual Buenos Aires entraria para a Confederação Argentina com as bandeiras desfraldadas, "nacionalizando-se a capital histórica".

Faltava, contudo, um espírito nacional para englobar as partes mais apartadas, que eram o Uruguai e o Paraguai. Este acostumara-se à segregação por Francia em sistema, formando o país à sua imagem e semelhança, "com duas ou três das qualidades e todos os defeitos de uma Providência que em vez de ser divina, fosse humana"[68]. Tal providência operava pela disciplina social imposta ao povo e que já era uma tradição local jesuítica e pela vigilância arguta do *Supremo*, que na organização independente de Entre Ríos e Corrientes enxergava um dos obstáculos ao duplo perigo, portenho e brasileiro.

---

68. Carlos Pereyra, *História de la América Española*, Tomo IV, *Las Repúblicas del Plata*, Madri.

O Império e as ideias

CAPÍTULO XI

Uma ideia ocupa apaixonadamente e agita febrilmente toda a época do Império no Brasil – a ideia de liberdade. Federalista e republicano, o ideal democrático impôs-se sucessivamente a todas as gerações que surgiram, embora pela continuação o abandonassem, fosse pelo interesse das posições dependentes até certo ponto do trono, fosse pelo efeito de novas convicções nascidas da experiência.

Chamou-se a isso pitorescamente de o sarampo republicano.

A nascente era muito mais francesa do que americana. O senhor Franklin Jameson, diretor da *American Historical Review* há bem pouco observava[69] que, muito do que se atribui à influência da revolução americana, foi antes devido a causas de alcance mundial, que operaram na Europa tanto quanto no Novo Mundo, com resultados perceptíveis em países mesmo que nada tiveram a ver com a revolução americana.

De 1822 a 1889 a monarquia foi a "cabeça de turco" dos publicistas. Quase todos sobre ela experimentaram a força do pulso, com mais ou menos sinceridade, com mais ou menos talento. A propaganda antidinástica era feita pelos próprios monarquistas, quer dizer, pelos homens políticos que se diziam partidários do regime, posto que adversários ocasionais do soberano. Os conservadores foram até os mais desapiedados.

O *Libello do Povo* encerrou a sátira mais cruel da Casa de Bragança, que o seu autor quis mostrar historicamente divorciada da nação. A *Conferência dos Divinos* era um tecido de pungentes ironias contra o imperador, obra de um espírito sútil até o sofisma. No Senado um orador tonitruante, espécie de Danton alimentado pore letras clássicas, evocou a propósito da princesa imperial o espectro de Joanna, a Louca. O Brasil copiara da Grã-Bretanha o sistema parlamentar e assimilara o seu espírito, mas sem aprender as boas maneiras inglesas. A França inundou o século e os dois mundos das suas doutrinas revolucionárias e das suas declamações empáticas ou atrabiliárias. Ela foi mestra, guia e inspiradora em primeiro grau.

O primeiro capítulo do *Libello do Povo*, em que se descreve o movimento liberal europeu de 1848 que o sugeriu principalmente, poderia ter sido redigido por um escritor francês de mérito literário, que, no entanto, fosse familiar não só com Chateaubriand, mas com Macaulay. A concepção napoleônica do Império, revolucionário e democrático nos seus princípios básicos ainda que não nos seus processos autoritários, enche aquelas páginas e seduz as inteligências daqueles que na monarquia encontravam a melhor solução para a crise que ameaçara comprometer para sempre os destinos do Brasil.

"Em virtude do princípio da soberania do povo, a nação preferiu a monarquia como poderia ter preferido a república de Franklin e de Washington; aclamou rei o primogênito da Casa de Bragança, como teria aclamado do Grão Turco se assim lhe aprouvesse. Esse rei era uma simples feitura das suas mãos; nenhum direito antigo e preexistente lhe assistia, pois tudo era novo, tudo datava da sua véspera nessa situação; o solo estava desbravado e limpo; seu único título de legitimidade provinha da eleição nacional, título aliás mais belo e mais honroso do que o conferido pelo cego acaso do nascimento; seu trono, contemporâneo da nossa *liberdade*, descansava sobre o mesmo fundamento que ela – a Revolução."

Se os liberais adeptos do regime assim falavam, de linguagem se não serviriam os republicanos? Aliás, o respeito da realeza, tão característico da nação britânica, faltou sempre ao Brasil imperial: não existira mesmo em escala notória no Brasil colonial. Houve seguramente cortesãos, isto é, pessoas que lisonjeavam o soberano e que desse modo procuravam promover seus interesses pessoais, mas para o *loyalism* inglês não possui a língua portuguesa tradução ou equivalente. Conheceu-se, de 1831 a 1840, certa ternura para com o imperador-menino "pupilo da Nação": na velhice e na adversidade, porém, quando ocorreu o pronunciamento que o derrubou, dom Pedro II viu-se quase só abandonado. Os seus partidários retraíram-se e ninguém apareceu para tentar defender o trono de semelhante monarca. Câmara e Senado eclipsaram-se: o Senado, que era o cenáculo das sumidades políticas, não ousou formular um protesto. Atingira-o a passividade do Senado romano na Roma dos Césares.

As exceções individuais foram reduzidas. Quando se falava no "amigo do imperador", apontava-se para o visconde de Bom Retiro, seu camarista e homem de cultura que a política militante deu um brilho fugaz. O segundo marquês de Paranaguá, o mais calmo e sensato dos homens públicos, cuja família era da roda imperial, foi nos últimos tempos acusado de áulico, como Aureliano nos tempos que sucederam à maioridade. O velho senador Fernandes da Cunha, enfermo e destituído de meios, condenado à indigência, recusou nobremente e com indignação a pensão concedida pelo Governo Provisório aos senadores vitalícios em condição de pobreza e subitamente privados do seu subsídio. Nenhum teve o pensamento, menos ainda esboçou o gesto, de congregar os fiéis do passado. Estava-se geralmente de antemão convencido de que a nova ordem de coisas triunfaria e o Império desaparecia para sempre, tanto se havia mofado dele, escarnecido o seu pessoal, envilecido o seu princípio essencial, infamado o imperador nas pessoas dos seus antepassados, não sendo possível fazê-lo nas pessoas da sua esposa e das suas filhas, cuja compostura e virtudes exigiam uma veneração à qual só um louco ou um malvado se poderia esquivar.

Foi até moda, que só passou com a República, difamar dom Pedro I e zombar o mais possível do bom rei dom João VI, a quem o Brasil deve sua organização autônoma, suas melhores fundações de cultura e até seus devaneios de grandeza.

O *Libello do Povo* descrevia-o sob estes traços: "Falso e suspicaz, irresoluto e poltrão, beato sem fé e sem costumes, nababo de Inglaterra, joguete dos mais baixos e desprezíveis favoritos, alheio a todo sentimento de dignidade pessoal e de honra nacional, patrono dos crimes e desordens de uma corte corrupta – tal foi João VI, regente e rei".

De dom Pedro I mil coisas se inventaram, entre elas uma deslealdade tão consumada que só parecia roubada aos tiranetes da Itália da Renascença. Salles Torres Homem chegou a aventar que a vida de Radcliffe, um dos supliciados políticos de 1824, foi arrancada à justiça por uma atroz mentira. "Sedento de vingança", escreveu ele, "o príncipe invadiu o santuário da justiça para reclamar as cabeças dos seus súditos: insistiu, rogou, ameaçou, corrompeu; mas um resto de consciência dos juízes, que o exercício da obediência e da adulação não paralisara completamente, hesitou diante do remorso de mandar ao patíbulo cidadãos que não tinham cometido outro crime senão o de preferirem seu país a um homem, e a liberdade à tirania. Compondo então, como Tibério, o gesto e o rosto, falou das atribuições da sua alma, exaltou

Multidão diante do Paço Imperial após a sanção da Lei Áurea, 1888.

sua própria clemência, e reclamou a pena capital só para ter a glória de comutá-la e dar aos seus filhos transviados uma prova da magnanimidade dos seus sentimentos. O embuste decidiu o juiz; a morte achou lugar na sentença; o traidor, porém, não perdoou; a forca trabalhou e a mancha indelével e eterna do assassinato jurídico de Radcliffe sombreou a fronte imperial..."

A inauguração, em 1862, da formosa estátua equestre de dom Pedro I, obra de Rochet, que adorna o terraço do teatro de São Pedro de Alcântara, primeiro de São João e agora João Caetano, onde dom João VI jurou a futura Constituição portuguesa e o príncipe real figurou em mais de um ato importante da sua vida política, forneceu a ocasião para um rebentar de ódio demagógico contra aquele que cingira o diadema imperial ao mesmo tempo que proclamava a independência do Brasil. Poetas como Pedro

Luiz Pereira de Souza, depois ministro da Coroa, compuseram as estrofes vibrantes da *Terribilis Dea*; homens políticos como Teófilo Ottoni recusaram representar duas Assembleias Legislativas de províncias, várias Câmaras Municipais e sociedades científicas na cerimônia que tão grata devia ser ao sentimento filial de dom Pedro II e constituía um testemunho solene da gratidão nacional; chegou-se a apelidar o monumento de "mentira de bronze". Teófilo Ottoni, que tinha o hábito e o gosto das cartas públicas, explicou num desses manifestos aos seus patrícios que a Independência fora o resultado dos esforços de mais de uma geração, e não o efeito da munificência do príncipe que lhe fora até hostil no começo, e que não tardou depois a manifestar seus desígnios íntimos de reunir de novo sobre a sua cabeça as duas coroas; que se os seus serviços naquela ocasião foram equívocos, a sua outorga de uma Constituição foi nada menos do que espontânea, pois teve lugar sob a pressão revolucionária do Norte; que semelhante estátua só se acharia bem em Portugal, onde dom Pedro IV lutou realmente em prol do regime constitucional. Essa repetição da coroação de Inez de Castro representava aos seus olhos republicanos o repúdio do movimento de 1831, que conduzira à abdicação e à regência. O sestro comum aos políticos brasileiros era deprimirem a monarquia e o monarca, tanto no poder como fora dele. Alguns chefes jactavam-se de nunca irem apresentar cumprimentos ao imperador, evitando, no seu dizer, a atmosfera pestilencial do Paço.

Uma instituição aviltada pelos próprios que tinham por missão defendê-la não pode aspirar a viver prolongadamente. Em vez de inspirar confiança, acaba por suscitar desprezo. A primeira coisa que um partido fazia, quando apeado do mando, era injuriar o chefe do Estado e maldizer do regime. Muitos poucos conservadores e liberais não se tornaram culpados dessa falta de coerência e de dignidade políticas. É verdade que numerosos, muito embora e aparentemente arregimentados e disciplinados, os partidos políticos do Império acabaram por não ter opiniões arraigadas que os fizessem mover em sentidos diversos sob o impulso das mesmas ideias: o senhor Oliveira Vianna muito bem os definiu como "simples agregados de clãs organizados para a exploração em comum das vantagens do poder"[70]. Tocavam esta ou aquela tecla segundo a conveniência do momento político e, entretanto, só uma coisa tinham em mira: ganhar as eleições, uma vez empossados no mando, e formar câmaras unânimes ou quase – como ainda a última da monarquia, sob o gabinete Ouro Preto –, apontando para elas na qualidade de reflexos da opinião pública. Daí o desdém do imperador por essas maiorias esmagadoras e a explicação do seu proceder em 1868 e em 1878.

Quando dom Pedro II fez apelo aos conservadores em 1885, Joaquim Nabuco escrevia: "Nem o imperador nem sua família distinguem entre o Partido Conservador e a monarquia. A experiência das outras casas reinantes não basta para separar nessas cabeças coroadas entidades de fato diversas. Napoleão também não teria concebido o Exército francês como uma noção distinta da do Império. Entretanto, monarquia e Partido Conservador são forças não só diferentes, mas frequentemente opostas. Os inimigos de uma instituição são, no sentido vulgar, os que combatem, mas, no sentido preciso, os que a destroem. O parasita está longe de nutrir ódio, deve mesmo nutrir amor pelo organismo de que se alimenta e que corrói. A monarquia não julga poder subsistir sem um Partido Conservador, mas este sabe que pode viver sem a monarquia. Em todo o mundo os soberanos vão-se e os partidos desaparecem. É mesmo duvidoso que a forma monarquia seja uma forma conservadora. A forma conservadora é a oligarquia, da qual a realeza é instintivamente a inimiga. O imperador, contudo, está persuadido do contrário e bem surpreso ficaria se lhe dissessem que se a República viesse amanhã, os primeiros republicanos seriam os conservadores, porque a Re-

---

70. *O Acaso do Império*, S. Paulo, 1926.

pública constituiria o fato consumado, que eles adoram; a força, que eles veneram; os empregos e as posições". Joaquim Nabuco foi dessa vez profeta.

A compreensão eleitoral sob que vivia politicamente o país, mercê das circunstâncias, entre elas a ausência de antagonismo de classes que o senhor Oliveira Vianna menciona, portanto ausência de uma luta de interesses coletivos, era a negação prática da liberdade que teoricamente a nação exaltava e para exercer a qual lhe faltavam em todo caso educação e capacidade, tendo o soberano de substituí-la na função reguladora do governo. A intervenção imperial deixava, porém, sempre descontente, azedo, irritado, o partido esbulhado do poder, e todos quantos viviam dessa exploração política, e atuava, portanto, num sentido demolidor das instituições. Por sua vez, a federação, ligada de nascença à república, não podia, malgrado a fraseologia de Joaquim Nabuco, ser um ideal monárquico. Era justamente considerado o corretivo da onipotência da Coroa.

Outra ideia fundamental da política, ou melhor, da inteligência brasileira, foi o nacionalismo, reação perfeitamente natural contra a sujeição colonial. Esse nacionalismo inspirou a política, tendo por princípio oposto o estrangeirismo. Até 1848 pode mesmo dizer-se que foi vibrante e combativo. Tendeu depois a abrandar, deixando de ser agressivo e passando, sobretudo, a impregnar as letras, expressão, como devia sê-lo, o do sentimento geral. Nunca, porém, se deixou sopitar pelo cosmopolitismo, que apenas pôde afetar superficialmente os costumes. Um diplomata estrangeiro, Tietz, encarregado de negócios da

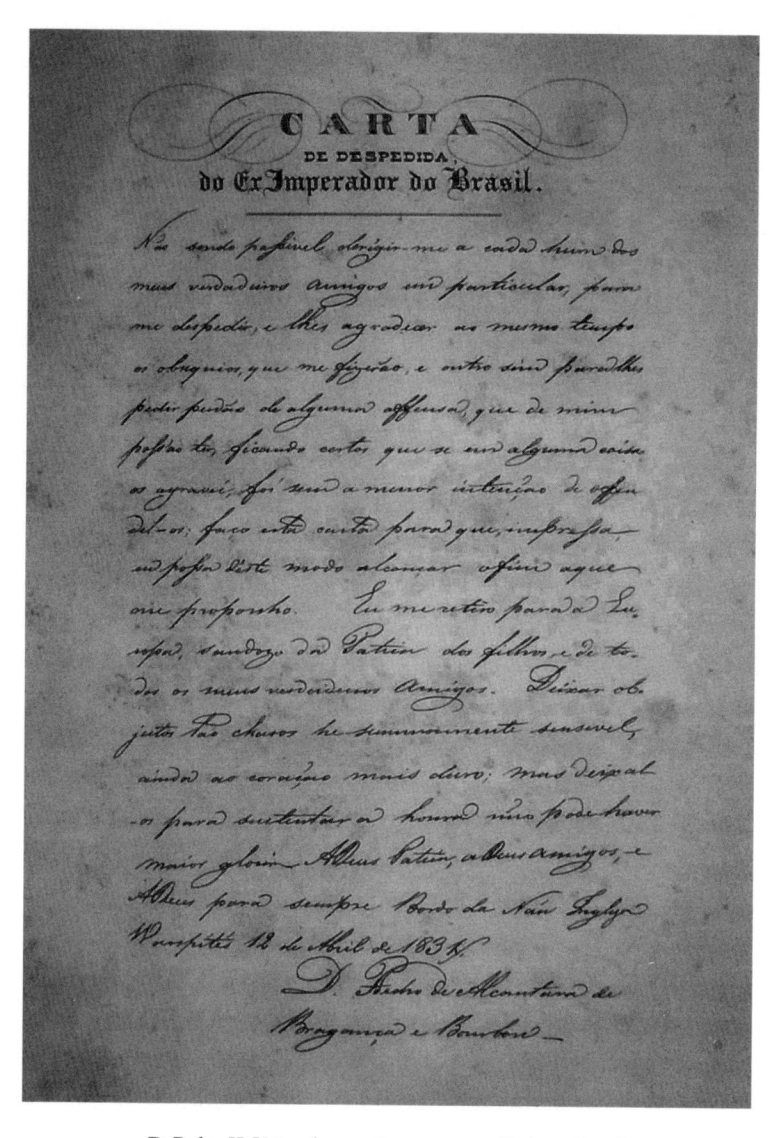

D. Pedro II: Votos de grandeza e prosperidade ao Brasil

"A vista da representação que me foi entregue hoje, às três horas da tarde, resolvo, cedendo ao império das circunstâncias, partir com a minha família para a Europa, amanhã, deixando assim a pátria, de nós estremecida, à qual me esforcei por dar constantes testemunhos de entranhado amor e dedicação durante meio século que desempenhei o cargo de Chefe do Estado. Na ausência, eu, com todas as pessoas da minha família, conservarei do Brasil a mais saudosa lembrança, fazendo ardentes votos, por sua grandeza e prosperidade."

Prússia, acreditado no Rio de Janeiro de 1828 a 1837, escreveu[71] nos seus relatórios oficiais que o brasileiro era hospitaleiro e bem-disposto para com os forasteiros, mas que se ressentia do que contra ele se escrevia de malévolo. Com outro qualquer povo aconteceria o mesmo, confundindo-se nesse caso o nacionalismo com o patriotismo.

A imprensa foi o grande veículo das ideias no Brasil. Em parte alguma é sua influência mais característica e tem sido mais poderosa. Logo que se desencadeou fez a Independência, como depois a abdicação, a abolição e, por fim, a república, mais do que qualquer outro fator. Serviu de válvula à maçonaria e de porta-voz ao Exército. Teófilo Ottoni descreve nas seguintes palavras repassadas de vibração liberal o papel que coube aos jornais no único período de autoritarismo monárquico, ainda assim relativo, posto que alcunhado de despotismo, que o país conheceu e que foi o reinado de dom Pedro I após a dissolução da Constituinte e durante a reação antirrevolucionária: "A causa da razão e da pátria era desesperada; o despotismo parecia infalível e a ignorância persuadia não poucos brasileiros, porque não se achavam em contato direto com o governo, que podiam esperar a calma do caos do absolutismo. As falanges da tirania avolumavam-se sensivelmente; mas por outro lado deputados, revestindo-se de coragem até defenderem do alto da tribuna nacional os direitos inauferíveis do povo soberano, tinham emprestado vigor à imprensa para combater a tirania. Desde então começou o rebate contra os traidores que nos oprimiam; os clarins da liberdade tinham conseguido muito, tinham despertado o povo do letargo, tinham-lhe desvendado as perfídias do poder e a necessidade de abatê-lo, tinham-lhe feito apreciar as doçuras da liberdade e o tinham levado assim a pegar em armas e deitar por terra o tirano. Esse resultado maravilhoso e quase inesperado foi devido à

---

71. F. Tietz, *Brasilianische Zustände. Nach gesandtschaftlichen Berichten*, Berlim, 1839.

surpreendente revolução que no espírito nacional operou a imprensa livre!".

A princípio pessoal e chocarreira, a imprensa foi-se depurando na agitação crescente das ideias e depressa passou a discutir princípios mais do que a atacar reputações, numa forma geralmente cortês, se bem que nem toda primorosa, porque esta pertence aos mestres, mais doutrinados do que partidários.

Nos últimos tempos do Império Ruy Barbosa foi além da linha, entrando pela "dilaceração impiedosa"[72] e contribuindo mais do que ninguém, com sua campanha do *Diário de Notícias*, a derrubar o trono que Evaristo da Veiga salvara em 1831. Os extremos tocam-se e no círculo desenhado pela monarquia na revolução política do Brasil, Ruy volveu à fase destruidora do Primeiro Reinado. Apenas, como dispunha de um formidável talento, manejou uma ironia ferina em vez da agressão frequentemente soez dos primeiros foliculários antidisnásticos.

Ferreira de Araújo e Quintino Bocaiuva foram os últimos, no regime passado, dessa escola em que foram corifeus Francisco Octaviano e Justiniano José da Rocha, nos quais a urbanidade não excluía o vigor. "Ser moderado não quer dizer abster-se", escrevia Octaviano ao advogar a necessidade de partidos políticos representativos de ideias. Também Justiniano condenou a conciliação partidária empreendida por Paraná porque a achava na espécie arriscada a converter-se numa burla e assim prejudicar as instituições; não porque fosse uma transação, porque, sem ela, a reação ultrademocrática poderia irromper irresistivelmente e abalar o edifício político e social. E Justiniano era, como o definiu o senhor Nestor Victor[73], um pensador e sociólogo do ponto de vista de Guizot, segundo o qual "nenhum princípio chega a ter

---

72. Evaristo de Morais, artigo sobre Francisco Octaviano, no *Jornal do Brasil*, 21 de agosto de 1926.

73. Conferência sobre Justiniano, no *Jornal do Brasil*, 25 de agosto de 1926.

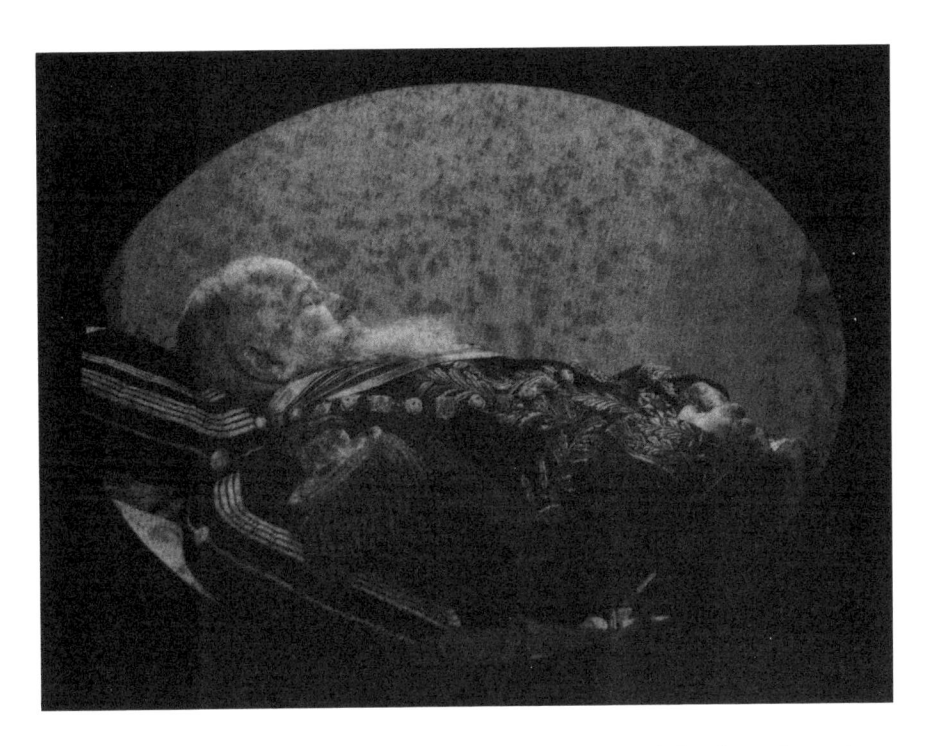

D. Pedro morto, com travesseiro contendo pequena porção de terra do Brasil, que ele guardou consigo desde a partida para o exílio.

um desenvolvimento extremo, ao contrário do que aconteceu nas civilizações antigas e asiáticas", oferecendo deste modo a Europa muito maior riqueza de aspectos. O Brasil espiritualmente é, como toda América, um prolongamento da Europa. São as mesmas ideias que se entrechocam no Novo Mundo. O panfleto célebre de Justiniano – *Ação, reação e transação* – é uma síntese histórica que o senhor Nestor Victor qualifica justamente de "equânime e serena", da história constitucional do Brasil que ali aparece como um trecho da cultura europeia, segundo de fato o é.

O Império e a Sociedade

CAPÍTULO XII

Como Império o Brasil tinha uma corte, mas essa corte nunca foi suntuosa, muito menos dissoluta: foi sempre singela e tão virtuosa quanto pode caber na fragilidade humana, ao ponto de se modelar. Não tinha a severidade militar da prussiana antes ou mesmo depois do Império, porque Guilherme I não mudou com ser *plus que roi*. No seu paisanismo, visto as veleidades guerreiras nutridas por dom Pedro I findarem com a desastrada companha do Sul e a pouca inclinação do país pelas aventuras belicosas, foi simples e frugal, com seus ressaibos de intelectualismo. Aliás, o exemplo do primeiro imperador frutificara. Sua abdicação foi tanto a expiação dos seus erros de soberano constitucional, educado num meio absoluto, como das duas faltas de particular. Elevando a concubina acima da soberana, determinou uma precoce decadência do regime monárquico e justificou muitos dos ataques que lhe foram assacados. Foram precisas toda a sabedoria e todas as virtudes do seu sucessor, além do melancólico espetáculo das lutas civis da Regência, para permitir que o Império se prolongasse por meio século nas suas mãos. O quadro seguinte, evocado por Timandro (Salles Torres Homem) no seu *Libello do Povo* – já por si um título revolucionário que relembra Hebert e Marat –, não se afigurou exagerado aos espíritos que cultivavam o ideal republicano e aos quais não eram antipáticas as cortes vermelhas do jacobinismo. Ouçamos o futuro conservador monárquico:

"Preocupado da sua pessoa, dos seus direitos, das suas paixões e dos seus prazeres, ele (dom Pedro I) não estabeleceu relação alguma entre a ventura dos seus súditos e a sua própria, e isolou-se no meio da nação a mais dócil e a mais reconhecida. Como Luiz XIV, fez do seu Eu o Estado, sem, entretanto, imitar o grande Rei a não ser no despotismo, na pompa, nos válidos e nas amantes. Para suprir o apoio moral da opinião que se esquivava, promoveu mais do que nunca o espírito militar, forçando o caráter pacífico e industrioso que deve convir a um povo agrícola, habitando um território enorme, deserto e sem vizinhos formidáveis. Com as mesmas vistas fez consistir a prosperidade do Brasil, não no progresso das suas artes e da sua agricultura, mas no esplendor fofo de uma corte aparatosa, para o que era mister fomentar por seduções enganadoras a paixão de um luxo destruidor e recompensar por meio de distinções honoríficas aqueles que reduziram à miséria a rica herança de seus país. Nada faltou ao espetáculo dessa grandeza inerte, aparente e ridícula, nem sequer uma aristocracia de chinelos, alimentada pelo Orçamento e cujos brasões heráldicos o povo não podia contemplar sem rir. De tudo isso, nem a fumaça se enxergou no dia 7 de abril: dom Pedro I estendendo os braços ao redor de si, só deparou com a solidão, o vazio, as trevas e o desespero".

As catilinárias são um gênero literário fácil e de infalível popularidade. Eram os marqueses do Primeiro Reinado aqueles que assim ridicularizavam o titular do Segundo Reinado. O *Libello* data de 1848. Em 1853 Timandro convertera-se à conciliação: seria diretor do Tesouro, ministro da Fazenda indicado pelo imperador, visconde de Inhomirim, por fim senador, rompendo o monarca com o seu gabinete por motivo dessa escolha que constitucionalmente cabia nas suas atribuições soberanas. Dom Pedro II dava nesse caso um dos exemplos mais flagrantes da sua superior tolerância, a qual foi constante para as faltas políticas, absoluta para as convicções ou opiniões mesmo adversas, e apenas reservada para as faltas de moralidade e os atentados contra a probidade. A honestidade era de rigor.

Os homens de Estado do Império, à exceção dos que eram proprietários rurais, não dispunham na sua quase totalidade de fortuna. Os empregos públicos, mesmo os mais elevados, eram então pouco rendosos, não se conhecendo as muitas "embaixadas de ouro"; a advocacia administrativa era muito fiscalizada pela opinião e sobretudo pela Coroa; a banca usual de advogado não conhecia esses largos estipêndios que vão associados com negócios em que o interesse fala mais do que o escrúpulo; as colocações comerciais as mais altas só para o fim do reinado deixaram de ser consideradas *misalliances*. Certa venalidade que da colônia passara para a Independência e que não tisnara homens como os Andradas fora expurgada: nesse sentido a Regência fizera papel de filtro. A grande ambição do político era ser senador, posição vitalícia com a qual ficava com o prestígio local intacto na sua província – o seu pequeno reino – e com meios de viver senão folgadamente, pelo menos decentemente na corte. Joaquim Nabuco chama os partidos daquele tempo de "sociedades cooperativas de colocação ou de seguro contra a miséria". O próprio imperador não era rico: sua lista civil era insuficiente para a representação do seu cargo, por mais modesta que ele a quisesse, e, sobretudo, para a generosidade do seu coração, que era ilimitada. Ninguém apelava em vão para a sua caridade, que se traduzia por dinheiro ou por auxílio moral.

República nascente, a esperança infantil

Tampouco se distinguia pela riqueza a sociedade imperial. Não aproveitava a seus antepassados o ouro das minas.

A opulência provém nos nossos tempos de grandes combinações industriais ou de avultadas especulações bancárias, e umas e outras faltavam nesse meio. As transações tinham uma esfera limitada que dava ensejo eventualmente a lucros, porventura fartos, mas não a acumulações enormes de capitais. O café não era ainda rei e o açúcar já começava a sofrer depreciação. Um senhor de engenho com bens – terras e escravaria – avaliados em 1.000 contos era considerado muito rico e o seu número contava-se pelos dedos da mão. A riqueza era em todo caso de caráter territorial e baseada na instituição servil. Como tal era essa uma sociedade que conhecia a dependência, embora politicamente aspirasse ao nivelamento e deste fizesse lema de combate. Conta-se que um arguto chefe republicano dissera que o Império dera ao Brasil a liberdade, mas que a República lhe dera a igualdade.

A igualdade data, contudo, de antes de 1889, e o Império só pecou pelo seu espírito democrático, avesso ao espírito de autoridade. O que nunca se deu foi subversão das classes, a não ser momentaneamente em alguns dos episódios revolucionários, mais políticos no geral do que sociais. Não seria no Brasil, onde havia escravos, mas não servos, que um rapaz de 10 anos, ao que da França refere Michelet, espantaria, indo ao teatro com os pais após o 9 Thermidor, de ouvir os cocheiros das seges perguntarem: – Não carece de uma carruagem, *meu amo*? A expressão *amo* soava pela primeira vez aos seus ouvidos afeitos à linguagem demagógica. A dependência faz parte da organização social, e sem ela não há governo possível. Quando se diz que foi abolida, é porque se disfarça em ditadura de alguns, que entre si disputam a preeminência.

No Brasil, a aristocracia era nominal, ou então de posição. As origens das fortunas particulares não remontavam a recompensa de esforços individuais, dos que as desfrutavam ou dos seus pais ou avós. Ao mesmo tempo que refinamento se deparava com bonomia. O que os franceses chamavam *morgue* nunca foi um traço característico, a não ser individual. O trato mundano não era desconhecido, apesar da relativa reclusão feminina, a qual foi desaparecendo: também a escravidão oferecia aos moços ampla oportunidade para não trabalharem e exiberem-se, sedentos apenas de empregos públicos.

No tempo da Regência falava-se dos sorvetes servidos nas reuniões nam casa de Aureliano, e mais tarde foram afamados os saraus do marquês de Abrantes. Os restos de nobreza vinda com dom João VI, que permaneceram além-mar, e os descendentes dos que na época colonial ali se tinham estabelecido, tinham, porém, isso cedendo o passo a burgueses endinheirados pelo negócio, elemento de natureza flutuante e não estável como o agrícola. É claro que não havia lugar para grandes pompas nessa sociedade de recursos em suma moderados, nem tampouco facilidades para desmoralização dos costumes.

O Rio de Janeiro passou a patentear corrupção nos tempos da Guerra do Paraguai. O Alcazar foi reflexo do Mabille do Paris imperial, onde os transatlânticos tropicais se deleitavam com uma ostentação que deu origem ao tipo de *Brésilien* imortalizado pela música saltitante de Offenbach.

Nesse cosmopolitismo galante se dissolveu a feição nacionalista que até então predominara. Literariamente essa feição assumira um aspecto convencional e pode até se dizer falso, embora com raízes que vão longe, que se podem traçar até o século XVIII, tendo sido as sementes depositadas no solo tropical decantado por Bernardin de St. Pierre e havendo germinado ao calor solar das páginas fulgurantes de Chateaubriand. O indianismo, em que o nosso romantismo arvorou o nacionalismo brasileiro, foi comum a todo o continente, mesmo aos Estados Unidos, onde inspirou Fenimore Cooper, mas significou, sobretudo, falta de pensamento crítico. O fator indígena era, dos três que compuseram o produto nacional e cuja valia e contribuição Silvio Romero pôs em relevo, desenvolvendo a reflexão inicial de Martius, na realidade o mais débil e apagado, mas também o que dava azo a legendas mais cativantes. O elemento mais robusto e fecundo era o português, representado pela classe média, onde se notavam a camada dos comerciantes vindos do reino, desprezivelmente tratados de *marinheiros*, e a camada branca ou mestiça, local, formada pelos *roceiros* ou lavradores. Viviam estes na dependência social dos grandes proprietários, como os outros no terror nunca esvaído dos negros e mulatos da ralé, o que, entretanto, não os impediu de subirem em fortuna, posição e prestígio, tanta era sua atividade, assistida por firmeza de

Ferrovia em Petrópolis, em 1885, contribuiu para o desenvolvimento no segundo reinado.

ânimo. A sua prole foi o arcabouço político do Brasil imperial, verdadeiro *metting-pot* no Novo Mundo de populações estranhas umas às outras e exóticas, que a miscigenação ia caldeando. No meado do século as estatísticas brasileiras acusavam 2 milhões de brancos para mais de 5 milhões de pretos e mestiços. Os viajantes estrangeiros pasmavam diante da variedade de tipos trazidos pelos cruzamentos.

 A classe superior, composta de agricultores – fazendeiros ou senhores de engenho –, tinha pela sua ascendência e pelos seus gostos, adrede cultivados, um refinamento que não era inteiramente o europeu porque encerrava certa modalidade peculiar aos trópicos e às terras de escravaria, mas que comportava requintes de luxo e boas maneiras. Não se pode dizer em rigor de urbanidade porque essa se encontrava tanto quanto senão mais do que na corte em centros provincianos, Pernambuco em primeiro lugar, depois Bahia e São Paulo, e nesses centros nos grandes estabelecimentos rurais. Aos sertões chegavam mal a disciplina social e a autoridade do governo. Seus habitantes eram rebeldes a tudo quanto não fosse a ação dos seus instintos de vingança e da sua arisca independência.

Essa idiossincrasia particular do sertanejo servia de contrapeso ao regime de espírito feudal que vigorava entre os matutos, sem que lhes entibiasse, entretanto, a fibra combativa. Mesmo na cidade, quer dizer na praia, qualquer dos moços que recitavam ao piano nas partidas em que circulavam nas pesadas bandejas de prata delicadas guloseimas, e se marcavam danças graciosas, com facilidade pegavam num trabuco na era das revoluções. Os padres-soldados não são uma inovação da última guerra. Vigários que pela manhã celebravam o sacrifício incruento, não vacilavam pela tarde em obedecer ao apelo do clarim guerreiro nas lutas políticas.

Sob a diversidade dos seus tipos, correspondentes à variedade das suas paisagens, o Brasil apresentava sob o Império uma notável homogeneidade de aspectos sociais, porque os elementos capitães da raça, da religião, da língua, da cultura, ideias, não divergiam, portanto, essencialmente de uma para outra província. As próprias superstições traduziam idêntica origem, lusitânica, tupi ou africana.

ASSINE NOSSA NEWSLETTER E RECEBA INFORMAÇÕES DE TODOS OS LANÇAMENTOS

www.faroeditorial.com.br

Campanha

FiqueSabendo

Há um grande número de pessoas vivendo com HIV e hepatites virais que não se trata. Gratuito e sigiloso, fazer o teste de HIV e hepatite é mais rápido do que ler um livro.

Faça o teste. Não fique na dúvida!

AVIS RARA

Esta obra foi impressa em setembro de 2021